東日本大震災
住田町の後方支援

小さな町の大きな挑戦・木造仮設住宅を造った町

岩手県住田《すみた》町長
多田欣一
木下繁喜

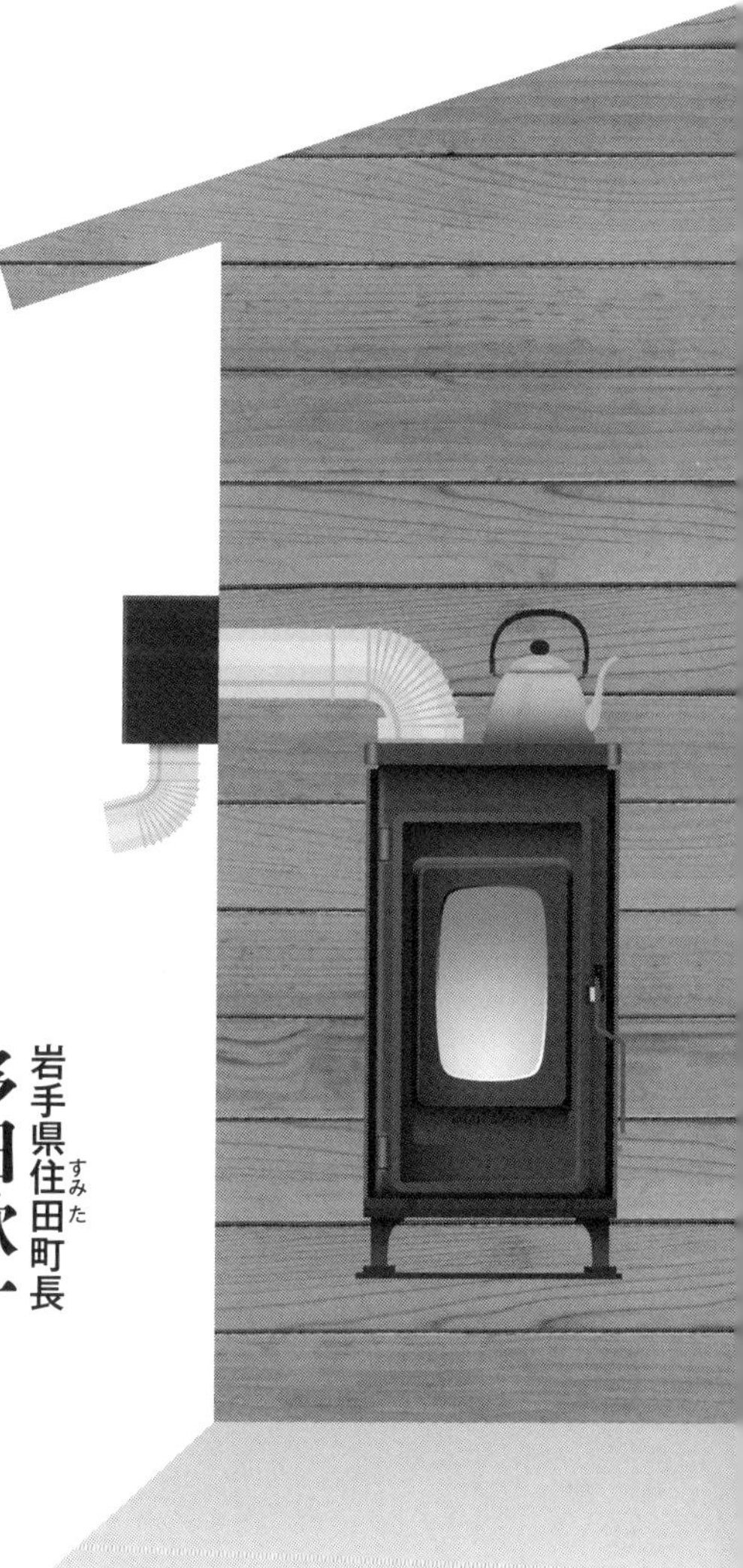

はる書房

目次◎東日本大震災　住田町の後方支援

第二章　後方支援

第三章　仮設住宅

第四章　震災教訓

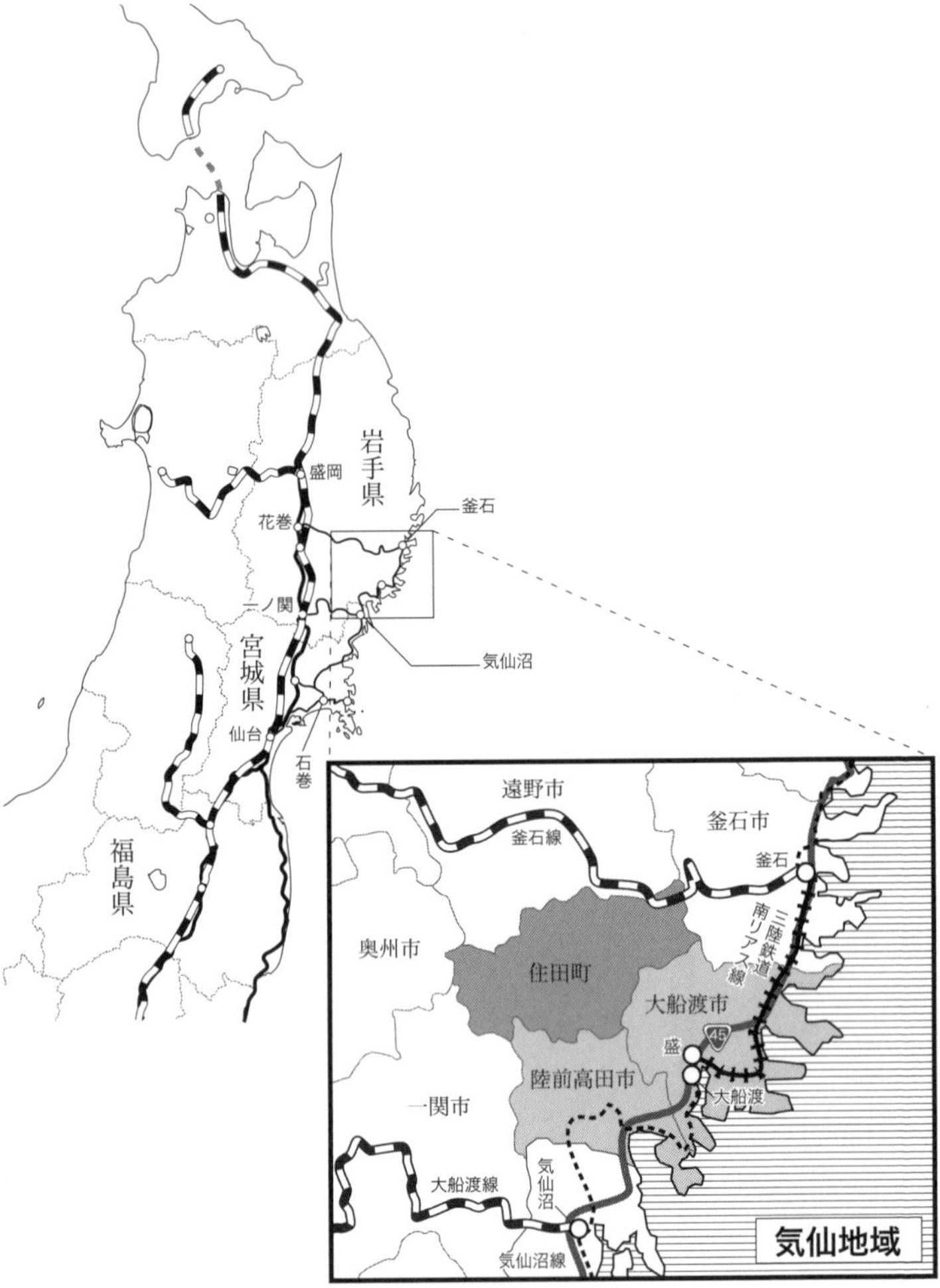

※波線は鉄道不通区間。現在はBRT（バス高速輸送システム）が運行

震災前夜

2010年（平成22）年。この年の夏（6〜8月）は全国の平均気温が統計開始以来の過去最高を記録し、「113年間で最も暑い夏」と言われた。

3月には東京スカイツリー（高さ634メートル）が東京都墨田区に完成し、東京の新たな名所として多くの人で賑わいを見せた。テレビではNHK朝の連続テレビ小説『ゲゲゲの女房』（3〜9月）が放送されて大人気を博し、食卓では「食べるラー油」も大きな話題となった。

プロ野球ではロッテ（パリーグ）が中日（セリーグ）を破り、日本一に輝く。また歌謡界ではこの年、「AKB48」と「嵐」がオリコンのトップ10を独占し、特にAKB48は「Beginne」がオリコン1位、「ヘビーローテーション」が2位と大ヒットを飛ばす。

しかし顧みれば、この年の1月は〝消えた年金問題〟などもあって社会保険庁が廃止され、新たに日本年金機構が発足。日本を代表する航空会社日本航空が多額の負債を抱えて会社更生法適用を申請し、波乱を予感させる幕開けと言えた。国が推進してきた「平成の大合併」も3月に終了し、全国の市町村数は半減することになった。

国内の政治状況をみると、前年8月の総選挙で野党だった民主党が圧勝し、戦後長く政権政党の地位にあった自民党（自由民主党）が下野。民主党は社民党（社会民主党）、国民新党と連立し、9月に鳩山由紀夫内閣を誕生させ、政権交代を実現させていた。

しかし、沖縄県の普天間基地移設問題をめぐって鳩山首相の発言が迷走し、２０１０年5月に社民党が連立を離脱。さらに鳩山首相らの政治資金問題が浮上するなどして、内閣支持率は発足当時の72％から20％を割り込むまで低下。結局、鳩山内閣は同年6月、8カ月あまりの短命で終わった。

代わって民主党の菅直人が首相の座に就き、民主党は国民新党との連立内閣を組織する。しかし7月の参議院議員選挙で連立与党が自民党に敗北。参議院での過半数を失った結果、衆議院と参議院の「ねじれ」が生じ、国内の政治情勢は不安定な状態に陥った。

そうした中、外国為替市場では円高が急速に進む。政府・日銀は8月に過去最大規模の円売り介入を行ったが、その後も円高は収まらず、1ドル75円台の最高値を更新する展開となった。

また、9月には尖閣《せんかく》諸島付近で中国漁船が海上保安庁の巡視船に衝突する事件が発生し、海保は漁船の船長を逮捕した。これに対して中国各地で反日デモが起き、中国政府もレアアースの対日輸出禁止措置などをとった。さらに目を西に向けると、5月にギリシャの財政危機が表面化し、ヨーロッパ経済も混乱。このことも円高の要因となった。

大きな災害も世界各地で発生している。2010年1月、カリブ海に浮かぶハイチでマグニチュード7の大地震が起き、22万人を超える死者が出た。同年2月には南米・チリの中部沿岸で大地震が発生し、日本でも気象庁が岩手県や宮城県などに大津波警報を出す。同年4月にはアイスランドで火山が噴火し、その火山灰の影響でヨーロッパの航空網が一時、麻痺《まひ》状態に陥った。

そして、年が開けた2011（平成23）年2月、南半球のニュージーランドでマグニチュード6・3の大地震が発生、日本人28人を含む184人が犠牲となる。それから間もない3月9日、今度は日本で三陸沖を震源とする最大震度5の大きな地震が起き、三陸沿岸地域に津波注意報が出された。

三陸沿岸に暮らす人たちは大きな地震が起きるたびに、「宮城県沖地震か！」と敏感に反応してきた。宮城県沖地震は「30年以内に90％以上の確率で発生する」と指摘されていた。いつ起きるか分からないが、必ず起きる。起きれば津波が襲ってくる。誰もが半ば、そう〝覚悟〟しながら毎日を過ごしてきていた。

そして、あの日がやって来た。

第一章——震災発生

1 それぞれの震災

3月11日午後2時46分

岩手県住田町《すみたちょう》の町役場1階の総務課で、行政係長の横澤広幸は通路のロッカーに寄りかかり、資料に目を通していた。その時、遠くからゴーッという音が聞こえてきた。

「地震だ、ここはやばい！」

そう思った瞬間、ガガガガーとものすごい地鳴りがした。横澤は無意識のうちに走り出し、庁舎正面右脇の職員通用口を開け、真っ先に外へ飛び出した。

総務課には2月に仮設置されたJアラート（全国瞬時警報システム）の受信装置があった。この日業者が来て本設置を行い、本格稼働することになっていた。高さ26センチ、直径1・6センチの円筒形をした回転灯は下が緑、真ん中が黄色、上が赤の三色に分かれていた。その取り付けが終わった途端、赤色ランプが突然、回転しながら光り、ピー、ピー、ピーと不気味な警報音を発した。

初めて体験するJアラートの警報に総務課長の鈴木玲《あきら》は「何だ！」と驚いた。そばにいた行政係主任の紺野美穂は赤灯が回転するのを見て、「きっと、大きな地震だ！」と思った。

外では黒塗りの公用車、セルシオが住田町役場前の駐車場に着いたところだった。町内での会議を終えた町長の多田欣一《ただきんいち》が乗っていた。多田がドアを開け、車から降りた。その瞬間、立っていられないほど猛烈な揺れが襲ってきた。

２０１１（平成23）年３月11日午後２時46分のことだった。

庁舎の外に飛び出した横澤は、戻って来たばかりのセルシオが目に入り、その車につかまろうと駆け寄った。しかしセルシオは地震で上下に大きく振動し、地面にぶつかるたびにドン、ドン、ドン、ドンと大きな音を立てた。とてもつかまるどころの話ではなかった。

役場庁舎は住田町世田米《せたまい》地区の中心地域にあった。地震で窓はガタガタと音を立てて激しく揺れた。庁舎から逃げ出してきた職員もいたが、庁舎内でジッと立ちすくんでいる職員もいれば、ロッカーから物が落ちるのを押さえ付けようとする職員もいた。中にはまだ大勢、残っていた。

庁舎は１９５８（昭和33）年２月に建てられた鉄筋コンクリートの２階建てだ。町長の多田に言わせれば、「高田松原（陸前高田《りくぜんたかた》市）の塩分たっぷりの砂で造った建物」だった。鉄筋は錆《さ》び付き、壁はひび割れし、耐震構造にもなっていなかった。築後53年を経過し、耐用年数ともいわれる50年をとうに過ぎていた。

「役場が壊れて職員たちが下敷きにならなければいいが」

多田はそのことを心底、心配した。

激しい揺れが一瞬、静まった。その時、多田は職員通用口から庁舎内に駆け込み、大声で叫んだ。

「すぐ、外へ出ろ！」

その声で、庁舎内に残っていた職員らは大急ぎで屋外へ飛び出してきた。

大きな揺れがさらに襲ってきた。役場前の電線がババ、ババ、ババと大きく振幅し、周囲では鳥たちが悲鳴にも似た甲高い鳴き声をあげていた。これまで経験したことのない長く、激しい揺れだった。

「この世が終わるんじゃないか」

横澤はそう、思った。

地震が続く中、最後に庁舎から出てきたのは町づくり推進課企画調査係長の千葉英彦だった。同課は2階にあった。揺れ始めた時、千葉はＮＴＴの関係者と電話中だった。「地震はいつものようにすぐ収まる」と考え、話し続けた。しかし、あまりに揺れが強く、長いので、「すみません、また後で」と電話を切った。周りの職員たちは町長が発した「外へ出ろ！」という声を聞き、急いで階段を駆け下りて外へ出た。

同課内には住田テレビ（町営ケーブルテレビ）の事務所が置かれていた。千葉は同テレビの担当でもあった。住田テレビの職員から「録画してもいいですか？」と聞かれ、千葉は「いいですよ、

役場周辺図

①住田町役場庁舎
②保健福祉センター
③農林会館
④生活改善センター
⑤議会棟
⑥トレーラーハウス
⑦倉庫
⑧社会体育館
⑨町営野球場
⑩川向河川公園

住田町内主要幹線道路と後方支援等関連施設

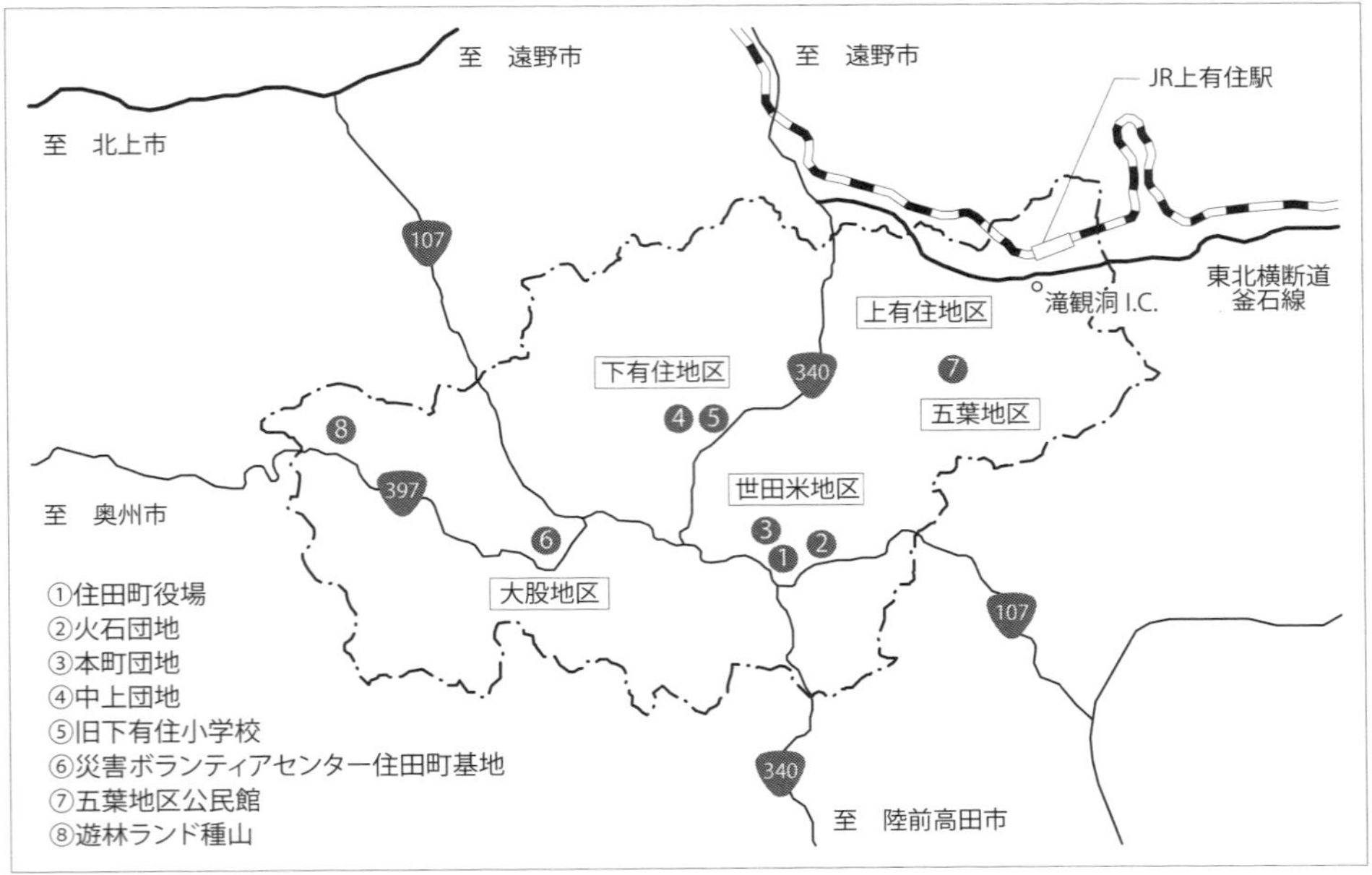

歴史的な経緯などから住田町は、大きくは世田米、下有住、上有住の３つの広域地区から構成されている。しかし、行政的には世田米は世田米地区と大股地区、上有住は上有住地区と五葉地区に分かれ、下有住地区と合わせて５地区構成となっている。

事実ですから。現状を収録してください」といつものマイペースな口調で答えた。そして、天井がガタガタ鳴っているシーンから始まり、「ワァー、地震だ、逃げろ！」と叫びながら避難する職員の姿も記録されることになった。

千葉はすぐには逃げなかった。揺れの最中に逃げ出し、建物の落下物に当たることを心配した。2階の職員が全員避難したのか、それも確認しなければと思った。庁舎はガタガタ、ガタガタと音を立てて激しく揺れていた。ロッカーの上からはファイルなどがバンバンと落ちてきた。机の上からも書類が落下し、隣の建設課では台帳などが入った書庫も揺れて、動いていた。窓ガラスは地震の振動でビシッと音がして、ヒビが入った。

千葉はどこで、どう見つけたものか、本人も記憶していないヘルメットを被《かぶ》り、庁舎前の駐車場に下りてきた。地震が収まった後、携帯電話で自宅に「どう、大丈夫？」と連絡を入れた。家族から「大丈夫」との返事を聞き、「んじゃ、あと、仕事すっから。多分、今晩は帰れないと思う」と言って電話を切った。その後、携帯電話はつながらなくなった。

役場庁舎の北西側に生活改善センターがある。1階に産業振興課と図書室、2階には議会事務局と教育委員会事務局が入っていた。同センターは1971（昭和46）年に建てられた施設で、この建物も耐震上の問題が指摘されていた。

地震発生時、産業振興課では職員13人が机に向かって仕事をしていた。建物が古いため建て付けが悪く、地震でサッシなどがガタガタと凄まじい音を立てた。課内の壁面には書庫が並び、倒れる危険があった。地震発生から30秒ほどして、職員が一斉に外へ逃げた。ほぼ同時に2階の議会事務局と教育委員会事務局からも職員が飛び出してきた。

産業振興課長補佐の横澤則子は外に出た後、揺れの最中、関東で学生生活を送っている娘たちに、「とりあえず、こっちは大丈夫だから」と携帯電話でメールを送った。関東も地震に襲われているのではないか、と心配だった。娘たちから無事を知らせる返信メールが届いた。その直後、携帯電話は不通になった。

マグニチュードは9・0

役場庁舎西側には保健福祉センターがあった。1994（平成6）年に造られた鉄筋コンクリート2階建ての建物で、耐震性を備えていた。その1階南側に保健福祉課、北側には住田町社会福祉協議会（以下、社協とも表記）が入っていた。

社協ケアマネージャーの佐藤浩美は、他のケアマネージャーや仕事から戻ったヘルパーたちと事務所内にいた。佐藤の席は事務所の出入り口から一番遠い席だった。地震が襲った時、咄嗟《とっさ》に机の下に潜《もぐ》った。揺れが収まり、机の下からはい出してみると、周りには誰もいなかった。一人取り残されてしまった佐藤は思わず、「ええっ！」と叫んだ。

揺れの凄さを物語るように机の上から物は落ち、引き出しが飛び出していた。ロッカーの上や中からも物が床に落ちていた。散乱した資料などを乗り越えながら、佐藤は必死の思いで外に避難した。

住田町地域包括支援センター係長で、保健師の菅野英子《かんのえいこ》はこの日の午後、時間休を取って車で陸前高田市高田町へ県立高田高校1年の息子と同級生を迎えに行った。上有住《かみありす》の自宅に息子たちを送り届け、保健福祉センターに戻ろうと下有住の外舘《とだて》付近を走行していた時、急にハンドルを取られて運転ができなくなった。

「タイヤがパンクしたかな？」

そう思い、ハザードランプをつけて道路左脇に寄った。車を停めて外を見ると、電線が激しく揺れていた。

「ああ、これって地震？　地震だ、地震なんだ！」

つけていたカーラジオから「地震発生」を告げる臨時ニュースが流れてきた。

住田町は大きく分けると世田米、下有住、上有住の3地区からなっている。菅野が車を停めた下有住は上有住と世田米のちょうど中間だった。

上有住に戻るか。世田米へ向かうか。上有住に戻れば両親の安否が確認できる。菅野は一瞬、迷った。しかし、菅野が係長を務める地域包括支援センターは保健福祉課に併設された組織で、災害時などに高齢者などの要援護者を支援する役割も担っていた。

「保健福祉センターに行き、災害支援に携わらないとダメだ」

菅野はそう思い定め、地震で揺れる中、車を走らせて世田米へ向かった。着いてみると、保健福祉課と社協の職員たちがみんな、寒空の下、センター前の駐車場に固まっていた。

後に「東北地方太平洋沖地震」と命名される、この地震の規模を示すマグニチュードは9・0。観測史上世界4番目の巨大地震だった。宮城県栗原《くりはら》市では気象庁の震度階級で最大の震度7を記録し、住田町も震度5強という猛烈な地震に襲われた。この大地震はその後の津波や余震を含め、「東日本大震災」と呼ばれることになる。

2 災害対策本部を設置

豊かな自然に抱かれた農林業の町、住田町

地理的にいえば、住田町は岩手県の東南部に位置している。町の東南側を大船渡《おおふなと》市、南側を陸前高田市に隣接し、南西側が一関《いちのせき》市、西側が奥州《おうしゅう》市、北側が遠野《とおの》市、そして北東側は釜石《かまいし》市と接し

ている。

四方を山に囲まれた住田町は総面積の約9割を山林が占め、官民挙げて「森林・林業日本一のまちづくり」に取り組んでいる。

海を持たない住田町だが、行政的には岩手県の沿岸南部という位置づけだ。大船渡市、陸前高田市とともに「気仙《けせん》地域」と呼ばれる広域生活圏を構成し、古くから文化も、言葉も、経済も共有する共同体として歴史を刻んできた。

町の西側には岩手を代表する詩人・童話作家の宮澤賢治がこよなく愛し、作品のモチーフにした高原「種山ケ原《たねやまがはら》」が広がっている。

北側には「滝観洞《ろうかんどう》」（鍾乳洞《しょうにゅうどう》）があり、天井の裂け目から落差29メートルもの滝が流れ落ちている。洞内滝としては日本でも有数の高さだ。その近くには「白蓮洞《びゃくれんどう》」がある。NHK連続テレビ小説『花子とアン』（2014年3〜9月放送）で脚光を浴びた歌人・柳原白蓮の愛弟子に住田町出身者がいた。その縁で白蓮が来町したのにちなみ、発見されて間もない鍾乳洞にその名が付けられた。

住田町は1955（昭和30）年に世田米町と下有住村、上有住村が合併して生まれた。下有住村と上有住村の「住」、世田米町の「田」の文字をとって「住田町」という町名がついた。合併協議の際には地域を流れる気仙川（別名鳴瀬川《なるせがわ》）にちなんで「鳴瀬町」にする予定だったが、反対に遭《あ》い、現在の町名になったという。合併時の人口は1万3000人を数えた。

当時も農林業が基幹産業で、農家の主な現金収入といえば木炭や葉タバコ、養蚕《ようさん》、乳牛だった。一方で日本は高度経済成長期に入っていった。都市部に出て半年出稼ぎをすれば農業所得の2倍も、3倍も稼ぐことができた。東京で1カ月働けば、乳牛1頭の1年分の収入が得られた。

住田町の耕地といえば、全面積のわずか3％でしかなかった。しかも水田は浅くしか耕せない田が多く、自分の家で食べる米をつくる飯米《はんまい》農家が多かった。畑地は大半が傾斜地にあり、土は軽く、石も多かった。住田は農業適地とは言えない地だった。

1万人を超す町民を養うだけの農地も、働く場も、住田にはなかった。若者たちは町と農業に見切りをつけ、次々と故郷を後にした。二男、三男だけでなく、長男も都会に流れ、住田は「出稼ぎの町」と呼ばれた。人口は年々減少して過疎化が進み、農業だけでなく、地域社会や家庭までも崩壊の危機に直面することになった。

そうした危機を打開するため、1970年代（昭和40～50年代）に町と町農協、岩手県大船渡農業改良普及所が一体となり、新たな農業振興策と取り組む。わずかな耕地を有効活用するため、労働力を耕地に集約してイチゴやキュウリ、シイタケ、葉タバコなどを複合的に周年生産し、ブロイラーなどの施設型畜産とも組み合わせて農家所得の向上を図るというものだった。

当時としては全国でも例がなかった。水田転作を先取りする先進的な取り組みで、生産額を飛躍的に伸した。この集約・複合型経営は全国の注目を浴び、「住田型農業」と呼ばれて一世を風靡《ふうび》した。

近年は年間出生数が40人前後、65歳以上の高齢化率は38％と少子高齢化が顕著で、震災時の人口は約6000人にまで減っていた。しかし町民は豊かな自然に抱かれながら、互いに支え合って穏やかな暮らしを続けてきていた。

その町を突然、体験したことも、想像したこともない巨大地震が襲ったのだ。

すぐさま災害対策会議を開く

地震が収まった後、「課長たちは町長室に集合！」との指示が各課に伝えられた。

保健福祉課長の千葉忠行はこの日、体調を崩して休んでいた。課長補佐の梶原ユカリが代わって出席することになり、保健師長の紺野栄子に後を頼み、保健福祉センターから歩いて1分ほどの町長室へ向かった。

本庁舎に足を踏み入れた梶原は、

「保健福祉センターよりも物が落ちていない」

そう、感じた。しかし、2階の町長室は書庫が開いて本が落下し、テレビはひっくり返って床に落ちていた。

町長の多田欣一が「定位置に！」と声をかけた。

楕円形をした円卓の上座に多田が、その左隣に副町長の小泉きく子が、右隣には教育長の佐賀篤が座った。3人を中心に左側には上から鈴木玲（総務課長）、横澤孝（税務課長）、松田英明（教育委員会事務局教育次長補佐）、高橋俊一（町づくり推進課長）、佐藤英司《えいし》（議会事務局長）が、右側には上から吉田光也（教育委員会事務局教育次長）、菅野浩（産業振興課長）、中里学（町民生活課長）、千葉純也（産業振興課主幹）、梶原ユカリ（保健福祉課長補佐）が馬蹄形に着席した。

早速、災害対策会議が開かれた。冒頭、鈴木が町役場庁舎と周囲の施設の被害状況を説明し、「町内の信号も止まっているようです」と報告した。

それを受けて多田は落ちついた声で、「災害対策本部を設置します」と宣言した。地震発生から8分後の午後2時54分、住田町に災害対策本部が設置された。

住田町の地域防災計画によると、災害対策本部の本部長には町長、副本部長には副町長、本部附には教育長と消防団長が就く。対策本部は総務部、財政部、防災部、建設部、民生部、福祉部、産業部、文教部、調査部、食料部の10部編成で、各部長にはそれぞれ課長が充《あ》てられることになっている。

当時、住田町には町長部局として総務課、町づくり推進課、町民生活課、税務課、保健福祉課、産業振興課、建設課の7課があった。このほか、議会事務局と教育委員会事務局などが置かれていた。

　災害対策本部の本部長として多田が指示を出した。
　①それぞれが管轄《かんかつ》する施設などの被害状況を確認すること②町民からの被害状況を受け付けること③町役場内の被害状況を写真に収めること④情報は全て総務課長に集約すること。
　そして多田はこう言って、締めくくった。

「外に出る場合は絶対に2人1組で行動してください。余震がまだまだ続くと思いますので、二次災害に遭わないように注意してください。今日は解散の指示があるまで、課長さんも職員の人たちも対処方《たいしょかた》、お願いします」

　多田の言葉に副町長の小泉が付け加えた。

「災害対策本部ですから、災害対策本部のマニュアルに従って対応してください」

　課長らは急ぎ、それぞれの課や事務局へ戻り、多田の指示を伝えた。職員たちは担当を割り振られた後、町内の公共施設や建物、道路、橋などの被害を調査するため町内に散っていった。

　多田は町内の高齢者、とりわけ一人暮らしや病気を持つ在宅の高齢者たちの安否が気がかりだった。保健福祉課の梶原には被害調査だけでなく、すぐに高齢者の安否確認も行うよう、指示を出した。

テント内に本部を設置

災害対策本部の要となる総務部長は、総務課長の鈴木だった。町長室での災害対策会議を終えた後、課長の一人から、こう指摘された。

「倒壊の危険性がある庁舎の中で会議を開くのはまずかったな。あそこは危ない」

「そうだな。次から使えない」

鈴木もそう、判断した。

鈴木の頭には「庁舎が耐震的に危険だ」という考えさえ、浮かばなかった。「大きな地震で気が動転してしまい、冷静さを欠き、そこまで気が回らなかった。いつも通り、町長室で会議を開いてしまった」と当時を振り返る。

役場庁舎1階には総務課や町民生活課、税務課が入っている。その1階ではロッカーが滑って動き、引き戸が開いて書類や本などが崩れ落ちていた。机上のパソコンの中には向きが変わったものもあった。2階には町づくり推進課や建設課が置かれていた。2階は大きなロッカーがあちこちに飛び、1階以上にひどい状況だった。

大きな余震が続いていた。やはり、建物自体が老朽化し、崩壊の危険性もある役場庁舎内に災害対策本部を設けることはできなかった。

震災直後の対策本部。急きょ野外に設えられた（住田町役場庁舎前駐車場、2011年3月11日15時頃）
提供：東海新報社

総務課行政係長の横澤広幸が課長の鈴木に提案した。

「本部は、外さ、つくるしかないですね」

「ほんだな。外さ、テントを張って本部を置くしかないな」

鈴木もそう、応じた。

職員が集められた。役場敷地内にある通称、板倉《いたくら》（木造倉庫）からテントを持ってきて、午後3時頃から庁舎前の駐車場で設営作業が始まった。男性職員だけでなく、女性職員も一緒になって張った。テントは2張つないで建てられた。その中には庁舎内から持ち出してきた机やパイプ椅子が並べられた。

寒い日だった。雪もちらついていた。設営後しばらくしてからテントの両脇と後ろを青いビニールシートで覆い、役場内にある反射式ストーブを集めてテント内に置いた。

地震直後から電気は止まり、固定電話も携帯電話もスマートフォン（以下、スマホ）も通じなくなっていた。情報収集の手段といえば、ラジオだ。役場内にもポータブルラジオがいくつかあった。持って来させてみると、どれも使い物にならなかった。

「情けない話、電池が入っていなかったり、入っていても電池が古くなっていたりで、まともにスイッチの入るラジオが一台もなかった」

総務課長補佐の伊藤豊彦は当時を振り返り、そう話す。

公用車を庁舎前に移動させ、カーラジオをつけて情報収集に当たるしかなかった。ラジオは「大津波警報」の発令を盛んに流し、「大船渡に3・3メートル、釜石に4・2メートルの津波が押寄せています」と情報を伝えていた。しかし、その津波がどれほどのものか、音声情報から想像できる職員はいなかった。

ラジオはまた、岩手県内全域で停電が起きていることも伝えた。

庁舎前にはテント設営前からホワイトボードが置かれ、ラジオの情報や職員、住民からもたらされる報告を副町長の小泉が次々書き込んでいた。

テントを張り終えた後、町づくり推進課企画調査係長の千葉英彦は「なんとかしてテレビが見られないか」と考えた。役場の近くにある電気店・ハーネットを訪ね、店の上に取り付けられていた

猛烈な勢いで住宅地を襲い、建物を破壊していく大津波（陸前高田市気仙町、2011年3月11日14時58分）
提供：東海新報社

ＢＳアンテナを外してもらい、借りてきた。

戻った千葉は総務課にあったテレビを持ち出し、住田テレビのスタッフの協力を得てテント内に設置し、ＢＳアンテナをつないだ。アンテナの向きを調整するのに時間がかかったが、それでも午後5時過ぎにはテレビが見られるようになった。電気は非常用発電機から取った。

テレビが沿岸地域の被災状況をリアルタイムで伝えていた。宮城県名取《なとり》市や同市と岩沼《いわぬま》市にまたがる仙台空港を襲い、手当たり次第破壊していく津波の映像に、町長の多田が思わず、「エーッ！」と叫んだ。テレビの周りに集まった職員たちも映し出される光景に啞然《あぜん》とし、緊迫感が漂った。中には「本当のことなのか？」と疑心暗鬼に陥る職員もいれば、「これからどうなるんだろう？」と不安を募らせる職員もい

中心市街地を呑み込んだ東日本大震災の大津波（大船渡市大船渡町、2011 年 3 月 11 日 15 時 24 分）
提供：東海新報社

た。

その後、隣接する大船渡市や陸前高田市の映像が流れるようになった。多田は陸前高田市の酒造会社、酔仙《すいせん》酒造の看板が流されていくシーンを見て、

「なんだ、これは！　大変なことになったぞ！」

と心底、衝撃を受けた。

「午後5時過ぎの大船渡市」の映像として、瓦《が》礫《れき》の街と化した大船渡町のＪＲ大船渡駅裏地域の映像も放送された。

2時間以上、防災行政無線が使えず

この日住田町が苦労したのは情報収集だけではなかった。情報伝達でも、実は苦労していた。防災行政無線の放送施設は役場庁舎内にあった。大きな余震が続く中、倒壊の恐れさえある庁舎に入ることは危険だった。しかも停電によって電源も失っていた。

　職員たちが対策本部のテントを設営する傍《かたわ》らで、総務課長の鈴木が町づくり推進課長の高橋と同課企画調査係長の千葉に、「方法があれば、防災無線で『火の元に十分注意してください』と放送してほしい」と要請した。

「しかし、電源が……」

　高橋にはそう答えるしかなかった。

「電話機を使えば、もしかするといくかもしれないです」

と千葉は応えたが、その電話も通じなかった。

　非常用発電機と庁舎内の放送施設をつないで放送したとしても、その無線を受信し、町内各地域の子局に発信する中継局が機能を停止していた。中継局は朴《ほう》の木山《きやま》の山頂（世田米）にあって、数日前に大きな落雷があった影響か、不具合が生じて、宮城県仙台市から専門業者を呼んで修理中だった。千葉は朴の木山に非常用発電機と燃料を送り込み、中継局の復旧を急がせることにした。

　千葉は災害対策本部で情報収集を担当する町民生活課長補佐の佐々木美保子から復旧の見込みを聞かれた。

「今、４時半。あと30分ぐらいで、もしかすると復旧するかもしれない。ただ、非常用発電機を使った復旧なので時間は限られています」

そう、千葉は答えた。

午後4時50分、防災行政無線がようやく復旧した。

「先ほど非常に大きな地震がありました。今後も余震が予想されますので、あわてないで行動するとともに、火の元に十分注意してください」。

それが、災害対策本部が町民に呼びかけた最初の放送だった。震災発生からすでに2時間以上が経っていた。

その1時間後、教育委員会が防災行政無線を通じて、

「地震により学校に待機している児童生徒がおります。安全に帰宅させたいと思いますので、保護者の方は学校まで迎えにおいでいただきますようお願いいたします」

と呼びかけている。

さらに午後6時25分には建設課からの要請を受けて、

「水不足が心配されますので、節水にご協力ください」

との放送も行われた。

地震発生直後は防災行政無線に代わって、消防団のポンプ車が「火の元には十分注意してくださ い」と呼びかけて回った。災害発生直後に防災行政無線を通じて情報を伝達できないというのは想定外だった。さらに防災行政無線をめぐってはこの後、さらに想定外の事態が起きることになる。

3　高齢者の安否確認急ぐ

名簿を手に4組に分かれて

保健福祉課長補佐の梶原ユカリは町長室での災害対策会議を終え、保健福祉センターに戻った。同センターの前にはブルーシートが敷かれ、その上には持ち出された機器類が置かれていた。

住田町社協のマイクロバスも脇に停まっていた。社協事務局次長、吉田浩《ゆたか》が「外で待っていたんでは、みんな、寒いべから」と別の駐車場から移動させてきたのだ。

梶原は保健福祉課の職員たちに町長の指示を伝え、社協事務局長の今野《いまの》和雄とこれからの対応について意見を交わした。そして、保健福祉課が一人暮らしの高齢者と高齢者夫婦世帯、社協が介護サービスを受けている高齢者の安否確認に回ることにした。

「じゃあ、手分けしてすぐに動こう!」

今野のその一言で、社協の佐藤浩美らケアマネージャーとヘルパーらが2人1組になり、車で町内に散って行った。

その前に梶原には確認しておきたいことがあった。「保健福祉課と社協の安否確認が重複するのを、どうやって避けるか」ということだった。その確認のないまま、一方が動き出してしまった。

「社協とうまく分担して回れば、安否確認も早くできるんだけど……。きっと社協と、すみた荘（特別養護老人ホーム）のケアマネージャーたちは、それぞれが関係する寝たきりのお年寄りや介護ベッドを使っているお年寄りを回ってくれるはず。保健福祉課が回る元気な独居高齢者や高齢者世帯の中にも要介護の人や見守りをされている人がいるけど、そこは重なっても仕方ない」

地域包括支援センター係長、菅野英子はそう割り切った。同センターは保健福祉課内に置かれていた。高齢者が住み慣れた地域で安心して生活を送るため、介護や福祉、健康、医療などのサービスが受けられるように支援する組織だ。

菅野のデスクトップ型パソコンには仕事柄、一人世帯や夫婦世帯の高齢者全員の名簿がまとめられ、入力されていた。しかし停電でパソコンを起動することができず、情報を出力できない。ただ、原簿ともいえる紙の資料が1部、菅野の机の引き出しに入っていた。菅野は散乱した書類などを跨《また》ぎながら課内に入り、名簿を持ち出した。

本当はコピーをとって職員たちに渡したかった。しかし、停電でコピー機も使えない。とめてあったホチキスの針を外して原簿を分け、4組に分かれて町内を回ることにした。

災害対策本部設置から約30分後の午後3時25分、保健福祉課と地域包括支援センターも準備が整い、安否確認に動き出した。

菅野と佐々木真（保健福祉課福祉係長）は上有住地区から下有住地区へ、石崎由起子（保健師）と高木宏二（同課介護保険係主事）は下有住地区から上有住地区へ、鈴木一美（保健師）と千葉透（同課介護保険係長）が世田米地区を担当するという割り振りだった。さらに小田中茉穂（保健師）も社協事務局主任の吉田秀昭と組んで世田米地区の一部を回ることになった。

連携して要援護者の無事を確認

男性職員が町の公用車や社協の車を運転し、保健師らが助手席に同乗。2人1組になって担当した地区の奥部から対象者の自宅を一軒一軒訪ね、安否確認を行う。対象者は実に、200人近くに及んでいた。

保健師長の紺野栄子は出発する保健師たちに、

「在宅で酸素を使っている人たちの状況も把握してきて！」

そう、頼んだ。

紺野は地震直後、保健福祉センターそばの民家を訪ねていた。そこには在宅酸素療法を受けている人（以下、在宅酸素療法者）がいた。状況を尋ねたところ、「予備の酸素ボンベがあるので大丈夫！」との答えが返ってきた。在宅酸素療法者は必ず予備の酸素ボンベを持っている。そう確信した紺野は「当面は大丈夫」と思った。

町内には自力で必要な酸素を取り込めない在宅酸素療法者が7人いた。自宅では通常、電気で動く酸素供給装置を使って酸素を吸入するが、外出時あるいは停電時などには携帯用酸素ボンベを利用することになる。

地震直後から町内でも電気が止まり、酸素供給装置が動かなくなっていた。頼みの綱は酸素ボンベだが、町内の在宅酸素療法者は大船渡市内の業者から酸素の供給を受けていた。しかし、この大地震で届くかどうか分からなかった。万が一、酸素がなくなるようなことがあれば命に関わる。紺野は、そのことを心配した。

菅野と佐々木の班は釜石市境にある上有住の大洞《だいどう》地域から下有住方面に向かって回り始めた。訪ねてみれば、当然のことながら、自宅にいない高齢者たちもいた。そうした人たちの安否は隣家などから聞いて確認をした。「長男の家に行っている」「この冬は娘が連れて行った」といった情報が得られた。人間関係が濃い田舎ならではの強みだった。

菅野と佐々木は未確認者の情報収集のため、上有住集会センターに立ち寄った。前民生委員から確認が取れなかった4人の無事を教えてもらった。前民生委員たちも自主的に地域の安否確認に回ってくれていたのだ。これもまた、田舎の強みといえた。

菅野は暗くなってきたため、上有住の自宅に立ち寄り、懐中電灯を持ってきた。町内は停電で外灯も窓の明かりもなく、真っ暗だった。

「あそこのはずだ」と思っても、その家の入り口の路地が分からなかった。もちろん、車のライトで照らせば分かるところもある。しかし細い路地だと、道と水田の境目が分からず、下手をすると脱輪しかねない。そういう時は車を途中で停め、懐中電灯で道を照らしながら歩いて訪ねるしかなかった。

梶原は役場庁舎前に災害対策本部のテントが出来ると、テントに移動した。午後5時頃に一旦戻り、梶原に状況を報告してから再び調査に向かうグループもあった。しかし、午後7時を過ぎても戻って来ない職員たちがいた。梶原は安否確認の必要なお年寄りたちも心配だったが、安否確認に回っている職員たちのこともまた、気がかりでならなかった。携帯電話もスマホもつながらず、何が起きてもお互いに連絡がつかない状況にあったからだ。

保健福祉課で最後に戻って来たのは菅野と佐々木の班だった。午後8時25分、2人は町役場に戻り、「うちの方は名簿上、行方不明の人はいません」と災害対策本部に報告した。梶原は〝二重の意味〟でホッとした。

安否確認は対象者の無事をただ確認すれば済むものではなかった。菅野と佐々木が回った先に、少しばかり認知症のある一人暮らしの高齢者がいた。菅野は無事を確認し、胸を撫《な》で下ろした。

「ばあちゃん、ばあちゃん、今夜な、電気がつかないの。停電で真っ暗いままだから、懐中電灯持ってきてみて」

菅野はそう、声をかけた。

ところが、お年寄りが持ってきたのはテレビのリモコンだった。懐中電灯がどれか、分からなかった。

「このまま一人置いたらどうなるんだろう?」

菅野は心配になった。

「ばあ、行ぐどすれば、どごの家に行きたい?」

そう尋ねると、お年寄りは親戚の家の名前を告げた。近くに住む町職員の家族に説明し、そのお年寄りを親戚の家に送り届けてくれるように頼んだ。

一人で置くのが危ない人を見つけては、その人の安全を確保するための方策を考え、手配しなければならなかった。それだけに時間がかかった。町役場から一番遠く、回る範囲が広かったことも帰着時間が遅くなった原因だった。

それでも保健福祉課と地域包括支援センターは開始から約5時間という短時間で、町内の安否確認を終えた。もちろん、どうしても所在の分からない高齢者たちがいた。ただし、その数は10人もいなかった。

高齢者の安否確認に追われていた午後7時頃、安否確認に回っていた保健師から保健師長の紺野に「在宅酸素療法者の酸素が残り少なくなっている！」との報告が寄せられた。しかも、「酸素は3、4時間でなくなってしまう」という切羽詰《せっぱつま》まった状態だった。

紺野は急きょ、その在宅酸素療法者と妻を迎えに行き、県立大船渡病院附属住田地域診療センターに連れて行った。事情を説明し、受け入れてもらった。同センターには酸素の配管があった。しかし、その数には限りがある。非常電源を備えているので、持ち込めば酸素供給装置を動かすこともできる。

町内の電気がいつ復旧するか、全く分からなかった。今後のことも考え、紺野は「町内で最近使われなくなり、まだ（業者に）返却されていない酸素供給装置があれば借りてくるように」と保健師に指示を出した。

一方、住田町社協ではケアマネージャーの佐藤浩美や佐藤千寿《ちず》、戻っていたヘルパーの佐藤京子、横澤和子らが中心となって安否確認に回った。仕事に出ていたヘルパーたちも、その出先から安否確認に動いた。

地震の後も町内ではａｕの携帯電話が通じていた。職員ら数人がａｕを持っていたことから連絡を取り合い、社協は〝総動員〟体制で対応し、午後6時頃には対象者全員の無事を確認した。

結果として、保健福祉課と地域包括支援センターが「一人暮らしの高齢者と高齢者夫婦世帯」、社協が「介護サービスを受けている高齢者」の安否確認に回った。対象者の重複を避ける話し合いをしなくても、双方がうまく分担して動くことができたのは、日頃からの連携と交流によってお互いの気心が通じあっていたおかげといえた。

さらに町役場だけでなく、民生委員や行政連絡員らも担当区域で自主的に要援護者の安否確認に動き、中にはわざわざ災害対策本部まで報告に来る人たちもいた。小さな町ならではの人のつながりが住田町では生きていた。

要援護者の安否確認が一段落した午後9時50分、恐れていた情報が対策本部にもたらされた。

「子ども3人が気仙沼市《けせんぬま》（宮城県）に行ったまま、連絡が取れない」

気仙沼市は陸前高田市の南隣にあって、岩手県と県境を接している。津波で大きな被害が出ていただけでなく、大火災も起きていた。

住田町から仕事や買い物などで大船渡市や陸前高田市、釜石市、さらには気仙沼市などに出ている人たちが少なからずいた。対策本部は次の段階として全町民の安否確認に動くことになる。

4 錯綜する情報

「住田町と連絡ができない」⁉

災害対策本部には被害状況の報告が続々と集まってきていた。

建設課や産業振興課だけでなく、町民生活課や税務課、総務課の職員たちも2人1組になって被害調査に回っていた。もたらされた報告は駐車場に置かれたホワイトボードに次々と書き込まれたり、張り出されたりした。

生活改善センターに隣接する町議会では外階段が破損し、ひび割れができていた。生活改善センターと保健福祉センターの間にある農林会館では大ホールのステージ側天井が2カ所（6メートル×4メートル、10メートル×1・5メートル）で落下していた。

住田町を貫く幹線道路、国道107号では落石が確認された。世田米地区では町民が地震で落下した物が額に当たり、ケガをしたとの情報も入ってきた。

教育委員会事務局の職員たちは学校関係の被害調査や児童・生徒の安否確認に当たっていた。世田米地区の高台にある世田米中学校では校庭に地割れが生じ、体育館の壁にも被害が出ていた。

11日の被害調査は午後10時半まで続いた。公共施設や道路だけでなく、民間企業の施設や個人の住宅を含め、被害が相次いでいた。しかし、地震での人命に関わるような情報や建物が倒壊したといった大規模被害の報告はなかった。それがせめてもの救いだった。

町長の多田欣一をはじめ、職員たちが対応に追われていた震災初日の夜、耳を疑う情報がNHKのラジオやテレビで全国放送された。流れてきた情報は、

「大槌町《おおつちちょう》と住田町とは連絡ができない状況にあります」

というものだった。

全国各地で暮らす住田町出身者の中には、

「住田町も震災で大被害に遭い、孤立してしまったのではないか」

そう心配する人たちもいた。

住田町でも地震発生直後から固定電話や携帯電話、スマホ、インターネットが通じなくなっていた。町役場にはこうした非常時でも連絡できる衛星電話がなかった。多田自身、「衛星電話の必要性を感じていなかった。県内の多くの市町村が衛星電話を持っていることすら知らなかった」という。総務課長の鈴木玲も多田と同様の考えだった。

鈴木によると、衛星電話は1台20万円から30万円と高価で、使用頻度が低い半面、使用料を毎月払わなければならない。しかも長期にわたって電気や通信の途絶が続くことは防災計画でも想定していなかった。震災発生後も、「どこかに借りにいかなければ」といった感覚さえもなかったという。

町役場から車で15分も行けば、隣接する大船渡市に県の出先機関、沿岸広域振興局大船渡地域振

興センターがある。同センターには盛岡市の県庁と連絡できる衛星電話が備え付けられていた。住田町と大船渡市を結ぶ国道107号は震災の被害を受けていなかった。

　総務課長補佐の伊藤豊彦によると、県が主催した過去の訓練の中には、電話が通じず、県と市町村の連絡がつかなくなった場合を想定した訓練もあった。その時は市町村が車で県の出先機関に状況を伝えに行き、指示や情報をもらって来るという内容だったという。ところが、訓練と現実は、やはり、違っていた。

　確かに、町役場が職員を大船渡地域振興センターに派遣しようと思えば、派遣できたかもしれない。しかし、元々職員数が少ない上、目の前の対応で手一杯の状況だった。そこまで気を回す余裕が住田側にはなかった。

「大船渡地域振興センターまで職員を車でやれば済むことだった。しかし、それすら職員に指示していなかった。体験したことのない状況の中とはいえ、何をどう対応すればいいか、全く分からなかった」

　災害対策本部を統括する役目を担い、普段は冷静沈着な総務課長の鈴木でさえ、そうだった。逆に、同センターからも連絡が取れない住田町の状況を確認するため、県職員が来ることもなかった。

　県は結局、住田町の被災状況をつかめないまま、報道機関に「住田町と連絡ができない状況にある」という〝事実〟を伝えた。そのことが「大槌町と住田町とは」という全国放送になったようだ、と町の関係者は指摘する。

「住田は大丈夫です！」

住田町役場の水野英気《えいき》は当時、岩手県の市町村課に派遣されていた。盛岡市の岩手県庁で仕事をしている時、大地震に遭遇した。住田町と連絡が取れなくなっていることを知り、仕事を終えてから車で約1時間半かけ、住田町へ駆けつけて来た。

水野は町役場前に設置された対策本部で状況を確認した後、携帯電話で県庁に知らせようとした。しかし、携帯電話がつながらない。通じる場所を探し求め、再び車を盛岡方面へ走らせた。盛岡市と住田町の中間にある花巻市大迫町《おおはさままち》に来たところでつながり、「住田は大丈夫です！」と県庁に報告を入れた。水野は住田町へ取って返し、そのまま災害対策本部の一員として震災対応に当たる。

建設課主査の皆川繁雄（下水道担当）は、同じく主査の山内孝司（簡易水道担当）とともに夕方まで下水道施設や簡易水道施設の点検などに当たっていた。車で移動中、つけていたカーラジオから「住田町　カンスイ（冠水）」との情報が流れた。皆川は首をかしげ、「情報が錯綜《さくそう》している」と思った。

その晩の8時頃のこと、陸前高田市の状況を調べに向かった職員たちがいた。税務課長の横澤孝と町づくり推進課企画調査係長の千葉英彦、総務課主任運転手の村上洋悦《ようえつ》の3人だ。交通指導車に乗り、村上の運転で国道340号を南進した。

車が竹駒町《たけこまちょう》舘《たて》地内の気仙木材加工協同組合連合会（気仙木加連）があるカーブにさしかかった辺りで警察官に制止され、「この先は行かれません」と告げられた。3人は来た道を戻るしかなかった。

運転する村上はその先にある矢作町《やはぎちょう》下矢作《しもやはぎ》の自宅から、住田町役場に通勤していた。村上と母親、妻、子ども2人の5人家族だった。大船渡市内に勤務していた妻は津波を逃れ、その日の夕方住田町役場に避難してきた。

「家族は大丈夫か？　家は大丈夫か？」

口には出さないものの、村上は心配しながら運転をしていた。妻と2人、一関市大東町《だいとうちょう》経由で自宅にたどり着き、家族と自宅の無事を確認するのは翌日の夕方のことだ。

2カ所の公民館を避難所として開放

村上ら3人が陸前高田に向かった午後8時頃、災害対策本部に町民や町外の人から「避難したい」という問い合わせがあった。本部では公民館に協力依頼の声がけをし、受け入れに応じてくれた世田米地区の中沢公民館と曙《あけぼの》公民館を避難所として開設した。

中沢公民館には地元の中沢地区民7人と陸前高田市民3人、大船渡市民1人が避難した。中沢の

7人は高齢者で、自宅に居ても電気が使えず、生活が難しいと考えて身を寄せた。町外の人たちは自宅に戻れなかった人たちだ。その中には総務課主任運転手、村上の妻もいた。

避難所として開設したはいいが、中沢公民館には避難者に提供する毛布も食料もなかった。それでも地元消防団の関係者が勤め先から急きょ、借りてきた発電機と投光器があった。災害対策本部では午後9時、毛布や布団、水や食料を中沢公民館に届けた。毛布と布団は生活改善センターに合宿用として用意していたものだった。

水と食料は災害対策本部がその日の夕方、職員に命じて買い出しさせておいたものだ。震災初日の夜、役場では総務課を中心に男性職員が泊まり込むことになっていた。泊まり込みが何日続くのかも、全く予測できなかった。そのため、食料の確保が必要だったのだ。

買い出しを命じられた職員たちは町内スーパーの八兆屋《はっちょうや》やコンビニエンスストアのローソンなどで調達した。産業振興課長補佐の横澤則子も買い出し係の一人だった。その買い出しの様子を町民が見て、

「おまえは役場の職員だべ。おまえも買い占めの一人か！」

そう、町民から言われた。

「震災から何年経っても、いまだにその話を言われる。役場の指示だったんですが、私は買い占め犯になってしまいました」

横澤は苦笑いしながら当時のことを話す。

住田町内には災害に備え、町指定の緊急避難所が38カ所、避難所が16カ所設定されている。

住田町の場合、緊急避難所は他の市町村でいえば一次避難所に当たるもので、災害が発生した時、あるいは発生の恐れがある時、緊急的に一時避難をする場所だ。また、避難所とは他市町村の二次避難所に当たり、災害の危険性があるために避難した人たちが、その危険性がなくなるまで滞在したり、災害で自宅に戻れなくなった人たちが一時的に滞在したりする施設のことをいう。基本的には避難が必要になった時は、まず緊急避難所へ行き、その後状況に応じて避難所へ避難することになっている。

こうした避難施設には農林会館や社会体育館といった町の施設や地区・地域公民館、学校の体育館も含まれている。しかし、そうした町指定の避難施設には毛布があればいい方で、防災用品と呼べるものはほとんど備蓄されていないのが現実だった。

町長の多田は以前、防災担当の総務課長と災害に対応した備蓄について意見を交わしたことがある。きっかけは新聞報道だった。新潟県中越沖地震（２００７年）が起きた時、被災した自治体のほとんどで食料や飲料水が備蓄されておらず、備蓄していた市でさえごくわずかな量しかなかった。そう、新聞が伝えていた。

その記事を目にして、多田が総務課長に尋ねた。

「うちにはどれだけの備蓄があるんだ？」

「町長、うちはゼロです。食料も水も、何もありません。あるのはせいぜい毛布ぐらいなものです」

「そうなのか。んでも、備蓄しないとまずいんじゃないか。一回、県内の状況を調べてみろ」

それから数日後、総務課長から報告があった。

「町長、県内でも持っているところはないようです。だいたい、備蓄する物を置く場所がありません。どういう物をどれだけ備蓄すればいいかも、正直言ってつかめません。特に食料と水は消費期限があります。自治体とすれば『期限が過ぎたから、備蓄してきた物を捨てて、新しく物を買い替えましょう』というわけにはなかなかいきません」

「んだけんとも、万が一のため、うちの方でも備蓄する必要があるんでないのか」

「検討する必要はありますね」

その時は結局、防災用品の備蓄は「保留」となった。そして、そのままの状態で住田町は東日本大震災に直面することになった。

11日の夕方、職員には一旦、解散が命じられた。町役場には課長級と総務課の男性職員らが泊まり込んだ。女性職員のほとんどは午後7時か8時には町役場を離れた。女性では副町長の小泉きく子と町民生活課長補佐の佐々木美保子が残った。

町長の多田らはその晩、車の中や農林会館などで仮眠を取るなどして一夜を過ごす。大きな余震が断続的に続いていた。

「あの日は夢中だった」

そう、多田が語る3月11日がようやく終わろうとしていた。

5 そして迎えた2日目

緊急援助隊の後方拠点に

日付が変わった3月12日の未明、仕事が一段落した総務課行政係長の横澤広幸は役場庁舎1階の宿直室へ行き、畳の上で横になった。他の職員も一緒だった。目をつぶって仮眠を取ろうとすると、地鳴りとともに大きな余震が襲ってきた。その繰り返しだった。結局は眠れないまま、午前3時頃に再び災害対策本部へ戻った。

総務課長の鈴木玲は同本部のテント内に居て、冷えたパイプ椅子に座ったまま、仮眠もとらず、本部に詰めていた。焦げ茶色をした愛用のフード付き防寒コートを1枚、はおっただけだった。テント内に反射式ストーブがあるとはいえ、外は厳冬期を思わせる寒さだった。鈴木は2日目の夜も一睡もせず、対策本部のテントで待機し続けることになる。

「災害対策本部をつくっておいて、何か起きた時に寝ていたではすまない。そう思って、気が張りつめているところがありました」

鈴木は当時を振り返り、そう語る。

午前3時15分頃、大船渡消防署住田分署の署員が災害対策本部を訪れて、こう要請した。

「山形の緊急援助隊が気仙方面に向かっています。北上《きたかみ》市を通過したところです。世田米小学校を中継地にして大船渡方面と陸前高田方面を分担する体制をとるそうです。緊急援助隊に運動公園のトイレなどを開放してもらえないか」

山形県は消防庁からの要請に応じ、緊急消防援助隊を11日午後10時21分に岩手県へ向けて派遣した。さらに警察庁の要請を受け、県外から警察官や警察車両も派遣されてくることが分かった。救助や行方不明者の捜索、交通整理などに当たるためだった。

やって来る緊急援助隊にとって、住田町は津波の被害を受けておらず、しかも被災した大船渡市や陸前高田市、釜石市と隣接しているため、活動する際の重要な後方拠点と言えた。

災害対策本部には副町長の小泉きく子、総務課長の鈴木、課長補佐の伊藤豊彦、行政係長の横澤らがいた。住田分署や大船渡警察署世田米駐在所と協議し、県外からやって来る救援隊に駐車場と寝泊施設などを提供することにした。

提供できる施設といえば教育委員会が所管する町営の体育館や学校施設などだ。伊藤はすぐに教育委員会事務局と連絡を取り、学校とも相談をして受け入れ先を決めた。学校には帰宅できず、泊まっている先生たちがいた。

続々と援助隊が到着

手配をしていた最中の午前4時、県外救援隊の第一陣が到着する。災害対策本部では議会事務局長の佐藤英司を急きょ運動公園に行かせ、町役場に隣接する生活改善センターまで誘導させた。

到着したのは山形県警だった。運動公園には世田米駐在所長の萱場《かやば》久司がいた。萱場は大船渡警察署（大船渡市盛町《さかりちょう》）からの指示を受け、県外から派遣されてくる警察関係者の受け入れなどについて住田町と交渉する役目を担っていた。大船渡警察署は大船渡市、陸前高田市、住田町を管轄していた。

山形県警到着時の様子を萱場は、「到着したのはパトカー5、6台と機動隊のバス2台だった。バスが着いた時、その中に知り合いの警察官がいて、『萱場さん！』と声をかけてくれたことを覚えている」と語る。

萱場はその前年、東北管区警察学校（宮城県多賀城《たがじょう》市）に入校して機動通信専科で学んだ。その折に寮で同室になったのが、バスの中から声をかけてくれた山形県警の警察官だった。大震災に直面している時、他県から知り合いの警察官が支援に来てくれたことに驚き、とても心強く感じた、と萱場は言う。

山形県のホームページ掲載資料によると、山形県警は岩手と宮城の両県に広域緊急援助隊の派遣を決め、隊員らは11日午後4時50分に山形を出発した。この時、岩手県には警備部隊25人と交通部隊14人が、宮城県には刑事部隊10人が派遣された。

数少ない当時の資料には救援隊の第一陣の受け入れについては、こう記述されている。

04：05　岩手県警6〜7台、運動公園到着の連絡あり
　　生活改善センターへ移動するよう指示
　⇩　あやまり　山形県消防隊

山形県警の記述は見当たらない。職員たちの記憶もはっきりしない。萱場の証言がなければ、住田町に県外から到着した支援第一陣の記録は残らなかった可能性がある。資料は当時の災害対策本部が置かれていた〝混乱〟の一端を示していたともいえる。

一方、山形県消防隊は11日午後10時21分に出動。夜が明けた12日午前6時頃、サイレンを鳴らし

ながら住田町に着いた。山形県のホームページによると、派遣されたのは33隊、１３６人（註：住田町資料によれば38隊、２５０人）だ。到着後すぐ大船渡市立根町《たっこんちょう》にある県立大船渡東高校へ移動。その後、大船渡市と陸前高田市に分かれ、救助活動を開始した。

12日午後5時半には関西から警察の緊急援助隊がパトカーやバスなどで到着する。大阪府警のホームページによると、大阪府警機動隊１１９人、近畿管区機動隊97人、大阪府警広域緊急援助隊交通部隊76人、合わせて２９２人（註：住田町資料によれば大阪府警・兵庫県警２６５人）の陣容だった。

この日はまた、愛知県豊川市に駐屯《ちゅうとん》する陸上自衛隊第六施設群の自衛隊員１８０人も住田町に入った。

県外からの援助隊には小・中学校の校庭や体育館、社会体育館、公園グラウンドなどが駐車場や宿泊先、野営地として提供された。乗ってきたパトカーやバスなどに寝泊まりしながら救助・捜索活動に当たる隊員たちもいた。住田を拠点とした警察と自衛隊の活動は6月まで続く。

災害対策本部では県外の援助隊を支援するため、13日から世田米の社会体育館事務室に専門の支援担当を置くことにした。担当は教育委員会事務局教育次長補佐の松田英明と生涯学習係主任の松田金光《かねみつ》、学校教育係主事の佐々木倫子《みちこ》の３人で、後に教育研究所指導主事の齋藤雅彦（県からの派遣職員）も加わる。

翌14日にはアメリカとイギリスの国際救助隊も来町し、住田を拠点に18日まで救助活動に当たる。アメリカ大使館職員らも同行していた。この時、国際援助隊と住田町側との間で通訳を務めたのが、英語指導助手から住田町教育委員会の国際教育教員となっていた美野《みの》マーク（カナダ出身）だった。松田金光は「彼がいてくれたおかげで、本当に助かった」と話している。

町内の被害状況の調査を開始

話を12日に戻す。午前8時半、職員たちが災害対策本部のテント前に集められた。前日の夕方、「明日は土曜日で本来は休日ですが、午前8時集合ということで今日は解散します」と告げられ、職員の多くは帰宅していた。

町長の多田欣一が職員に指示した。

「今日は町内の災害状況を皆さんで手分けして調査をしていただきます。詳細は総務課長から述べますので、規律に従って、自分で身の安全を守り、調査をしてください」

多田自身、役場駐車場の車中で一夜を明かしていた。

総務課長の鈴木は各課等の役割分担を説明した。この日は▽産業振興課＝農業関係施設▽建設課＝主要道路や水道・下水道▽町づくり推進課＝ケーブルテレビの施設関係▽教育委員会＝学校等の建物・施設――の被害調査に当たることになった。職員は2人1組になり、無線が積載された公用

震災発生の翌朝、テントを張った災害対策本部の前で指示を受ける住田町役場の職員たち（住田町世田米、2011 年 3 月 12 日 8 時 30 分頃）
提供：住田町役場

車に乗り込み、町内へ繰り出していった。

情報が次々と入ってきた。世田米地区では世田米中学校のパソコンや顕微鏡が数台壊れたほか、トイレの窓ガラスや体育館の屋根も破損。世田米小学校でもスチール棚やガラスが破損していた。

奥州市境にある大股《おおまた》地区には町が整備した遊林ランド種山があった。ヒノキ風呂やレストラン、研修室、休憩室などを備えた施設で、前日の地震で水道施設が故障し、営業を停止していた。同地域では自家水道を使っている家が多く、地震で水が出なくなった家々もあった。集落全体で水を供給し合っていた。

下有住地区では町の生涯スポーツセンターで、ロビーの壁面が落下するなどの被害が出ていた。屋根瓦が落下した家も複数あり、中には落ちた瓦でフロントガラスが壊れた車もあった。

上有住地区では有住中学校で壁などに亀裂が生じ、天井が落下するなどしていた。上有住集会センターや五葉《ごよう》集会センターでも壁に亀裂が入り、タイルが落下。町の観光名所の一つ、滝観洞は落石のため入洞禁止（7月15日入洞再開）の措置が取られていた。

民家の屋根瓦や窓ガラスの破損は広範囲にわたって確認された。ただ、総じていえば建物倒壊といった大きな被害はなかった。とはいえ、公共施設の被害総額は約５０００万円に及ぶことが後に判明する。

町づくり推進課企画調査係長の千葉英彦は同僚と2人で、光ケーブルの幹線を目視調査して回った。町内全体を回るため、一日がかりの仕事だ。山々に囲まれた難視聴地域の住田町では光ケーブルを使い、全世帯でケーブルテレビが映るようになっていた。

家々への引き込み部分が切れた程度であればすぐに補修ができる。しかし、幹線が切れていると専門業者に依頼し、新たな工事をしなければならない。そうなれば復旧に時間がかかる。そのことを千葉は心配していた。目で見る限り、幹線に異常はなかった。倒れている柱もなかった。千葉は安堵《あんど》した。

教育委員会事務局の生涯学習課主任、松田金光はこの日、学校関係の被害調査に回っていた。松田には心配事があった。釜石市内の中学校に事務職員として勤務する妻と連絡が取れていなかったのだ。

松田は11日、有給休暇をとって町外に出かけ、車を運転中に地震と遭遇した。カーナビのテレビ（ワンセグ放送）で釜石市に押し寄せた津波の映像を見て、町役場に向かった。到着後は被害調査に加わり、夜遅く、上有住の自宅に戻った。しかし、自宅に妻の姿はなかった。

松田は出勤前に妻の安否を確認しようと、12日午前3時に起き、車で釜石市へ向かった。その途中、遠野市のJR足ケ瀬《あしがせ》駅付近で警察官に止められ、「釜石に戻る人は通すが、そうでない人は通せない」と告げられた。仕方なく住田に戻り、2日目の被害調査に当たった。その夜帰宅してから、妻が一時帰宅し、すぐにまた釜石に戻ったことを家族から聞かされた。妻の勤める学校は地域の避難所になっていた。

他にも町外に勤める家族と連絡が取れずにいる職員たちが少なからずいた。その安否も分からないまま、職務を果たしていた。

被害調査から外れた職員たちにもさまざまな仕事があった。女性職員たちの一部は炊き出し班に組み入れられ、早朝から作業に当たっていた。買い出しなどを指示された職員たちもいた。

保健福祉課では午前7時15分、世田米地区で行っている学童保育の中止を決定。教育委員会も午前9時に世田米、有住の両保育園を停電中は休園とすることを決めた。

これより先の午前6時50分、県立住田高校からの食料と飲料水の支援要請が災害対策本部にもたらされた。帰宅できない教員16人と生徒7人（大船渡市4人、陸前高田市3人）が校舎で一夜を明かしていた。本部では早速、食料と水を手配した。午前10時過ぎには炊き出しも届けられる。

被害調査を終えた職員たちは続々と町役場に戻って来た。その一人、建設課主査で下水道担当の皆川繁雄は午後の明るいうちに戻った。戻って、驚くことを耳にした。

「原発が爆発したとかで、『放射能の関係があっから、家の中さ、入った方がいい』という話があったと聞かされた。現場にいる時、そんなことが起きていたことも分からなかった」

そう、皆川は語る。

福島第一原発が爆発した時、町役場では放送機器を搭載した指揮広報車を使い、「屋外に出ないでください」と巡回広報を行った。防災行政無線が機能停止に陥っており、町内全域への一斉放送ができなかったのだ。

震災発生の翌日とあって住田町では幾分落ちつきを取り戻し、昼間は畑に出て農作業をするお年寄りたちがいた。お年寄りたちは広報車が回っていることに気づいても、何の動きも見せなかった。放射能の話をされても、放射能が何なのか、何をどうすればいいのか、分からないようだった。

安否不明者は100人に

災害対策本部は被害調査と並行して、12日には全町民（約6000人）の安否確認に動いた。

震災が起きた11日の午後9時50分、「町内の子ども3人が気仙沼市（宮城県）に出かけたまま、連絡が取れない」との情報が対策本部にもたらされていた。災害対策本部が恐れていた事態だった。11日が平日とあって町外の職場や学校に出勤、通学する人たちがいた。町外の医療機関を受診したり、買い物などに出かけた町民もいた。携帯電話やスマホが通じないため、そうした人たちと連絡のつかない状況が続いていた。

総務課長の鈴木は11日午後10時40分、職員に行政連絡員宛ての文書を作成するよう指示する。それは、地元の班長を通じて担当する世帯の安否確認を行い、安否不明者を知らせてほしいと依頼するものだった。町内には33人の行政連絡員がいた。

文書作成に必要なノートパソコンやプリンターは地震の後、職員が庁舎内から持ち出してきていた。電源はもちろん、非常用発電機だった。

災害対策本部では12日午前9時半、町役場（世田米）と大股地区公民館（同）、下有住地区公民館（下有住）、上有住地区公民館（上有住）、五葉地区公民館（同）の5カ所に町民から被害報告や各種相談を受け付ける窓口を開設。課長級や課長補佐級を班長に、保健師と庶務係、情報収集係をそれぞれ1人ずつ置いた。

庶務係と情報収集係の職員は担当会場に到着後、直ちに各地区の行政連絡員を訪ね、それぞれの地区の安否不明者を調査するよう依頼する文書を手渡した。行政連絡員がまとめた報告書は午後3時、庶務係と情報収集係の職員が行政連絡員宅を再び訪ねて回収した。

災害対策本部が午後5時25分現在でまとめた町内の安否不明者は100人ほどに達していた。

13日はそれら不明者の安否を一人ずつ、確認して回ることになった。その役目は課長級と課長補佐級の幹部職員たちが担った。2人1組で町内6区域に分かれ、安否不明者の自宅を訪ねて回った。消防団員でもある町役場の中堅や若手の男性職員は大船渡市や陸前高田市に救助や捜索のために派遣されていた。女性職員も炊き出しに加わるなどしていたため、フリーで動ける職員は幹部職員しかいなかった。

役割分担を決める総務課行政係長の横澤広幸は役職も年齢も上の課長らに、「すみません、人手が足りないのでお願いします」と頭を下げた。そうしたケースはその後も度々起きる。

災害対策本部では14日から専属の不明者見回り班を組織する。横澤孝（税務課長）と吉田香奈（同課税務係主事）が世田米、佐藤淳史（同課課長補佐）と鈴木絹子（同課税務係長）が下有住と上有住の担当だった。4人は毎日、所在不明者の家を訪ねて安否を確認して回った。

14日に31人だった所在不明者は、翌15日には20人に減った。しかし、3人の死亡が確認された。

その後も徐々に不明者の人数は減ったが、反比例して死者が増えていった。

災害対策本部では3月18日と4月15日の2度、大船渡市内や陸前高田市内の避難所に職員を派遣し、避難している町民の有無も調べた。最終的には町民13人の死亡が確認された。いずれも町外で津波に遭い、亡くなっていた。海のない住田町も津波と無関係というわけにはいかなかった。

6 在宅酸素療法者と人工透析者を守れ

酸素ボンベの残存量を確認して回る

保健福祉課と地域包括支援センターは震災発生初日、一人暮らしの高齢者と高齢者夫婦世帯の安否確認を行った。次に何をすべきかを話し合い、2日目の12日からは在宅酸素療法者と人工透析を受けている人（以下、人工透析者または透析者）の安否確認と支援に入ることにした。

在宅酸素療法者は地域包括支援センター係長の菅野英子が担当することになった。町内には7人の在宅酸素療法者がいた。

在宅酸素療法者が使う酸素供給装置や緊急時用・外出時用などの酸素ボンベは、受診した医療機関を通じて民間の会社と個々に供給契約が行われる。行政は障害福祉登録が行われて初めて知るケースが多く、把握に時差が生じる。それでも住田町では在宅酸素療法者の名前が分かった段階で名簿に記載し、一覧にしてまとめてきていた。

停電で自宅の酸素供給装置が動かなくても、1日ぐらいであれば自宅に保管している酸素ボンベで対応できる人もいる。しかし、今回の停電は復旧の見通しが全く立っていなかった。加えて、酸素を供給する大船渡市内の業者は被災した可能性が強く、いつ供給されるかも不明だった。

菅野は名簿を見ながら一軒一軒回り、酸素の1日の使用量とボンベの残存量を確認した。1日の使用量が0・5リットルぐらいであれば、手元の酸素ボンベで2、3日は間に合う。しかし、1日4リットル使う人だと到底、間に合わない。

ボンベの酸素で間に合う人は当面、自宅で過ごしてもらうことにした。問題は酸素の残存量の足りない人だった。その数も1人、2人ではなく、中には残量がわずか9時間という人もいた。菅野は急いで、その対応に走り回る。

頼みの綱は同町世田米にある県立大船渡病院附属住田地域診療センター（以下、住田地域診療センター）だった。

もともとは県立住田病院だったが、2009（平成21）年に無床化され、内科と外科の外来診療だけを行う地域診療センターとなっていた。

住田地域診療センターには酸素の配管もあれば、非常電源も備えていた。町内に電気が復旧するまで預かってもらいたい、そう菅野は思った。町長の多田欣一にも一緒に出向いてもらった。多田が診療センターにあった衛星電話を使って県立大船渡病院長と直接交渉し、受け入れてもらうことで話をつけた。

結局、6人の在宅酸素療法者が住田地域診療センターに移る。このうちの2人は、陸前高田市から避難してきた人たちだった。「住田に行くしかない」と考え、住田町役場に助けを求めてきていた。

1部屋では足りず、1階の2部屋を開放してもらった。1階処置室のベッドや待合室のソファを借りて横になり、電気の復旧を待つことになった。寒さが厳しかったので、保健福祉課では毛布だけでなく、反射式ストーブを2台持っていった。灯油も運んだ。

菅野や保健師の石崎由起子、鈴木一美がそれから毎日、町役場からほど近い住田地域診療センターまで歩いて様子を見に行った。食べる物もなかったので、炊き出しのおにぎりを3食、毎日運んだ。

13日には在宅酸素療法者の自宅や診療センターにあったボンベを集めて県内陸部の業者に運び、酸素を充塡《じゅうてん》してもらってきた。その際には依頼を受け、紙オムツや粉ミルクも購入して戻った。

住田町内の電気の復旧に伴い、住田地域診療センターにお世話になっていた町内の在宅酸素療法者は1週間ほどで自宅に戻ることになった。

しかし、陸前高田市からの避難者はそうはいかなかった。住田町の電気が復旧した後も、同市では停電が続いていた。住田地域診療センターからの要請もあり、陸前高田市の避難者をどこかに移さなければならなくなった。新たな受け入れ先をどこにするのか。そのことで菅野は再び、苦悩する。

思い浮かんだのは上有住にある高齢者生活福祉センター・アンルスだった。住田町社協がデイサービス事業などを運営していた。そこには居住部門も設けられていた。菅野は陸前高田市の2人をアンルスに連れていったところ、快く受け入れてもらうことができ、ホッと胸を撫で下ろす。

人工透析者の受け入れ先を探す

一方、人工透析者への対応は保健師長の紺野栄子が担当した。町内には約20人の人工透析者がいて、普段は大船渡市内の県立大船渡病院と民間の透析施設、遠野市内の県立遠野病院などで人工透析を受けていた。人工透析には電気と大量の水が必要だったが、地震や津波で停電と断水が起きていた。

車を運転できる町内の人工透析者は自分で動き、情報を得てきていた。県立大船渡病院では引き続き対応することにしており、県立遠野病院では県立中部病院（北上市）で透析してもらえるように手配していた。

残るのは町内の透析者の多くがお世話になっている大船渡市の民間透析施設だった。同施設を訪ねた患者は、

「指示があるまで待機していてください」

と言われて戻ってきていた。

そうした情報が紺野の元に集まってきた。紺野は保健福祉課福祉係長の佐々木真とともに、隣接する遠野市の民間透析施設を訪ねた。

「大船渡がダメだったら、こちらを頼ってもいいですか？」

すると、

「なんぼか（何人か）なら、いいよ。月曜日は無理だが、火曜日なら」

との答えがもらえた。

その足で紺野は大船渡市の民間透析施設を訪ねた。同施設でも八方手を尽くしてはいたが、やはり、対応に苦慮していた。陸前高田市内にある同系列の透析施設の建物に被害が出て、そこの人工透析者も受け入れていた。急ぎ透析が必要な人は県立大船渡病院にお願いをしていた。しかし、大船渡病院も受け入れ人数に限界がある。

「住田町で対応できるのであれば、住田町の人たちをお願いしたい」

紺野はそう、依頼される。住田町とその民間透析施設は連携して対応することにした。住田町から通っている患者は週3回の透析が必要だった。透析日は月曜日、水曜日、金曜日と決まっていた。紺野は優先順位を確認した。

聞くと、11日の夜に透析を中断した人がいた。その人の透析を県立中部病院にお願いして了解を得たのだが、中断した人にどう連絡すればいいか、困っていたところだったという。

「送迎の車を出すので、明日（13日）午前6時、世田米のふれあいセンターの前で待っていてほしい、と伝えていただけないでしょうか」

そう依頼された紺野は住田町に戻って早速、その人の自宅を訪ねて伝えた。

さらに紺野らは遠野市の民間透析施設を再訪し、正式に町内の人工透析者の受け入れをお願いした。医師から「できれば、紹介状（処方箋《しょほうせん》）がほしい」と言われた。人工透析の場合、その人の体調や増えた体重、カリウムの数値などによって透析の時間が異なる。患者の命に関わるため、一人ひとりの処方箋なしには引き受けることはできなかったのだ。

13日朝、紺野は県立中部病院に向かう透析者が待ち合わせ場所から送迎の車に乗り込むのを確認し、見送った。その後、介護保険係長の千葉透と大船渡市の民間透析施設を再び訪ね、患者の処方箋を出してくれるように頼んだ。出してもらった処方箋を持って再度、遠野市に向かった。遠野市の民間透析施設にも元々の患者さんたちがいた。それでも、

「8人は受け入れましょう」

そう言って、引き受けてくれた。

さらに同施設が受け入れられない患者については、花巻市の民間透析施設に電話を入れ、引き受けてもらえるように依頼し、了解をとってくれた。紺野は感謝するばかりだった。そんな紺野に、

「でも、これは県に対処してほしい問題だよね」

遠野市の民間透析施設の医師は、そう話したという。

紺野は大船渡市の民間透析施設がいつ再開できるかを確認するため毎朝、大船渡市へ通うのが日課となった。

町内の人工透析者の大半は受け入れ先が決まり、運転ができる人は自分の自動車で透析に通うことになった。ここでまた、新たな問題が起きる。震災で被災した沿岸部だけでなく、住田町内でもガソリン不足が深刻化していた。ガソリンスタンドで給油できるのは緊急車両だけ。一般車両は入れてもらえなかった。

県立大船渡病院では人工透析者にスタンドで給油してもらえる「特別給油マーク」を発行していた。住田町も要請を受けて「特別給油マーク」を発行することになった。

町内の人工透析者は14日に花巻市の、15日には遠野市の民間透析施設でそれぞれ透析を受けたが、その後は大船渡市の民間透析施設が透析を再開した。ただ、どうしても通院するのが難しい人がい

た。その人には花巻市の透析施設に1カ月入院し、透析を受けてもらった。

「『待機していろ』と言われても、いつ透析してもらえるか分からないので、とても不安だった。神戸（阪神・淡路大震災）の時は『待機しろ』と言われ、待ち続けていた人が亡くなったと聞いた。住田では町が動いてくれて、本当に助かった」

紺野は町内の人工透析者からそう、言われたという。

震災後、今回の体験を踏まえ、保健福祉課と大船渡市の民間透析施設との間で連絡・連携体制が取られるようになった。

「町民の命は守る」

さて、震災2日目の12日。住田町社協のケアマネージャーやヘルパーたちも世田米、大股、上有住、下有住に担当を分け、町内の介護サービス利用者の状況再確認と支援に動いていた。

この日は心強い助言者がいた。気仙沼市の福祉用具業者、コンフォートケアの小山《おやま》昌浩だ。小山は11日の震災発生時、福祉関係の研修で花巻市内にいた。同じ研修に参加していた住田町社協ケアマネージャー、小野ちか子とともに急きょ、住田町に戻って来た。その後、自宅のある気仙沼に帰ろうとしたが、道路事情が分からず、そのまま住田町に足止めをくい、一夜を明かしていた。

ケアマネージャーやヘルパーたちは小山から、ピンを抜いて、起き上がった状態になっている電動ベッドを簡単に元に戻す方法を教えてもらう。

地震が起きた時、電動ベッドを起こしてテレビを見るなどしているお年寄りが多かった。大地震で電気が停まり、電動ベッドは起き上がったまま、動かなくなってしまった。そのままでは寝ることができず、中には布団ごとベッドから畳に降ろして寝させた家もあった。

また、小山からは輪ゴムを使ってエアーマットの空気が自然に抜けないようにする方法も指導してもらった。「空気入れの根元を輪ゴムで押さえろ。そうすれば1週間は保《も》つ」というのが小山の教えだった。

ケアマネージャーの佐藤浩美はガソリンがないので車は使わず、自転車で自分の受け持ちを回った。高台を訪ねて行った時、

「まさかここまで来てくれるとは思わなかった。こうやって上がって来てくれるんだ。たいしたもんだな、住田は」

そう、言われたという。

町民の命は守る。

保健福祉課の職員も、地域包括支援センターの職員も、そして社協の職員も、その思いだけだった。

7 電気復旧の見通し立たず

副大臣に訴える

震災発生から3日目の3月13日。この日、内閣府副大臣の平野達夫が各省庁や岩手県の関係者とともに大型バスで住田町を訪ねてきた。被災地の状況視察の一環だった。

平野は岩手県選出の参議院議員で、当時は民主党政権の菅直人内閣で内閣府副大臣の要職に就いていた。この後、野田佳彦内閣では初代の復興大臣に就任することになる。

平野らが住田町役場に到着したのは午後3時10分頃だった。この時、町長の多田欣一は不在だった。朝から大船渡市と陸前高田市に出かけていた。前日は被災見舞いのために両市を訪ねたのだが、この日は両市で救助・捜索活動に当たっている町の消防団員たちを激励するのが目的だった。消防団長の水野覚《さとる》が同行していた。

多田がいないため、副町長の小泉きく子と総務課長の鈴木玲が平野に対応した。小泉は住田町の被災状況を説明するとともに、

「電気は隣の遠野市まではきているんです。（住田町は復旧の）見通しが立たないと言われました。ガソリンスタンドも停電のため、手回しポンプを使って給油しています」

と電気の早期復旧を訴えた。合わせて、深刻化しつつあるガソリン不足の解消も要望した。

災害対策本部のテント内にはホワイトボードが置かれていた。そこには、こう書き込まれていた。

3／13　東北電力より
　電気復旧　しばらくかかる
　　見通しない
　　（変電所ダメージ）

実は、この日の午前中、東北電力大船渡営業所の所長らが災害対策本部を訪ねてきていた。ホワイトボードの書き込みは、この時の東北電力側の説明を書き起こしたものだった。

住田町には大船渡市にある変電所を経由して電気が供給されていた。大船渡市が大津波で大打撃を受けたため、住田町への電気供給が途絶えていた。

教育委員会総務係主任の村上初男は遠野市から通勤していた。11日は体調が悪くて休みを取り、自宅にいた。地震にはＪＲ遠野駅の近くにある自宅で遭遇した。震災の影響で自宅周辺は13日まで

3日間にわたり停電が続く。

ところが12日朝、住田町役場に出勤する途中、県立遠野病院近くの交差点で信号機が点灯しているのを見つけて、驚いた。遠野市と住田町の境にある赤羽根トンネルの電灯は12日には灯《とも》っていなかったが、13日の朝には煌々《こうこう》と点《つ》いていた。そんな記憶がある、と村上は語る。

奥州市との境にある種山トンネルと、そのすぐ近くの住田町側にある道の駅「種山ヶ原 ぽらん」も13日午前中には電気が点いていた。そうした情報を聞くにつけ、町長の多田は、

「遠野市や奥州市との境まで電気がきているのに、どうしてそこからすぐに隣の住田町へ電気を流せないのか」

そう、思った。

届けられた衛星携帯電話

この日は災害対策本部にとって嬉しい出来事があった。林野庁東北森林管理局青森分局の岩手南部森林管理署遠野支署から正午前、衛星携帯電話が届いたのだ。

前日の12日、東北森林管理局森林整備課長補佐の東海林見《しょうじけん》と同管理局総務課広報主任官の神崎弘《ひろ》治《はる》が大船渡市盛町にある三陸中部森林管理署を訪ねた後、住田町役場に立ち寄っていた。

三陸中部森林管理署は大船渡市と陸前高田市、住田町、釜石市、大槌町の沿岸南部5市町の国有

林の管理を行っていた。住田町にはその出先機関、世田米森林事務所がある。2人は同管理署が被災したため、その状況などを調べるためにやって来たのだ。

林業振興に力を注ぐ住田町は以前から林野庁と人事交流を行うなどして、強い関係を築いてきていた。立ち寄った東海林と多田は面識があった。

多田は2人に、「衛星電話を持っていない住田も悪かったが」と前置きした上で、衛星電話がないため県とも連絡が取れず、他との連絡手段がないことなどを話した。その話を聞いて、

「衛星電話がなくては住田も不便でしょう。お貸ししましょう」

と東海林が申し出た。

多田は感謝して、申し出に甘えることにした。

東海林からの連絡を受け、13日に遠野支署から衛星携帯電話が届けられたのだ。住田町はようやく外部との通信手段を確保した。

震災4日目でようやく電気が復旧

町役場にこの日残った男性職員はわずか30人ほどだった。男性職員の7割以上が消防団員として大船渡、陸前高田両市での救助・捜索活動に派遣されていた。

残った男性職員のうち、総務課職員7人と町づくり推進課職員2人、町民生活課職員と県派遣職

員各1人の計11人が災害対策本部に配置され、消防団との連絡調整や物資調達、物資支援、窓口対応などに当たった。課長級8人と課長補佐級4人の幹部職員は町内の不在者確認に2人1組で回り、教育委員会事務局職員2人が運動公園等支援担当として県外から来町した救助隊の支援に当たっていた。

一方、町役場の女性職員24人のうち13人が炊き出し班に回った。保健師を中心に保健福祉課職員ら6人は福祉支援担当として災害弱者らに対応。2人が災害対策本部付け、1人が運動公園等支援担当として、それぞれの役割を果たす。女性職員たちはこの日、午後6時15分に業務終了となり、帰宅した。

災害対策本部ではこの日から1週間、男性職員を対象に宿直体制を採る。課長級が4～5人、課長補佐級と主査、主事が4～6人ずつ、交代で役場に泊まることにした。13日夜は町長の多田のほか、課長5人を含む職員11人が災害対策本部のテントに詰めたり、役場庁舎内や車で仮眠を取るなどしていた。

日付が変わったばかりの14日午前0時14分。町役場の庁舎内がパッと明るくなった。そして、パッ、パッと照明が次々灯っていった。

「電気がついたぞ！」

災害対策本部のテントに詰めていた町長の多田が、そう叫んだ。誰からともなく拍手が起き、その輪も音も広がっていった。中には目を潤《うる》ませる職員もいて、誰もが改めて電気のありがたさを実感することになった。

住田町役場の建物は東向きに建っていた。朝日と夕日は入るが、日中は陽があまり入らなかった。そのため日中も点灯して仕事をしていた。そこに震災が起こり、照明のスイッチが入ったまま停電となっていた。

電気が灯ると、多田の指示で宿直の職員たちが招集された。建設課職員たちは上下水道などの通電状況の確認に向かった。総務課の職員たちは2台の車で町内広報に出た。電気の復旧を知らせるとともに、町民に「通電火災」に気をつけるよう注意をしなければ、と考えたのだ。

通電火災は大地震などの災害時、電気が復旧した際に起きる火災だ。倒れたり、壊れたりした電気器具やコンセントなどに通電して可燃物に引火し、火災になることがあった。また、ガス漏れが起きているところに通電で火花が飛び、火災になることもあった。

総務課長の鈴木も同課行政係長の横澤広幸とともに車に乗り込み、世田米地区を注意喚起して回った。同課管理係長の遠藤貞行は町内のどこまで電気が復旧したか調べてくるように指示を受け、同僚とともに車で状況確認に出て行った。

災害対策本部に残ったのは町長の多田と副町長の小泉、町民生活課長補佐の佐々木美保子の3人だけだった。

遠藤らは午前3時20分に戻って来て、陸前高田市横田町と接する世田米地区の田ノ上《たのうえ》〜田畑《たばた》間が停電のままとなっていることを報告した。東北電力大船渡営業所から「復旧の見通しは立たない」と説明を受けたのは12日午前10時20分のことだ。それから14時間ほどで町内の大半の地域で電気が復旧した。

町長の多田は震災前から関係者に訴えていたことがある。

「電気にしろ、電話にしろ、ライフラインは複線化してほしい。大船渡からのルートが切断されても、遠野市なり、奥州市なりからいつでも電気が入り、いつでも電話回線がつながる内陸ルートも整備しておくべきだ」

それが、多田の考えだった。

前述したが、住田町への電気は大船渡市経由で供給されていた。固定電話や光ケーブルの回線も盛岡市から宮古市、釜石市、大船渡市を経由し、陸前高田市と住田町につながっていた。電話の場合、一関市から陸前高田市を経由して住田町につながる迂回ルートもあった。しかし、いずれにしても大津波が襲来《しゅうらい》して沿岸部が被災すれば、住田町は電気も電話もストップする。そう、多田は懸念していたのだ。

東日本大震災で多田の心配は現実のものとなった。そして、住田町の電気は多田が指摘してきたように、遠野市側や奥州市側からの内陸ルートと住田町をつなぐことで復旧することになった。あの大地震でも住田町内の電柱や電線は無傷だった。しかも遠野、奥州両市と住田町の電線は元々つながっていたのだ。

多田も職員たちも「少なくとも1週間は停電が続く」と覚悟していた。それが震災からほぼ3日半で、待望の電気が住田に戻ってきた。

電気の復旧に合わせて、災害対策本部も14日未明、役場庁舎前に張ったテントから役場庁舎西側にある保健福祉センター1階の機能訓練室に移る。同センターは鉄筋コンクリート2階建てで、耐震構造でできていた。

移動に当たっては役場庁舎にあった無線機も同センターに移した。この後、この無線を使って大船渡消防署住田分署と交信を行っていく。本部が役場庁舎に戻るのは庁舎内の片付けが終わる22日を待たなければならなかった。

議会は異例の会期延長に

14日に電気が復旧したことで、町営ケーブルテレビの住田テレビも放送が可能になった。役場の町長室には放送設備が備え付けられていた。この日の午前8時30分、早速、町長室から多田が町民に被害状況などを生放送で伝えた。災害対策本部はケーブルテレビで静止画放送による情報伝達もスタートさせた。

町づくり推進課企画調査係長の千葉英彦は課長の高橋俊一と震災2日目から検討してきたことがあった。電気が復旧した時、静止画放送を使って町民に情報を伝えることができないか、ということだった。

電気が復旧した。しかし、いまだ防災行政無線は機能を回復していない。全世帯への情報伝達手段はケーブルテレビしかなかった。とはいえ、町役場に生放送の設備はあっても、静止画を放送するシステムはなかった。住田町は住田テレビの番組制作と配信を遠野テレビ（遠野市）に委託していた。静止画を放送するシステムは、その遠野にあった。

電気が復旧してもインターネットが復旧しておらず、データをメールで送ることができなかった。課長の高橋が情報をデータ化し、遠野テレビに持っていった。しかし、伝える情報が増えると遠野と住田を何往復もしなければならなくなり、この方式はすぐに止めた。

その後は町長室の放送設備を使った〝静止画放送〟に切り替えた。町長室の放送機器では生放送しかできなかった。スタンドに載せたコルクボードに情報を書き込んだ紙を貼りつけ、それをカメラで映し、音声を切り、映像だけをズーッと生で流し続けた。別の情報に差し替える時はコルクボードに「調整中」と書いた紙を貼って、差し替えた。この方式で被害状況や町民が必要とする情報、さらには避難者の情報提供の呼びかけなどを伝えていく。

14日は月曜日で、本来であれば役場としての通常業務が行われるはずだった。しかし、災害対策本部では死亡届など戸籍に関わる手続きを除き、当面は通常業務を停止することにした。すでに役場施設の安全が確認され、各課はそれぞれの部署に戻り、地震で資料などが四散した部屋の片付けなどに入っていた。

震災前に予定されていた会議はもとより、小・中学校の卒業式などを含め、行事は全て、中止となった。

3月14日は町議会3月定例会の最終日でもあった。この日は新年度予算案の議決や任期満了に伴う副町長の人事案件などが上程されるはずだった。

震災発生翌日の12日、町議会議長の荒木久一《きゅういち》と副議長の水野英哉《ひでや》が議会事務局に姿を見せた。議会事務局長の佐藤英司は2人に、こう、説明した。

「町当局は議会を開ける状況にありません。いつ議会を再開できるかも分かりません。そのことを議員の方々にお伝えいただきたい」

議場も天井の一部が地震で落下するなどの被害が出ていた。議場内の片付けも終わっておらず、町長以下職員たちが町内の震災対応や大船渡、陸前高田両市への支援に追われていた。

14日になって議会事務局長の佐藤と町長の多田、副町長の小泉が協議し、最終本会議を17日に開催することが決まった。議会で会期延長の手続きを踏まないまま、会期が延長されるという〝異例〟の事態だった。

佐藤はこの後、荒木と会い、17日の日程などを協議した。17日は午前9時から議会運営委員会、9時30分から議会全員協議会、そして10時から本会議が開かれることになった。議員も町当局の出席者と同様、災害発生時などに着用する防災服で出席とすることも申し合わせた。

8 ガソリン不足が日々深刻に

一般車両への給油は中止

震災発生から4日目の14日に停電が解消（一部地域は15日）し、町内の家々では冷蔵庫や冷凍庫が再び使えるようになった。寒い時期でもあったので、保管していた食べ物にあまり傷みは生じなかった。

もともと食料をストックしている家庭が多く、隣接する遠野市や奥州市へ出かけていけば食料を買うこともできた。米や野菜は自宅でつくっている家庭も多く、食料に困る世帯は少なかった。しかも、町内ではプロパンガスが使われている。カセットコンロも多くの家で持っていた。ガスがあ

震災発生後、国道107号沿いのガソリンスタンドにガソリンを求めて町内外から車が詰めかけ、長蛇の列ができた（2011年3月、住田町世田米）
提供：住田町役場

る限り、煮炊きや湯沸かしなどが普段と変わらずにできた。

「自分自身、家に帰ってもそれほど困ることはありませんでした。お風呂は電気が復旧するまで入れませんでしたが、被災した人たちに比べれば、たかが1日2日入れなくても、ゆっくり寝られる場所があるんだから、それだけでいい、という気持ちでした」

　産業振興課長補佐だった横澤則子は、そう当時の思いを語る。

　とはいえ、町内にも震災の影響が現れてきていた。日々深刻化するガソリンの不足が、その一つだった。

　13日午後3時半頃、世田米の横澤儀《よこさわただし》商店の専務、横澤伸《しん》が災害対策本部を訪ねてきた。災害対策本部が衛星携帯電話を入手したことを知り、やってきたのだ。横澤は電話を借り、取引先の石油元売りの大手企業に連絡を入れ、「早急にガソリンを送ってほしい」と要請した。在庫がどんどん減ってきていた。

横澤の会社は国道１０７号世田米バイパス沿いでガソリンスタンドを経営していた。震災で陸前高田市内のガソリンスタンドは全滅し、大船渡市内でもその大半が被災した。その結果、横澤のスタンドには町内だけでなく、両市からも給油を求める人たちが殺到。国道には車両が長蛇の列をなし、災害対策本部でも職員を交通整理に派遣しなければならないほどだった。

14日午前8時半、災害対策本部に横澤のガソリンスタンドから、「一般車両への給油は10リットルのみ可能」との連絡が入った。翌15日午前7時には、一般車両への給油を中止する旨《むね》、知らせてきた。その日からは緊急車両に限り、正午から午後7時まで給油することにしたのだ。町内にある他のガソリンスタンドも同じような状況だった。

町消防団は13日夕、災害対策本部とガソリンの確保について協議した。救助・捜索活動に陸前高田市と大船渡市へ派遣する団員を集合場所に集め、帰宅させる乗り合い車両のガソリンさえ、思うに任せない状況に陥っていた。

町交通指導隊は12日早朝から世田米の国道１０７号と国道３４０号が分かれて三叉交差する川口交差点に出動した。両国道は一部区間が重複していた。初日は隊長の菅野孝男に加え、隊員の水野清と吉田正平が出て、信号が止まった交差点の交通整理に当たった。

その菅野から14日午前9時、災害対策本部に「ガソリンがないため隊員が出動できず、自宅待機とした」との連絡が入る。電気が復旧して信号が回復したため、本部も了解せざるを得なかった。

町民もガソリンがなくては買い出しにも、仕事にも、病院にも行けない。町役場の職員たちからして、自転車を使ったり、同僚の車に相乗りしたりしての出勤を余儀なくされていた。町内ではストーブに使う灯油も不足してきていた。

震災で製油所や出荷施設などの燃料供給網が大打撃を受けていた。燃料を運ぶタンクローリーも流されていた。太平洋側の道路や鉄道、港湾も被害に遭うなど、被災地に燃料を送り込めない状況がさまざま重なっていた。燃料不足の解消には2週間ほど待たなければならなかった。

町内の衛生問題に直面

さらに災害対策本部はし尿処理やゴミ収集の対応を求められることになった。

し尿は住田町が大船渡市、陸前高田市とともに気仙広域連合を組織し、共同処理を行っていた。しかし、大船渡市盛町にある共同処理施設、気仙地区衛生処理センターが津波で被災してしまった。トイレの汲み取りなどを行う会社も被災し、20台あったバキュームカーなどを流され、共同処理は機能不全に陥っていた。

ゴミは寒い時期なのでしばらくは外にも置いておけるが、し尿はそうはいかなかった。町内では世田米地区の中心地域を除くと、その多くが汲み取り式トイレを使っていた。

し尿の汲み取りは通常、それぞれの家庭や事業所が個別に業者に直接依頼しており、業者は依頼を受けて計画的に回っている。基本的に行政は業者と家庭・事業所の間に入らない。

震災発生直後、住田町役場でもし尿処理のことは頭になかった。しかし、町民から、

「汲み取りはどうなっているんだ？」

「トイレがいっぱいになり、あふれる心配がある」

といった声が寄せられるようになった。

住田町災害対策本部では14日午前9時過ぎ、岩手県防災室にし尿処理とゴミ収集の早期対応を要望する。

要望したその日の午後1時、大船渡市役所から「し尿処理について協議したい」との連絡が入った。住田町からは町民生活課住民環境係主任の佐々木圭一が出向いた。岩手県内のし尿や浄化槽汚泥、廃棄物などを収集・運搬、処理する事業者で組織する県環境整備事業協同組合（盛岡市）が支援に乗り出すとの報告があった。

災害対策本部では翌15日、行政連絡員と班長に各家庭のし尿の状況などを調査し、「緊急性の高い」ところを報告してほしいと依頼した。この調査がきっかけとなり、汲み取りの申し込みが相次

ぐ。

申し込みが多すぎて、緊急性の線引きもできないまま、担当の佐々木は収集計画の名簿を作成。事業協同組合に渡し、地区ごとに回るよう依頼した。

18日から住田町内にも県内陸部からバキュームカーが入り、一般家庭のし尿の汲み取りが始まった。世田米中学校を拠点に活動していた自衛隊の野営用トイレなどのし尿も収集してもらった。し尿を収集するのはいいが、県内陸部の処理施設にも能力に限りがあり、「集めたし尿はできるだけ自前で処理をしてほしい」との申し出があった。

佐々木は建設課主査の皆川繁雄と相談し、住田町の浄化センターで処理することにした。「住田町の浄化センターでも限度いっぱい入れて処理した。しかし、町で処理できない分は奥州市や北上市などの処理施設に運んでもらった」と佐々木は語る。

気仙地区には県内の業者だけでなく、青森県や秋田県、さらには四国や九州などからも業者がバキュームカーに乗って駆けつけ、し尿の汲み取りや搬送に当たってくれた。

し尿の汲み取りが通常に戻るまで数カ月を要したという。その間は町が申し込みを受け付けて、収集計画まで作った。後になって、市町村が行ったし尿処理に国の補助金がつくことになった。町役場では収集量や処理量の明細などを持っていなかったため、業者とやり取りをして、補助金申請に必要な書類をまとめるのがまた、一苦労だった。

一方、家庭ゴミは住田町と大船渡市が一緒に大船渡地区環境衛生組合を作り、対応していた。ゴミは大船渡市猪川町《いかわちょう》にある大船渡地区クリーンセンターに集められ、そこで圧縮梱包されて釜石市の清掃工場に送られ、処理されていた。

大船渡市や釜石市が被災したことでゴミ収集に大きな影響が出ることも心配された。しかし、住田町内では21日から23日の3日間、それぞれ地域で通常通りに可燃ゴミの収集が行われた。その後間もなくして通常収集に戻り、大きな影響が出ず、関係者も胸を撫で下ろすことになった。

災害対策本部が15日に行政連絡員へ依頼したのは、し尿の状況調査だけではなかった。各世帯に「町外から避難している被災者の人数も調べて報告してほしい」と要請していた。

その報告は16日から災害対策本部にあがってきた。その日の午後5時現在、避難者は425人を数えていた。17日になると482人、18日には498人と、その数は日増しに増えていく。災害対策本部では避難者を受け入れている町内の世帯に対し、食料や飲み物、トイレットペーパーなどを差し入れて、支援していく。

通信網の復旧に奔走

町内の固定電話はもとより、携帯電話やスマホも一部の機種を除き、通じない状況が続いていた。

町民や町内に避難してきた人たちの多くが家族や親戚との連絡を取ることができないでいた。災害対策本部にとっても、東北森林管理局から借りた衛星携帯電話が1台あるとはいえ、さらなる連絡手段の確保が大きな課題だった。

町づくり推進課企画調査係長の千葉英彦は、携帯電話をどこからか借用できないか、と算段していた。そして、副町長の小泉きく子と同課課長の高橋俊一に、「NTTドコモとかａｕ、ソフトバンクから携帯を何台か貸してもらうことはできないでしょうか」と訴えた。

小泉は3月15日、高橋とともに盛岡市へ向かった。東日本大震災で沿岸部が大被害に遭ったのを受け、午後3時半から岩手県庁で内陸部市町村と県との会議が開かれることになっていた。会議は県内陸部の22市町村から市長や副市長、町長、副町長らが、県からは知事の達増《たっそ》拓也ら県幹部9人が出席し、国からも内閣府副大臣の平野達夫が同席の予定だった。

小泉は会議が始まる前の午後0時50分、盛岡市にあるNTT東日本岩手支店を訪問し、町民や町内避難者が利用できる臨時電話の設置について要請した。衛星電話4台を16日正午から3月30日まで農林会館ロビーに設置することになった。利用時間は午前9時～午後7時で、利用料金は無料だった。

その後、小泉は午後1時20分にａｕ岩手支店（ＫＤＤＩ）を訪ね、「携帯電話を何台か、貸してもらえないでしょうか」と要望した。町内では震災後もａｕの携帯は通話ができていた。同支店では住田町の要請を快諾し、その場で携帯9台と充電器20台を無償で貸し出してくれた。15日には町内全域で電気が復旧していた。充電器があればバッテリーの残量を気にせず、使うことができる。「auの対応は本当にありがたかった」と町長の多田欣一も感謝する。

小泉はさらに午後2時10分、NTTドコモ東北支社岩手支店も訪問した。ここでも携帯電話の借用を願った。同支店では沿岸部の被災地の全てに貸し出すため、各市町村に貸し出せるのは1台ずつということで、1台を借り受けた。NTTドコモの通話は20日になって復旧する。

16日には岩手県から衛星携帯電話が1台、貸与された。

岩手県沿岸広域振興局（本局・釜石市）の副局長、水野尚光が13日に来町していた。同振興局は住田町と大船渡市、陸前高田市の気仙3市町だけでなく、釜石市、宮古《みやこ》市、大槌町、山田町、岩《いわ》泉《いずみちょう》町、田野畑《たのはた》村と合わせ沿岸4市4町1村を管轄する県の出先機関だ。大船渡市に大船渡地域振興センター、宮古市には宮古地域振興センターが置かれ、それぞれに市駐在の副局長がいた。

水野は大船渡市駐在の副局長で、気仙3市町を担当していた。水野が訪ねてきた折、副町長の小泉が「住田にも衛星携帯電話が必要です」と貸与を訴えていたのだ。県から衛星携帯電話が届いたことで東北森林管理局から借りていた衛星携帯は返却することができた。

災害対策本部は衛星携帯電話に加え、携帯電話会社から借りた携帯を使って県や他市町村と支障なく連絡が取れるようになった。さらにNTTがポータブル衛星車を配備してくれたことで、3月

30日には町役場の電話も仮復旧する。

一般家庭の場合、光ケーブルでつながっていた電話は3月23日には復旧した。しかしアナログ回線の電話は4月1日に仮復旧するものの、本復旧は5月中旬を待たなければならなかった。

災害対策本部のメンバーだった佐々木美保子は当時を振り返り、こう語っている。

「日常的に使っている通信手段が寸断されたことで、家族の生存確認もできない状態だった。通信網の喪失は人々の不安を大きくする。経験上、大きな災害が起きれば固定電話も、携帯電話もスマホも使えなくなる。『便利です』といって使っているものは全く機能しなくなり、原始時代に帰る。災害＝原始時代。災害はそういうものという前提で、平時から第二、第三の通信手段を考えておく必要がある」

災害対策本部を解散、町は少しずつ平常化へ

延期された町議会の3月定例会は3月17日に開かれ、新年度各種予算を原案通り可決した。任期満了に伴う副町長の人事案件では小泉の再任に同意。町議会議員の定数を14から12に減らす議員発議も可決するなどして定例会は閉会した。

翌18日に住田町では住田地域診療センターと町内各地を結ぶコミュニティバスの運行を開始する。定期バスの運行が止まったままで、ガソリン不足も解消されていなかった。町民の通院の足を確保

するため、町が1日4往復で31日まで運行を行った。

遅れていた住田町役場の定期人事異動は3月28日に内示され、31日に退職職員への辞令が交付された。4月1日には同日付で新採用と他自治体などへ派遣される職員に辞令が交付された。しかし、通常の人事異動の辞令は例年より1カ月遅れの5月1日付で、月曜日の翌5月2日に交付されるという、これまた異例の人事異動だった。住田町役場の通常業務は4月に入り、徐々に再開されていた。

4月6日には町内の小学校で、翌7日には中学校で入学式と始業式が行われた。7日は住田町を走るJR釜石線が通常ダイヤで運行を始め、22日には岩手県交通の定期バスが運行を再開する。

そして住田町災害対策本部は4月30日をもって解散し、町民生活も平常に戻っていく。しかしその後も住田町役場は被災した近隣自治体への支援を継続していき、町役場の業務が通常に戻るのは6月を待たなければならなかった。

第二章——後方支援

1 「陸前高田は壊滅状態だ！」

やってきた1台の消防車

住田町消防団では3月11日の地震発生直後から、団員たちがそれぞれの仕事を切り上げ、分団ごとに管轄区域で警戒活動などに入っていた。出動人員は115人を数えた。

住田町の災害対策本部に午後5時頃、同町消防団長の水野覚と大船渡消防署住田分署長の村上徳《とく》也《や》の顔があった。同本部でも依然として大船渡、陸前高田両市の被災状況を把握できないでいた。

町長の多田欣一が消防団長の水野に言った。

「各部が受け持っている一人暮らしのお年寄りの安否確認は明日の朝一番にしてもらえればいい。町内についていえば、消防団に出てもらうような災害ではないと思っている。ただ、町外から、陸前高田や大船渡から要請があった時は別だ。団長は分署の消防無線を通じて、『何かお手伝いすることはありませんか』と大船渡市と陸前高田市に一回、声をかけてもらいたい。隣同士なんだから。声をかけたとかけないでは、全然違うから」

水野も「はい、その通りだと思います」と即答した。

多田は住田分署長の村上に念を押した。

「分署長、そこのところをうまく、消防を通じて大船渡と陸前高田に連絡してください」

多田の言葉を受けて村上は、

「大船渡市では県を通じて各方面に緊急援助隊を要請したとのことです」

と報告した。

「他から援助隊が来るのに、隣の町の住田が『津波が来なかったから』と、こうやってはいられない」

多田は左手で団扇《うちわ》を仰ぐような仕草をして、きっぱり、こう言った。

「町外から援助を頼まれれば、住田は陸前高田と大船渡を優先して応援する」

消防団長の水野はこの後、住田分署に移動して待機することになった。

それから間もなくして、災害対策本部のテントのそばに消防車が停まった。陸前高田市消防団横田分団の車だった。消防の半纏《はんてん》にヘルメット姿の団員が助手席から勢いよく飛び降りて、テントに駆け込んできた。横田分団本部付部長、菅野広紀《ひろき》だった。

横田分団が管轄する陸前高田市横田町は住田町世田米地区と接し、昔から隣近所のような関係だった。菅野は陸前高田市議会議員も務めており、町長の多田とは旧知の仲だった。

その菅野が多田の姿を見つけて、前に進み出て、言った。

「消防長の命令で来ました！」

多田は逸《はや》る菅野の気持ちを落ちつかせようと、

「違う、違う。俺でなぐ、まず、こっちの総務課長さ、語《かだ》んだ」

と声をかけた。

「あっ、そうすか」

と言って、菅野は総務課長の鈴木玲に向き直り、

「陸前高田市から来ました！　市は壊滅状態です！　支援をお願いします！　電話も通信もできない状態なので、連絡には横田分団が車で行ったり来たりします！」

そう、要請した。この時、具体的な支援の話までは出なかった。

脇で聞いていた多田が再び、菅野に声をかけた。

「よし、終わったらば、こっちゃ来《こ》。寒がったべがら、温かいコーヒーでも飲め。ところで高田は、なぞな状況だ？」

「消防長から『陸前高田は市街地が壊滅状態だ！』との無線が入ったんですが、俺は横田のコミセン（横田地区コミュニティセンター）にいだがら、状況が全然、分がんないんです」

そう答えた菅野に、多田が「こりゃ、見ろ」と指差したのはテント内に設置されたテレビだった。

仙台空港に押し寄せる津波の映像が流れていた。菅野が震災発生後、初めて見るテレビの映像だった。菅野自身、何度か仙台空港を使っていただけに、空港の立地状況も分かっていた。

「あっ、こんなのがここまで来たのが。高田の町なんか、かなり、やられたべな」

菅野はテレビを見て、そう思った。

テント内にはもう一人、菅野の見知った人物がいた。国道107号世田米バイパスでガソリンスタンドを開いている横澤儀商店社長、横澤吉夫《きちお》だ。自分の車のガソリンも横澤のスタンドで入れていた。

横田分団の消防車はフル回転で動いていた。発電機の燃料も必要だった。陸前高田市内のガソリンスタンドは被災した可能性が高い。横田町にあったガソリンスタンドは震災が起きる前に閉鎖されていた。

「社長、おらほでぁ、多分、ガソリンもにゃあべがら、消防の緊急車両の燃料、入れさ来るようになっかもしんにゃあども、いいべがね」

菅野は横澤にそう、願った。そして分団本部が置かれた横田地区コミュニティセンターに戻ると、団員たちに言った。

「燃料は横澤でいいぞ！　横澤スタンドさ行って、名前書いで、入れでもらってこ！」

無線が通じない！

菅野広紀はこの日の午前中、陸前高田市高田町にある市役所庁舎に足を運び、市議会常任委員会に出席した。その後は同僚議員たちと同じ町内の「やぶ屋」でそばを食べ、午後1時半頃に議会事務局へ戻った。事務局には局長補佐の若杉伊久男《いくお》がいた。菅野は若杉に言った。

「あど当選すっかどうが分がんにゃがら、ロッカーの物、全部、投げでいぐべ。段ボール、持ってきてけろや。うんでさ、これ、あどがら投げでけろ。俺、2時がら住田さ用あって、行がにゃばなんないがらさ」

4月に任期満了に伴う市議会議員選挙が予定されていた。

菅野が午後2時に訪ねた先は、住田町世田米にある住田フーズだ。同社は全農チキンフーズのグループ会社で、ブロイラー（食鳥）の生産から処理・製造・加工、さらには販売などを行っていた。菅野の家業はブロイラーの生産農家で、同社傘下の農場の一つだった。

打ち合わせは30分ほどで終わった。横田町の自宅に戻ろうとした時、「そう言えば、おふぐろに肥料買ってこ、って言われだな」と思い出した。

車で数分のホームセンター・コメリに行った。中を眺めながら頼まれた肥料を買い、「さあ、出っぺがな」と思った瞬間、ガガガガッーという音とともに大きな揺れに襲われた。その揺れは尋《じん》常《じょう》でないほど長く、激しかった。

　地震が収まると車に乗って自宅へ戻り、鶏舎を見に行った。素早く被害がないことを確認すると、今度は急いで消防の半纏を着て、自宅そばの横田分団第二部屯所《とんしょ》へ向かった。

「消防本部に無線で連絡を取り、指示を仰がねば！」

　菅野はそう思った。

　消防本部は市町村の消防活動を統括する機関で、陸前高田市消防本部は高田町の消防庁舎に置かれていた。

　菅野は屯所に着いた時、市の防災行政無線が「津波が高田松原を越えてきました。高台に避難してください」と放送するのを聞いた。その後、防災行政無線は途絶えてしまった。

　しかも急いでやって来た屯所に、無線を搭載した消防ポンプ車がなかった。待てども、待てども消防ポンプ車が戻って来ない。

「さあ、どうすっぺな、どうすっぺな」

　菅野はじれ、焦りが頂点に達しようとしていた。その時、消防ポンプ車がようやく戻って来た。

　菅野は乗っていた実弟の村上昭を見て、怒鳴りつけた。

「なんだ、おめぁ、こんな大事などぎに！　本部ど、連絡も取れにゃあ！　何、ポンプで歩ってんだれ！」

すると弟が怒って、言い返してきた。

「兄貴、何、言ってんだ！　『地震があったら、あだりを見で歩げ』って、いづも言ってだべど！　どごも、異常、ありません！」

菅野はその言葉を聞き流してポンプ車に飛び乗り、無線で消防本部を呼んだ。搭載されているのはハンディ無線機（出力5ワット）よりも電波の届く範囲が広い消防無線（同10ワット）だった。消防無線を積んだポンプ車は市内の各分団に1台ずつ配備されていた。

横田分団は渡邊克己を分団長に団員は60数名。第一部から第三部まで三つの部が置かれており、菅野が所属する第二部の車両にだけ消防無線が搭載されていた。

その消防無線で菅野がいくら呼びかけても、消防本部からの応答はなかった。

「とりあえず、コミセンさ、行ぐべ」

菅野は屯所に集まってきた団員たちに声をかけ、横田地区コミュニティセンターへ移った。横田町内で災害が発生した時など、そこが対応拠点となっていた。移動後も菅野は消防ポンプ車に陣取り、何度も、何度も無線で本部を呼んだ。やはり、応答はなかった。

そうこうしているうちに他の部の部長がやって来て、菅野に言った。

「金成《かんなり》まで瓦礫《がれき》と一緒に津波が来てんのに、本部からなんの指示もにゃあのが」

「指示もにゃも、へったくれもにゃ！　おらども情報、取れにゃんだ！　今も無線で、なんだかんだやってる！」

そう答える菅野の声には怒気《どき》さえ含まれていた。

津波と瓦礫が来ているという金成は気仙川河口から約8キロも上流の横田町内にあった。横田町は海から遠く離れ、山々に囲まれた地域で、これまで津波とは無縁の地だった。

焦りと苛立ちが募っていた午後4時前、突然、無線から菅野を呼ぶ声が聞こえた。

陸前高田市消防本部消防長、岩崎亮の声だった。

「（無線の応答が）来た、来た！」

そう思った菅野に、岩崎はこう、指示した。

「岩手県に対し、緊急援助隊を要請しろ！　電話は回線が混雑して通じないと思う。住田町に行き、そこから公衆電話で県庁に連絡しろ！」

その意味を菅野は全く、理解できなかった。

「『県庁さ、連絡しろ！』って、消防長、何、語ってんだ？」

そう、思った。だいたい、住田町に行かなくても横田地区コミュニティセンターには衛星携帯電話が配備されているのだ。市中心部の高田町から離れた横田町だけでなく、横田町と隣接する矢作町の矢作、生出《おいで》の両地区コミュニティセンターにも衛星携帯電話が置かれていた。

消防長の指示に疑問を抱きながら、菅野は横田地区コミュニティセンターに駆け込み、衛星携帯電話を手に取った。ところが、その電話は充電がされていなかった。急きょ、消防団の発電機につなぎ、充電しながら県庁に連絡を入れた。

「消防長、県庁に連絡しました！」

菅野は無線で、そう報告を入れた。しかし、無線はまた通じなくなっていた。陸前高田市内で何が起きているのか。菅野をはじめ横田地区コミュニティセンターに集まった消防団員らは全く状況が分からなかった。

大津波に呑まれ町は海と化す

陸前高田市の消防本部と消防署が入る消防庁舎は高田町内にあった。海から約1・2キロ離れており、建物は鉄筋コンクリート2階建てで、近くには市役所もあった。職員は消防本部が消防長ら6人、消防署が27人の計33人。消防署員は三部体制となっており、平日の勤務は消防本部と消防署合わせて14人の体制だった。

11日午後2時46分、大地震が起きるとすぐ、消防本部も消防署も普段の訓練通りに動いた。防災行政無線でサイレンを鳴らし、沿岸部の消防団に海岸の水門150カ所の閉鎖と市民の避難誘導に当たるよう指示。庁舎の屋上から倒壊した建物や火災が発生していないか、周囲の確認も行った。

非番の署員らも駆けつけて来て、午後2時49分に気象庁から大津波警報が発令されるや、消防車両や救急車に乗り込み、高田町の高台にある市立学校給食センターへ向かった。平時から消防庁舎が被災することも想定し、消防本部と消防署を同センターに移す訓練を行ってきていた。

消防庁舎には消防長の岩崎ら消防本部職員5人と消防署長の佐々木洋《ひろし》ら幹部署員4人が残った。ほかに、市役所との連絡係として派遣された総務課職員1人と避難してきた民間人2人がいた。

地震発生から約30分後、波高《はこう》15メートル以上とも言われる大津波が防潮堤を乗り越え、市街地に押し寄せてきた。岩崎は全員に2階の屋上へ上がるよう命じた。さらに、襲来する津波を見て、急いで屋上のアンテナ塔に登るよう指示した。

岩崎らは消防庁舎だけでなく、市役所や市民会館など周囲の建物が大津波に呑《の》み込まれ、高田町が海と化す光景を目にする。津波が防潮堤を越えてから、わずか9分間のことだったという。消防署にあった指揮車と多機能型消防車の2台も避難が間に合わなかった。

岩崎はアンテナ塔にしがみついた状態で午後4時前、横田分団の菅野が発した無線を捉えて応答し、県庁に緊急消防援助隊を要請するように命じた。岩崎は出力が限られた携帯用のハンディ無線を使って交信していた。

岩崎はまた、矢作町を管轄する矢作分団にも、隣接する一関市の消防本部へ行き、救援要請を行うように指示を出した。

消防庁舎に派遣された総務課職員はトランシーバーを持ってきていた。市役所と交信しようとしたが、こちらもなかなか通じなかった。津波が引く前に一瞬、つながる時間があった。岩﨑は市長の戸羽太《とばふとし》や総務部長の白川光一らの安否を確認するよう求めた。戸羽と白川の無事こそ確認したが、すぐに交信が途絶え、それ以降連絡がつかなくなってしまった。

午後4時過ぎ、消防庁舎の上空に航空自衛隊のヘリコプターが飛来するようになった。アンテナ塔に登っていた12人は次々と救助される。岩﨑は午後5時頃に救助され、高田町の隣町、竹駒町の滝の里工業団地に降ろされた。そこから市立学校給食センターへ向かった。

学校給食センターでは移動した署員や非番の署員らが集まってエアテントを設置し、仮消防本部を設営。市民の救急・救助要請に応え始めていた。ただ、退避中だった高規格救急車1台と運転していた消防署員1人が津波に呑まれ、犠牲となっていた。

岩﨑は仮消防本部に着いて間もなく、無線で横田分団の菅野を呼び出し、再び、指示した。

「陸前高田は壊滅状態だ。住田町に行き、相互応援協定に基づいて、支援を要請しろ！」

岩﨑が発する「壊滅状態」という言葉を聞き、菅野は初めて事の重大さを知った。そして、すぐさま住田町へ向かったのだった。

2　陸前高田市から届いた支援要請

派遣をめぐり割れる意見

余震が続く3月11日午後9時43分、住田町の災害対策本部に大船渡市から大船渡消防署住田分署の無線を通じて消防団2個分団の派遣要請が入った。集合時間は12日午前7時、集合場所は同市猪川町の猪川小学校だった。

気仙地域の消防体制をみると、住田町と大船渡市は大船渡地区消防組合を組織し、大船渡市に消防本部と大船渡消防署、三陸分署と綾里《りょうり》分遣所、住田町には住田分署を置き、広域で対応していた。一方、陸前高田市は一消防本部一消防署体制で、同市内だけを管轄する単独消防だった。

大船渡市から派遣要請が届いても、陸前高田市からの要請はなかった。しかし、テレビの映像を見れば、陸前高田市でも深刻な被害が出ているのは確実だ。

午後10時5分、町長の多田欣一は総務課長の鈴木玲に命じた。

「要請がなくても、消防団を二手に分けて、陸前高田にも派遣する形にしろよ。大船渡に行って、陸前高田に行かないというわけにはいかないがらよ」

その日、災害対策本部内では大船渡、陸前高田両市への支援をめぐって意見が交わされる一幕があった。

「大船渡と陸前高田の支援に動くべきだ」

「(陸前高田市からは) 正式な支援要請が来ていない」

意見は二つに分かれた。

総務課長補佐だった伊藤豊彦は、「そういうやり取りをした記憶がある。陸前高田の場合、あの状況では要請も何もあったものではないのだが」と当時を振り返る。また、町づくり推進課長だった高橋俊一は、「『要請もないのに他の市町村に入ってはいけない』という思いが行政にはあった。もっと積極的に支援に出て行ってもよかったのではないか」と当時の状況を振り返る。

陸前高田に100人、大船渡に50人

大船渡市から消防団派遣要請が届いた約1時間後の午後11時9分、陸前高田市消防団横田分団の菅野広紀が再び、住田町の災害対策本部にやって来た。団員2人を連れていた。

菅野が要請したのは消防団の派遣ではなかった。

「物資が足りない。高田一中の体育館には1000人近い人が避難している。水がない。食料もない。必要なものをお願いしてこい!」

菅野はそう、陸前高田市消防本部消防長の岩崎亮から指示を受けたのだ。

高田一中は高田町の高台にあり、災害時の避難所に指定されていた。正式な校名は陸前高田市立第一中学校だが、地域の人々からは「高田一中」と呼ばれていた。

菅野はこの時、「陸前高田市役所職員約100人が屋上に避難中で、水が引かずに動きが取れないでいる」との情報をもたらした。

住田町災害対策本部では夕方、職員を町内のスーパーやコンビニ、商店に出して、ペットボトルの飲料水やカップラーメン、パンなどを買い求めていた。

町長の多田は近くにいた町民生活課長補佐の佐々木美保子に、

「美保子、買ってだペットボトルだの、カップラーメンだの、パンだのあるがら、それを持だせでやれ」

そう、言った。

「町長、水っていったら、ペットボトルじゃなくて、必要なのは水運ぶタンク車の規模じゃないですか？」

「ほんだな」

多田は給水車の派遣を決めた。給水車は準備が整い次第送ることにし、とりあえずは手持ちの飲料水や食料、トイレットペーパー、ティッシュペーパーなどを菅野らの車に積み込み、送り出してやった。

給水車の準備が命じられた。給水車は給水タンク（容量1・5トン）を積んだ5トンダンプだ。

　住田町内には渇水期に飲料水が不足する地域があった。そのため町では給水車を持っていた。かつて官民一体となって宮澤賢治ゆかりの地、種山ヶ原（世田米）で開催していた「すたーうおっちんぐ」のイベントでも活躍した。

給水車は町議会議場の下の駐車場に置かれている。職員が役場庁舎前の消火栓そばまで移動させ、ホースをつないで消火栓を開けた。その水でタンク内をきれいに洗い流し、それからタンクに水を貯めていった。

給水車派遣の準備をしているうちに日付が変わった。変わって間もない12日午前0時49分、横田分団の菅野が三度《みたび》、岩崎の要請を携えて駆けつけてきた。

「住田町消防団100人、午前7時に派遣をお願いしたい」

それが今回の要請だった。

住田町消防団は団本部と六つの分団から構成されている。団員は団長以下、合わせても400人に届かない。しかも団員の仕事などの関係もあって、派遣できるのは1日150人前後だ。

菅野に向かって、多田が言った。

「大船渡がらも100人だがって、お願いに来てる。おらほさ、（派遣できる団員は）150人しかいにゃんだが」

多田はその後、総務課長の鈴木に、こう命じた。

「被害のひどい陸前高田から要請が遅いのは当だり前だがら、送る団員の数は陸前高田さ、100人、大船渡さ、50人だ（註：実際には陸前高田に85人、大船渡に55人だった）」

陸前高田市は隣接する大船渡市も、気仙沼市（宮城県）も被災し、両市からの応援は期待できない。「うちらの頼りは住田しかない」と思ってきた菅野は、多田の話を聞き、安堵して戻っていった。

1・5トンの水を積んだ給水車が出発

高田一中に派遣する給水車の準備が整った。建設課主査の皆川繁雄が給水タンクを操作する係を命じられた。

その皆川は下水道担当で、震災発生直後には同課主査で簡易水道担当の山内孝司と公共下水道の浄化センターや下水道管、簡易水道、浄水場などの点検に回った。施設に異常は見られなかったが、心配なことがあった。

公共下水道の汚水は自然流下を利用し、浄化センターに集められていた。途中10カ所にマンホールポンプが設置され、下水道管で流れてきた汚水が溜まり過ぎないようにポンプで汲み上げ、下流に流すようになっている。このポンプが停電で動かなくなっていたのだ。

皆川は町内を回って対応できる土木業者を探し、作業員4人と発電機、さらにクレーン付のトラックを確保。センターの維持管理業者も加わり、午後8時から作業を始めた。下流から順にポンプで汚水を汲み上げては流し、車で移動しながら同じ作業を繰り返していった。溜まり具合を見て、まだ大丈夫と判断したところはとばした。結局、汚水があふれる可能性のある6カ所で作業を行った。町役場としても初めての経験だった。

皆川は作業を終えて午前0時頃、役場に戻った。その時、職員たちはすでに解散し、多くが帰宅するか、帰路に就いていた。災害対策本部が給水車の派遣準備を進めていたところに戻った皆川は、

「俺も建設課だからタンクの栓を開けたり、閉めたりする操作は分かる」

そう思って、陸前高田行きを引き受けた。

ただし、給水車の運転には大型車の運転免許が必要だった。皆川はその運転免許を持っていなかった。総務課主任運転手、村上洋悦が運転手として行くことになった。

一切の準備が整い、1・5トンの水を積み込んだ給水車は12日午前1時14分、町役場を出発した。

町長の多田は2人に、

「途中、崖崩れが起きぎでっかもしれねえがら、気つけで行げよ！」

そう、声をかけた。

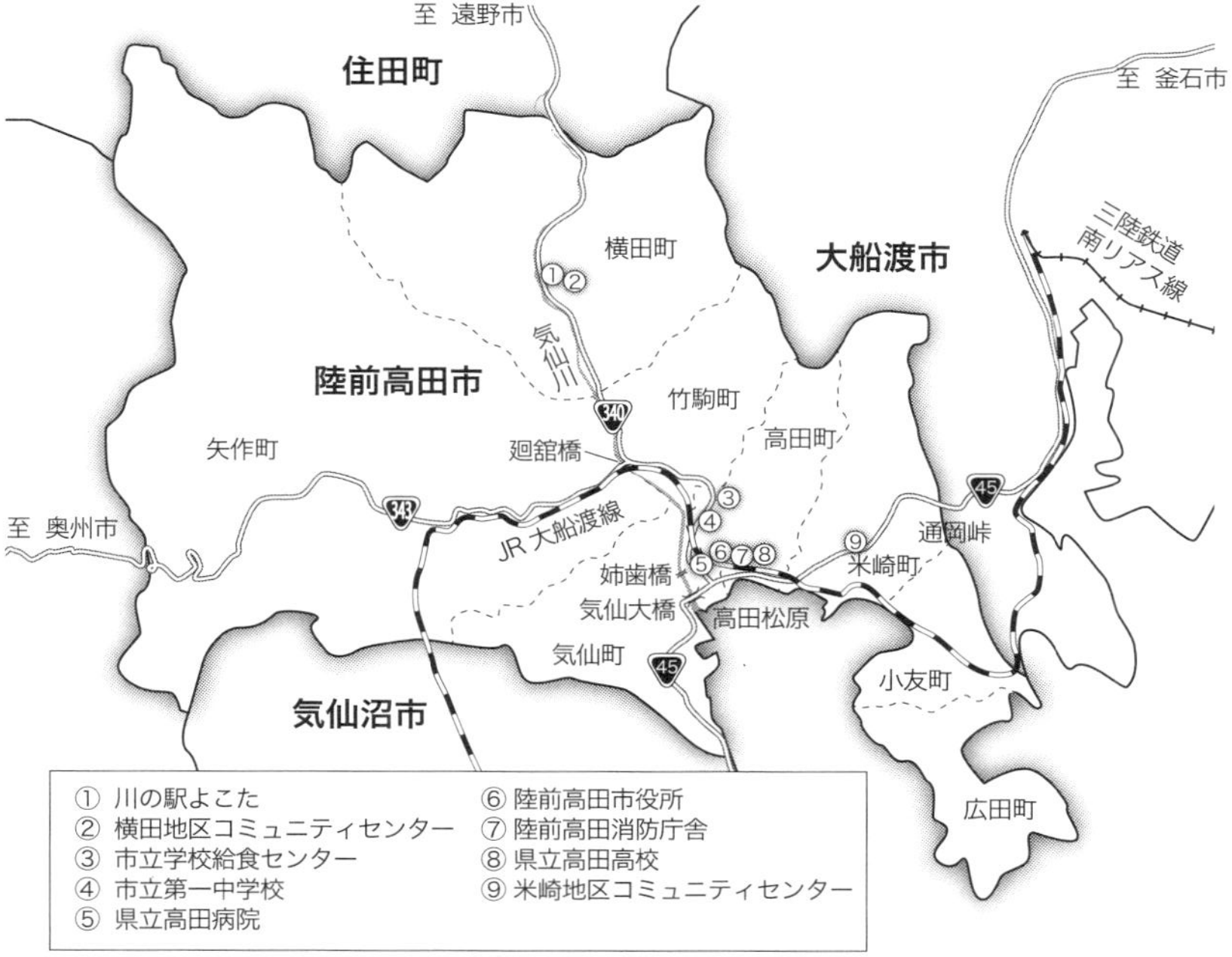

陸前高田市内主要幹線道路と沿線施設

横田分団との合流場所は横田町内にある国道340号沿いの「川の駅よこた」だった。「川の駅」は全国各地にある「道の駅」の、いわば〝川版〟だ。住田町と陸前高田市を結ぶ国道340号に沿って、気仙地域で最大の川、気仙川が流れている。気仙川はアユ漁などで全国の釣り愛好者に知られており、その川にちなんで造られた。地元の農産物だけでなく、気仙川で獲れたアユなどの川魚も販売されていた。

「川の駅」には横田分団が待っていた。村上と皆川は横田分団の先導で高田一中に向かった。本来であれば、国道340号をそのまま直進するコースが最短ルートだ。しかし、竹駒町の途中からは瓦礫で埋まり、通行ができない状況になっていた。

先導車両には横田分団の菅野広紀も乗っていた。その車が横田町から竹駒町に入って間もなく国道を外れて左に曲がり、山道へと入った。運転する村上も、同乗する皆川も初めて通る道だ。

天上の星々こそ輝いてはいたが、地上に電気の明かりはなく、辺りは真っ暗だった。先導車のライトを目当てに、村上は全く検討もつかない道を走り、農道風の道路をひと山、ふた山と越えていく。道路の片側は用水路か沢で、もう一方は一段低く、水田か畑のようだった。道路の幅といえば、給水車の車幅ギリギリだ。

「二次災害に遭わなければいいが……」

そう不安を抱きながら、村上はハンドルを握り続けた。

皆川は村上の運転の腕を信じるしかなかった。幸いなことに対向車が一台もなかった。

変わり果てた町の姿

給水車は無事、高田一中に到着した。先導車にいた菅野が体育館へ知らせに走った。館内には市役所OBの中井力《つとむ》がいた。

「ああ、よく来た！　ここには1000人近い人がいるんだけんとも、水が足りなくて、みんな、紙コップさ、3分の1ぐらいしか飲んでないんだ」

中井はそう言って喜び、言葉を続けた。

「津波はそご（高田一中）の下まで来てる。見でげ」

菅野は外に出て、様子を見に行った。震災発生後、高田町に来るのはこれが初めてだった。しかし暗くて何も見えなかった。それでも「津波はここまで来たんだ」と実感することができた。

皆川は高田一中の調理室に案内された。着いてすぐに給水するものとばかり思っていたので、何に水を入れればいいのかと見回した。辺りには鍋釜しかなかった。関係者から「朝になったら学校の給水塔に移して、学校の配管を通した使い方をしましょう」と言われた。

「市役所、ダメだっけな」と調理室に居合わせた人が力なくつぶやいた。皆川は「何が、どれぐらいだめなのが？」と思ったが、とても聞けなかった。給水車に戻って、村上とともに車で仮眠を取りながら朝を待つことにした。

皆川は車に戻る途中、外で焚《た》き火《び》をしている人たちの姿を見た。立春を過ぎたとはいえ、寒い夜だった。車に戻った後、ヘリコプターが一機、サーチライトで下を照らしながら飛んできて、去って行った。南の方角がやけに明るく見えた。後になって、隣接する宮城県気仙沼市で大火災が起きていたことを知る。

12日朝6時頃、皆川は目を覚ました。村上の姿は車内になかった。町の様子を見に校庭前の藪《やぶ》に入って行く避難者たちの姿が目に入ってきた。「おらも、見で来っかな」と外に出た。町の状況を見て戻って来る避難者たちとすれ違った。誰もが、がっくりと肩を落としていた。

皆川は高田の町を見た。見知った町の姿はなく、海のそばのキャピタルホテル1000が遠くに、ぽつんと立っていた。国道340号と高田の町中に分かれる交差点付近には3階建ての建物が残っていた。窓が破れ、カーテンがヒラヒラと舞っていた。そして、皆川が立つ藪の下まで大量の瓦礫が押し寄せていた。

「陸前高田はこれがらどうすんの？　どうなんの？」

そう、思った。

皆川は午前8時前から給水作業を始めた。ホースを延ばし、校舎裏側の給水塔に水を移した。作業は10分ほどで終わった。再び、山道を通って村上の運転で住田へ戻っていった。

町長の多田は2人が陸前高田で1泊することになるとは考えてもいなかった。「2人はまだ戻って来ていません」との報告を受け、心配していた。無事に戻ったことを知り、ホッとした。

3　要請物資の確保に奔走

何が必要で、どこで調達するか

時間を少し、戻す。

住田町役場の皆川繁雄と村上洋悦を高田一中に残すと、陸前高田市消防団横田分団の菅野広紀は同市の消防本部が仮設された市立学校給食センターに立ち寄った。そこで新たな情報を得て、分団本部がある横田地区コミュニティセンターに戻っていった。

その後、市消防本部消防長の岩﨑亮から横田分団に、

「灯油やガソリン、軽油が足りない。住田にお願いしてきてくれ」

と新たな指示が届いた。

避難所だけでなく、市消防本部でも消防車両や暖房用の燃料が不足していた。菅野はすぐ、住田

町へ向かった。菅野が支援要請に赴くのは震災発生後、これが4度目だ。12日午前3時6分、到着するや、岩崎の要請を伝えた。

住田町の災害対策本部ではガソリンと軽油を確保すべく、職員を横澤ガソリンスタンドにやり、対応を依頼。灯油は町役場にある分を回すことにした。

役場庁舎西側に農林会館がある。農林会館の暖房は灯油ボイラーだった。地下の灯油タンク（容量1万リットル）とは別に、ボイラー室には灯油タンク（同200リットル）が設置されていた。町役場では重油ボイラーを使い、冬場は暖を取っている。しかしボイラーが切れた後は灯油ストーブを使用して仕事をしていた。一方、教育委員会には元々ボイラー設備がなく、ペレットストーブと灯油ヒーターを併用していた。このため各課や教育委員会では灯油がなくなると農林会館事務室で記帳した上で、ボイラー室のタンクから給油して灯油を使っていた。

住田町災害対策本部では陸前高田市からの要請を受けて、各課や教育委員会に声をかけ、灯油を入れるポリタンクをかき集めた。集まったのは18リットル入り10個だった。早速、農林会館ボイラー室の灯油タンクから灯油を移し、菅野が乗ってきた消防車に積み込み、送り出してやった。

菅野は提供してもらった灯油のうち、二つを横田地区コミュニティセンターに置き、他の8個を消防団員の軽トラックに積み替え、高田一中に運んだ。

その日の午後5時43分、横田分団の団員が災害対策本部に姿を見せ、

「手動式給油ポンプ2本とスコップ1本を提供してください」

と要請した。

町長の多田欣一は、

「なんで手動式の給油ポンプ？」

と首を傾げた。

話を聞くと、避難所になっている高田一中の体育館に灯油は届けたが、ポリタンクからストーブに移し替える給油ポンプがないのだという。

「灯油をストーブに移す手段がなければ、いくら灯油を送っても使えない。『灯油が欲しい』という言葉には灯油だけでなく、給油ポンプも必要だという意味が付随していることを、体験して初めて気づいた」

そう、多田は語る。多田をはじめ災害対策本部の面々はその後も同じような体験をすることになる。

また、スコップを要請したことについて、横田分団の菅野は、

「高田一中さ行った時、『トイレにする穴を掘る』っていう話を聞いだような記憶がある」

と話す。

12日は土曜日で、通常なら町役場は休みだ。しかし、未曾有《みぞう》と言われる非常時であり、同じ生活圏の大船渡市と陸前高田市が大津波で大打撃を受けていた。

職員たちは午前8時前には出勤し、災害対策本部の指示を受け、割り当てられた仕事に当たっていく。

そんな中に陸前高田市から提供要請があった品々の確保を命じられた職員たちがいた。町内の商店を回って食料や電池、着火ライターなど、それぞれの店にある分は全て、買い求めて歩いた。

税務課長の横澤孝はこの日朝早く、役場近くのスーパーの八兆屋を訪ね、食料や飲料水などの確保について協力を要請した。スーパーからは通常営業は行わず、協力する旨の回答を得ることができた。

陸前高田市からはロウソクの提供も依頼されていた。地震直後から停電し、電気がいつ復旧するか分からなかった。避難所にロウソクを届けなければならない。ロウソクは大量に必要だった。

その確保を命じられたのは若い職員だった。町内で取り扱っている商店は少ない。仮に販売していたとしても、とても陸前高田の要請に応えるだけの在庫は持っていないはずだ。大量に保管していそうな葬祭センターも住田町にはなかった。

その職員は困って、災害対策本部のテントにいた町長の多田に尋ねた。

「町長、ロウソクはどこに行って集めてくればいいですか?」

問われた多田は、

「自分の頭で考えろ！」

と職員を叱咤《しった》した。

2人のやり取りを対策本部のメンバーの一人、産業振興課長補佐の横澤則子が聞いていた。

「ロウソクがいっぱいあるところと言ったら、お寺さんですか？」

横澤の言葉に多田が素早く反応した。

「その通りだ！　お寺にある、ある！　葬儀の時に立てて、1回使ったロウソクは、その後、使わない。少し短くなったロウソクがお寺に置いてあるはずだ」

それを聞き、横澤が提案した。

「捨てていないんだったら、それをもらって来たらどうですか？」

職員たちは世田米方面と下有住・上有住方面の2班に分かれて町内のお寺回りをすることになった。横澤も下有住・上有住方面のグループに入り、お寺を一軒一軒回っては事情を説明し、協力をお願いした。どのお寺でも「どうぞ、どうぞ」と快く提供してくれた。

お寺で通常使うのは赤いロウソクで、長さが30センチほどの物が多かった。使ったために20センチほどになってはいたが、太いので長時間保つ。中には、「人様に差し上げるのに、使った物では悪いので」と新品を提供してくれるお寺もあった。

上有住地区のあるお寺では地域の人がお参りに来る時、ロウソクを供える習慣があった。供えるのは家庭用の白くて細い、一般的なロウソクだった。しかし、そのロウソクはお寺ではあまり使わないため、たくさん保管されていた。「細くてもよければ」と言うので、それらのロウソクも全て提供してもらった。

集まったロウソクは本数を数えることもなく袋に入れ、町役場に来た横田消防団の車両に積み込んで送り出した。

中には、

「布団とか毛布は大丈夫ですか？　お引き出物でいっぱいもらっているので、持っていっても構いませんよ」

と声をかけてくれるお寺もあった。

職員たちはお寺が差し出してくれる品々を、「はい、いただきます！」とお礼を述べ、全部、もらってきた。それらは町役場の職員たちが陸前高田へ運んでいった。

町長の多田は当時を振り返って、こう語る。

「こっちがダメだったら、どこのボタンを押せばいいか。そのつど、役場の職員たちは機転を利かせて対応してきた。普段の仕事の中で、どこに何があるのかを熟知しているからできた」

荷台いっぱいに積み込んで

住田町役場には町民からも毛布や布団など、大船渡市や陸前高田市へ送る救援物資が次々と持ち込まれてきた。寄せられた物資は仕分けが必要だった。職員たちは未使用の物とそうでない物に分け、送る物を選ばなければならなかった。

町民生活課住民環境係長の千葉清之《きよゆき》と保健福祉課介護保険係長の千葉透は12日午後、町民から届けられた救援物資を軽トラックの荷台いっぱいに積み、大船渡市に届けた。戻るとまた救援物資を積み込み、今度は陸前高田市の災害対策本部が置かれている市立学校給食センターへと向かった。

国道３４０号はまだ通行規制がかかっていたのか、２人は途中から竹駒町内の〝裏道〟を通ってセンターにたどり着いた。その道は千葉透が知っていた。

「住田町です。毛布を持ってきました」

「ここにいくつか置いて、あとは米崎《よねさき》のコミセンに運んでください」

そう指示された2人は山道の農免農道を通って国道45号に出た後、南下し、米崎町の米崎地区コミュニティセンターに着いた。米崎町も大きな被害に遭っていて、同センターにも人勢の市民が避難していた。

そこで千葉清之は高校時代の同級生を見つけた。陸前高田市役所職員の千葉徳次《とくじ》だ。彼が助かっていたことを知り、千葉清之は思わず、涙がこぼれてしまった。余震が起きるたび、千葉は「ここにも津波が来るんじゃないか」と心配になり、落ちつかなかった。

この日も余震は依然として続き、いまだ、さまざまな情報が錯綜していた。

4 粉ミルクの買い出し

内陸のスーパーやドラッグストアへ

粉ミルクも陸前高田市からの支援要請物資の中にあった。町役場の買い出しグループは12日朝から、町内の薬局に出向いて粉ミルクをあるだけかき集めた。

住田町は年間の出生数が40人前後だ。一方、陸前高田市の出生数は１９８０（昭和55）年当時の3分の1ほどに減ってはいたが、それでも２０１０（平成22）年には住田町の約4倍の赤ちゃんが生まれていた。粉ミルクを町内で集めても、集めても、とても要望に応えることはできなかった。

町長の多田欣一は職員を内陸部へ買い出しに派遣することにした。買い出し役を命じられたのは町づくり推進課長の高橋俊一と有住保育園長の松田栄吉の２人だった。

12日は各課の職員たちが町内の本格的な被害調査に入り、若手・中堅職員の多くが消防団員として大船渡、陸前高田両市での救助・捜索活動に派遣されるなどしていた。内陸部へ粉ミルクの買い出しに動かせる職員は課長級の2人しかいなかった。

高橋と松田は午後一番で、隣接する遠野市へ向かった。2人は荷物がいっぱい詰めるよう、総務課所管のハイエース（10人乗り）を借りて出かけた。粉ミルクだけでなく、米や紙オムツも車に詰めるだけ、買ってくるつもりだった。

遠野市には地元に本社を置き、県内に店舗を展開する食品スーパーマーケットが2社あった。まず訪ねたのはそのうちの一社の店舗だ。店は開いていた。高橋は松田とともに店内に入り、レジの店員に名刺を渡してお願いした。

「住田町役場の者です。陸前高田市が大変なことになっています。陸前高田を支援するため、役場のつけで、米をできるだけ譲ってください！」

ストアではレジの脇に積まれていた米を10袋、販売してくれた。1袋10キロ入りだった。

次に高橋と松田は別の会社のスーパーも訪ねた。店が閉まっていたので裏に回った。そこに同社の専務がいた。事情を説明すると、米を譲ってくれた。同社は沿岸部にある店舗が津波で被災し、大きな被害が出ていた。「自分たちも被災して大変な状況下で、快く要望に応じてくれた。ありがたかった」と高橋は語る。

さらに高橋と松田はドラッグストアにも行った。このドラッグストアは岩手県内に本部を置き、岩手県内を中心に東北5県にチェーン展開をしていた。2人が訪ねた店は営業中で、店内には買い物客もいた。ただ、停電でレジスターが動かないため、店員が手計算で処理していた。2人は店舗の裏に回り、

「できるだけ多くの粉ミルクと紙オムツを売ってください!」

高橋はそう、お願いをした。

最初は「販売制限があるので」と言っていた店側も事情を聞くと、裏の倉庫を開けて対応してくれた。

高橋と松田が遠野市で買い出しに当たっている時、住田町の災害対策本部に陸前高田市消防団横田分団の菅野広紀が飛び込んできて、町長の多田に言った。

「町長、粉ミルク、お願いしたども、粉ミルクにゃ、何カ月児用、何歳児用どがってあるんだど。知ってましたが!」

多田はそう答えた。

「ほんなごど、分がんない!」

菅野によると、横田保育園の建物が老朽化しているため、帰宅できずに残った先生たちが保育園から隣の横田地区コミュニティセンターに避難し、泊まっていた。その先生たちに菅野が、住田町

に粉ミルクを要請してきたことを話した。すると先生からこう、言われたという。

「粉ミルクにも生まれてから何カ月かによって種類があるし、離乳食も必要だったりするんだよ。紙オムツだって、何カ月かによって違うんだから」

「粉ミルク」とだけお願いしてきた菅野は慌《あわ》てて、住田に飛んできたのだ。しかし、すでに高橋と松田は買い出しに出かけていた。そのことを高橋と松田に連絡したくても、携帯電話はつながらない。

「ほんじゃ、しょうがねゃがら、いろいろな粉ミルクを買いさ、もう一台、走れ！」

急きょ、多田は買い出しの第二陣を派遣するように指示した。

そんなことも知らず、高橋と松田は買い出しをしていた。しかし、2人は言われなくても、粉ミルクと紙オムツを生まれたばかりの新生児から乳幼児用まで分けて、ちゃんと買い求めていた。2人は買い出しを終えて午後4時、町役場に戻って来た。

戻った時、町づくり推進課長の高橋は近所の人から、こう、告げられた。

「奥さんは屋上からヘリコプターで救助され、助かったようですよ」

高橋の妻は陸前高田市気仙町にある県立高田病院で検査技師として働いていた。その高田病院も大津波に襲われていた。高橋はこの2日間、妻の安否確認が取れないまま、仕事に当たっていたのだ。

「どこの店でも名刺を渡してお願いすると、つけで、快く応じてくれた。ハイエースに目一杯の物資を積んで戻って来た」

高橋は当時を思い返して、そう語る。

増えていく買い出しリスト

陸前高田市消防団の幹部が14日、住田町の災害対策本部を訪ねてきた。その幹部に町長の多田は言った。

「後方支援はさせていただきます。紙オムツだの、粉ミルクだの、調達した分は送ったのですが、まだ足りないということで、（今日も）職員を奥州市や北上市に買い出しにやっていました」

この日は議会事務局長の佐藤英司と産業振興課副主幹の水野梓《あずさ》がセレナ（定員8人）で奥州市へ、産業振興課主幹の千葉純也と同課課長補佐の水野豊がハイエースで北上市へ買い出しに出向いていた。

佐藤は当初、教育委員会事務局の教育次長、吉田光也と行くはずだった。しかし、吉田は教育委員会の仕事で忙しく、代わって水野梓が同行することになった。水野は人事交流で林野庁から派遣された女性職員だった。

佐藤はこの日、買い出しメモを持っていた。保健福祉課の保健師がまとめた品々を水野が書き写したものだ。メモには、①おむつ・テープタイプ（新生児・S・M・L・ビッグ）②同・パンツタイプ（M・L・ビッグ）③粉ミルク（フォローアップでないやつ、9カ月〜）④赤ちゃんのおしりふき（いっぱい）——がリストアップされていた。

そして、もう一つ。この日のリストには「哺乳瓶《ほにゅうびん》200（あれば）」と書かれていた。

住田町では12日に陸前高田市からの要請を受け、その日のうちに高橋らを遠野市にやり、粉ミルクなどを買い求めて届けた。ところが翌13日になり、「哺乳瓶も提供してほしい」という追加要請がきたのだ。

住田町との連絡役を務めていた横田分団の菅野によると、当初は「哺乳瓶は横田保育園にもある」とのことだった。ところが、「ある、と言っても、それほど多くない。哺乳瓶がもっと要る」ということになったのだという。その話を団員から伝えられた菅野は、

「ばぁっ、もっと早ぐ言ってけろや！」

そう思った。

粉ミルクの件でまたまた住田へお願いしに行くのは、さすがの菅野も気後れした。「紙っこさ、書いで、おめぇ、行ってこ。（住田町役場への）行ぎ方、分がっぺ」と言い、自分の代わりに団員を住田町へやった。

そんな経緯で哺乳瓶を含む買い出しリストを持ち、佐藤と水野は午前8時過ぎ、町役場を発った。

途中で近くにある特別養護老人ホームのすみた荘に立ち寄り、必要としている物がないか、尋ねた。そして、①大人用パンツ（パンツタイプ・テープタイプ）②尿とりパット③おしりふき――をリストに加えた。

2人が訪ねたのは奥州市江刺《えさし》区内にあるチェーン店のドラッグストアだった。店の前には大勢の客が並び、入場制限が行われていた。

佐藤は店長に面会を求め、現れた店長にこう、お願いした。

「被災地を支援するため、物資の提供をお願いします」

店長は本社と電話で連絡を取り、「物資提供契約の手続きを」と提案してきた。

「自分の一存では対応できませんので、とりあえず、お店にある物を提供していただきたい」

と佐藤は再度、協力を依頼した。ここでも快く対応してもらい、リストに書いた物資を車いっぱいに買い込んだ。

時には職員による立替払いも

佐藤は店長に自分の名刺を渡し、運転免許証を見せた上でお願いをしていた。

「『店の責任者を呼び、直接会って、名刺だけでなく、運転免許証も提示し、協力をお願いするように』と高橋課長からアドバイスを受けていた」

そう、佐藤は語る。

住田町役場だけでなく、行政は原則として現金払いをしない。職員の不正を防ぐためで、業者から請求書をもらい、相手の口座に振り込むのが基本だ。そのため町づくり推進課長の高橋たちも、議会事務局長の佐藤たちも現金は持たずに買い出しに出て、請求書をもらってくるように指示されていた。

自分たちが町役場の職員であることを信用してもらうには、名刺だけなく、顔写真付の運転免許証を合わせて提示する方がいい。そう、高橋は考えたのだ。佐藤への助言は12日の買い出し体験から生まれたものだった。

住田町の災害対策本部ではその後も、なけなしのガソリンを使って職員を内陸部に派遣し、陸前高田市や大船渡市に提供する物資の買い出しに回らせた。しかし、中には〝後払い〟を認めてくれない店や事業所もあった。

ある職員は物資購入に向かった遠野市でガソリンがなくなり、見つけたガソリンスタンドで給油した。給油する際、「現金払いでないとダメだ」と言われた。別の職員は訪ねた店舗で、やはり、現金払いを求められた。いずれの場合も職員たちは「立替払い」を余儀なくされた。

立て替えた職員たちはどうすればいいか分からず、町役場に戻ると、とりあえず総務課へ領収書を持って行った。総務課ではその領収書を会計室に回した。回された会計室でも困惑してしまう。

町役場として、公務で物品を購入する場合、職員が自分自身のお金で立替払いすることを全く、想定していなかった。職員に立て替えた現金を清算するシステムも、前例もなかった。

しかし、なんとかしなければならず、非常時ということで〝異例〟の措置が執《と》られることになった。領収書を元に、会計室が立て替えた職員に小切手を振り出すことにしたのだ。4月の初めに清算が行われた。

非常時だからこそ想像力が必要

余談だが、佐藤英司は14日、住田町と奥州市の境にある種山トンネルを抜けて買い出しに出かけた。同市江刺区伊手《いで》に入った途端、携帯電話が次々と鳴り始めた。驚いて車を止め、着信履歴を見た。

クラブの遠征で沖縄に行っていた大学生の息子や住田町ゆかりの人たちから電話がいくつも入っていたのだ。震災発生直後から住田町は固定電話も、携帯電話も、スマホも、メールも通じない状態が続いていた。

運転を水野梓に代わってもらい、佐藤はまず、息子に電話をかけた。息子は震災のニュースを聞き、遠征先から住田町に戻る途中だった。電話をかけた時は愛知県名古屋市まで来ていた。

「こっちは大丈夫だから、帰って来なくてもいい」

そう、息子に伝えた。

着信履歴の中には岩手県東京事務所企業立地観光部長の小向正悟《こむかいせいご》の名前もあった。小向は県職員だが、2001（平成13）年10月5日から04（同16）年3月31日まで仲田町の助役を務めていた。派遣されて岩手県の幹部職員を務め、その後総務省に戻った官僚からも電話が入っていた。そうした人たちに電話を入れ、状況を伝えた。

余談ついでにもう一つ。町長の多田は震災からしばらく経って、内陸部のある首長に粉ミルク買い出しの失敗談を話したことがある。

「住田の町長さん、そんな時は連絡してもらえれば、うちで買って、住田まで届けたのに」

「あの時は電話がつながってないがら、こっちで行ぐしかなかったんです」

電話がつながっていた内陸部。電話がつながらなかった沿岸部。両者の間には現状認識に大きな違いがあった。

「通常であれば何でもないことが、通常でないために何ともならない。それが非常時」

多田は改めて、そう思うのだった。

そして、「体験した者でなければ分からないことがある」と多田は指摘する。

粉ミルクの買い出しは、まさに、その好例と言えた。新生児から乳幼児まで、それぞれが飲む粉ミルクが異なっている。飲ませるには当然、哺乳瓶が必要なのだ。その哺乳瓶の口にも大・中・小とサイズがある。

粉ミルクを溶かすお湯だって要る。では、お湯にする水はあるのか。沸かす道具はあるのか。飲ませた後は哺乳瓶などを消毒する器具はあるのか。離乳食だって必要になる。粉ミルクを必要とする赤ちゃんがいるからには当然、紙オムツも必要だ。

「粉ミルクがほしい」という一言には、実は、さまざまな情報が詰め込まれているのだ。一言が持つ情報を想像して対応することが非常時には大切になる。

灯油を送った後で、「手動式給油ポンプもほしい」と依頼が届いたのも同様の例だ。地域が壊滅状態になっていれば、そこにはありとあらゆるものがないはず。給油ポンプがなければ、いくら灯油を送っても使えない。灯油を送る時点で、給油ポンプにまで思いを致すべきだった。後から言われて初めて気づくことが少なからずあった。

陸前高田市消防本部からの指示で支援要請のため何度も住田町との間を往復した横田分団の菅野は、当時をこう思い起こす。

「陸前高田市でも（自分が住む）横田町は被災していないがら、被災したどころや被災した人だちが何を必要どしてるが、分がんながった。横田町には、みんな、家に米だったたってあるんですよ。飲み水もあるし、寝床もあるし。何が足んないがって、想像すればいいんだけんと、想像する余裕もなぐやったんで。想像してやれば、もっと住田に迷惑をかけないようにできだど思う」

ただ、菅野に言わせると、消防団は上からの指揮命令系統で動く組織。日頃から自分たちで判断して動く訓練をしていないので、各分団、各団員で自ら判断して何を行えばよいか、がよく分からなかったという。結果として、指示を受け、「粉ミルク、お願いします！」というように、「伝書鳩のような仕事しかできなかった」と反省している。

5　気仙両市に消防団を派遣

それぞれ現地へ向けて出発

住田町役場の職員たちが後方支援に動き出した12日、町消防団も大船渡、陸前高田両市に入り、生存者の救助・捜索活動を開始する。

ようやく明るくなった12日午前6時、気仙両市に派遣される消防団員と車両が世田米の気仙地方森林組合事務所西側の広場に集合した。同事務所は町道をはさみ、町役場の向かいにあった。6時13分には町長の多田欣一や消防団長の水野覚に見送られ、大船渡市に消防団員55人、陸前高田市には同じく85人が出発していった。

大船渡市に派遣された団員たちは午前6時55分、猪川町の市立猪川小学校に到着。その後三陸町越喜来《おきらい》に移動し、活動に入った。

一方、陸前高田市に向かった一行は横田町の「川の駅よこた」で横田分団と合流。その先導を受けて国道340号を進み、途中から住田町の給水車が通った山道に入り、竹駒町大畑地内の廻舘橋付近に着いた。廻舘橋は気仙川にかかる橋だ。橋名板には「まあたちはし」と刻まれているが、地域の人たちは誰もが「まったてばし」と呼んでいる。この橋によって陸前高田市矢作町を経て県内陸部につながる国道343号と、住田町を経て県内陸部につながる国道340号が結ばれていた。

橋こそ無事だったものの、橋の上流部まで津波が押し寄せた。海から4キロも離れた山間の竹駒町でも中心地域が壊滅状態となっていた。津波は気仙川を遡上《そじょう》して襲来し、暴れ回った。

住田町消防団は竹駒地域を捜索することになった。団員の誰もが震災前の地域を知っていた。その名残さえなく、辺りは瓦礫で埋まっていた。想像を絶する光景の中で、団員たちは黙々と活動を始めた。

出発日早朝、鳴らなかった防災行政無線

住田町消防団は前日の11日、地震発生直後に団員たちが出動して町内で警戒活動などに当たった。消防団長の水野が判断し、午後8時15分には解散が命じられた。解散に際して「明朝午前8時30分

集合」が告げられた。12日はそれぞれ担当区域で高齢者らの安否確認を行うことになっていた。

　ところが解散した後になって大船渡、陸前高田両市から住田町に消防団の派遣要請が届いた。災害対策本部では12日早朝、防災行政無線を通じて消防団員を招集し、派遣することを決めた。団員の集合時間は午前6時に、集合場所は気仙地方森林組合事務所西側の広場に変更された。

　新たな集合時間と集合場所を知らせるため、夜明け前の午前5時、災害対策本部は役場庁舎の放送施設から防災行政無線を使い、団員を緊急招集する放送を流した。このことは大船渡消防署住田分署とも打ち合わせ済みだった。

　ところが、住田分署から「防災無線が鳴っていない」との連絡が入る。災害対策本部でも放送が流れないことを確認した。

　原因究明もさることながら、消防団員への連絡が優先事項だった。本部では急きょ、拡声器が取り付けられた公用車を出すことにした。分署にも連絡し、手分けして広報することになった。

　町民生活課長補佐の佐々木美保子と大地震で戻っていた県派遣職員の水野英気、総務課管理係長の遠藤貞行と同係主事の泉田英城《ひでき》が2人1組となって、それぞれが広報車などに乗り込み、まだ暗い午前5時13分、町内に出て行った。

　佐々木は広報車に積載されているマイクを握り、スピーカーを通じて集合時間や集合場所とともに、「炊き出しは出ないので、水と食べ物は持参してください！」と告げて回った。

さらに佐々木は知り合いの消防団員たちの自宅前で車を止めさせ、玄関をドンドン、ドンドンと叩いては、

「おはようございます！」

「起ぎでけでぇ！」

と大声で団員を起こした。そして、起きてきた団員には、

「昨日は集合時間を午前8時半と言ったけど、6時ということでお願いします。お弁当は自分で持ってきてください。近所の団員を起こして伝えて、人を集めてください」

そう、お願いして回った。


なぜ、防災行政無線の放送が流れなかったのか。防災行政無線は通常、役場庁舎内の放送室で放送し、世田米地内の朴の木山の山頂にある中継局経由で町内各地に設置された子局に発信。受信した子局が取り付けられた拡声器を通して、町民に伝達する仕組みになっている。

11日の震災発生直後から町内は停電に見舞われていた。災害対策本部は役場庁舎にある放送機器に非常用発電機をつなぎ、中継局にも非常用発電機を設置して電源を確保し、放送を行っていた。

それなのに翌朝になって突然、防災行政無線が機能しなくなったのだ。

問題は子局にあった。子局にはそれぞれバッテリーが内蔵されている。そのバッテリーのおかげ

で、停電後も中継局からの無線を受信して情報を伝達していた。ところが長時間にわたる停電によって、子局がバッテリー切れを起こしてしまったのだ。内蔵バッテリーも通電してこそ、充電できるシステムだった。そのことが後になって分かった。

子局の内蔵バッテリーが停電後にどれだけ保つものなのか、役場でも把握していなかった。まして、防災行政無線が子局のバッテリー切れによって機能しなくなる事態など、全く、想定していなかった。役場の防災担当さえ、震災に直面して初めて知る事実だった。防災行政無線の完全復旧は3月16日を待たなければならなかった。

至るところで寸断された道路

住田町消防団が集合した頃、横田分団が陸前高田市竹駒町の廻舘橋付近から高田町に向かって、国道340号の瓦礫撤去と生存者の救助作業を併行して始めていた。廻舘橋から矢作町の下矢作地区にかけての国道343号でも、矢作分団が同様の活動を行っていた。

陸前高田市を通っている国道は3本あった。国道45号と国道340号、そして国道343号だ。国道45号は宮城県仙台市を起点に、岩手県の沿岸部を経由し、終点の青森県青森市に至る。東北3県の太平洋沿いを走るこの国道は、まさに三陸沿岸の幹線道路だった。

一方、国道340号は陸前高田市を起点に住田町、遠野市を経由して岩手県を北上し、青森県八《はち》戸《のへ》市を終点としている。また、国道343号は陸前高田市を起点に一関市を経由して奥州市が終点となっている。ともに、陸前高田市と岩手県内陸部をつないでいた。

陸前高田市消防本部消防長、岩﨑亮には常々考えていたことがあった。

「津波が陸前高田市を襲う場合、隣接する大船渡市も、宮城県気仙沼市も被災する。そうなると国道45号を使っての救援は望めない。陸前高田市にとって頼みの綱は、国道340号と国道343号になる」

3月11日に大地震が起きた直後、岩﨑は防災行政無線で横田分団と矢作分団にそれぞれ、住田町と一関市との境の国道に落石等がないか、車両が通れるか、状況を確認して報告するように指示した。両分団から間もなくして、「異常なし」との報告が入ってきた。

その後大津波が襲来すると、岩﨑が考えていた通り、国道45号は大船渡市や気仙沼市など至るところで寸断されてしまう。陸前高田市内でも気仙川にかかる気仙大橋が崩壊し、姿を消す。国道45号から市街地に入る道路では同じく気仙川にかかる姉歯《あねは》橋も失われてしまう。

沿岸部には国道45号と併行するように、もう1本、三陸縦貫自動車道が走っている。宮城県仙台市と岩手県宮古市の沿岸部を結ぶ高規格の自動車専用道路だ。この道路は高台を通っているため被災を免れるのだが、陸前高田市内のルートが完成していなかった。三陸縦貫自動車道を使って陸前高田市に入るとなれば、大船渡市の国道45号を経由し、途中、同市盛町に架かる権現堂《ごんげんどう》橋を渡らなければならない。

消防庁舎のアンテナ塔から、陸前高田市を襲う津波を見て、

「権現堂橋も落ちているに違いない。やはり、陸前高田市の頼みの綱は国道３４０号と国道３４３号だ」

そう、岩崎は思った。

ところが、岩崎がヘリコプターに救出され、市立学校給食センターに移ってみると、

「国道３４０号は竹駒町の廻館橋付近から高田町の区間が瓦礫で通行できなくなっている」

「国道３４０号と国道３４３号をつなぐ廻館橋も瓦礫で通れない」

との情報が入っていた。

なんとしても３４０号と３４３号のルートを確保しなければならない。岩崎はその夜のうちに横田分団と竹駒分団、矢作分団に指示を出す。

分団長・渡邉克己が率いる横田分団には午後8時前、岩崎から無線で指示があった。

「明日、緊急消防援助隊が来る。国道３４０号を啓開《けいかい》しなければならない。重機をできるだけ集めて、啓開の準備をしろ！」

啓開とは障害物を除き、通行できるようにすることだ。

横田分団では岩崎の指示を受け、分団長の渡邉や分団本部付部長の菅野広紀らから団員に、

「カニの爪が自由に動く、そんな重機を集めろ！」

「あそごさ、あるはずだ！」

「集められる重機、全部、集めろ！」

と声が飛んだ。

分団長の渡邊には陸前高田市森林組合に知人がいた。連絡を取って借りることにした。団員には林業関係者もいた。その団員がやはり知り合いの畠山林業（横田町）にお願いをし、借り出した。林業で使う重機が4台、集まった。岩崎に準備が整ったことを無線で知らせると、即座に指示があった。

「今から啓開作業を開始しろ！」

〝生命線〟を確保

横田分団に与えられた啓開区域は、通行止めとなっている竹駒町の廻舘橋付近から高田町方面だった。11日午後8時42分、重機を廻舘橋に移動し、すぐさま啓開作業が始まった。

暗い夜の作業だった。しかも、作業がいくらか進むと遺体が出てきた。犠牲者が1人見つかるたびに、「ちょっと待で！」と声がかかった。一緒にいた警察官が立ち会い、遺体を調べて、別な場所に移した。啓開作業は慎重に行わなければならず、なかなか進まなかった。余震もたびたびあった。

菅野は団員たちを啓開作業に出した後、横田地区コミュニティセンターで待機していた。日付が変わった12日午前2時頃、作業に当たっているはずの団員たちが戻って来た。

「なさ、帰ってきた！」

と菅野が聞いた。

「警察がら、『あそごまで浸水してるし、地震があって危ないがら止めろ！』と言われた」

戻って来た団員はそう、答えた。

頻繁《ひんぱん》に起きる大きな余震に、警察では津波の危険があるとして、作業の中断を命じたのだ。団員たちは借り出した重機を安全な場所に避難させてから戻って来ていた。

12日午前6時、再び、啓開作業と生存者らの救助活動が始まった。その日の昼過ぎまでに横田分団は担当する高田町までのルートを開くことができた。

竹駒分団も11日午後9時から竹駒町滝の里周辺の国道340号で、町内の建設業者から借りた重機2台を使い、啓開作業を開始。12日午前5時頃までに担当地区の瓦礫を取り除いた。

一方、矢作分団も12日午前4時から矢作町の下矢作地内から廻舘橋までの国道343号で、自衛隊と協働して重機2台を使って瓦礫除去に当たり、同日中に廻舘橋まで開通させた。

両国道が短時間で啓開できたことで、自衛隊や各地の救援隊、さらには各地からの救援物資が届くルートが確保された。国道340号と国道343号は陸前高田市にとって、震災から助かった人たちの命を守る〝生命線〟とも言えるルートだった。

住田町消防団が陸前高田市に入った時、国道340号は啓開作業の最中だった。

6 多田町長、気仙2市を見舞う

見慣れた風景が……

震災発生2日目の3月12日、町長の多田欣一は職員にその日の指示を出した後、隣接する陸前高田市と大船渡市を訪ねることにした。前日の津波で大きな被害を受けている両市を見舞うとともに、派遣した消防団員たちを激励しようと考えたのだ。

多田は総務課長の鈴木玲が運転する指揮広報車に乗り込み、午前9時半に町役場を出発した。まず向かったのは陸前高田市高田町にある市立学校給食センターだった。そこには陸前高田市の災害対策本部が設置されていた。

多田と鈴木は気仙川に沿って国道340号を南下した。住田町と接する陸前高田市横田町は津波

大津波で壊滅状態となり、瓦礫の街と化した陸前高田市中心市街地（高田町、2011年3月13日14時34分）
提供：東海新報社

被害を受けておらず、いつもと変わらない穏やかな風景が続いていた。その先の竹駒町の廻舘橋付近まで行った時、景色が一変する。

「こんなことがあっていいのか！」

多田は車を降り、周囲を見回した。膝が震えた。

廻舘橋の辺りから高田町方面に向かって、震災前までは国道沿いに竹駒町の町並みが続いていた。多田の妻の実家も、この地域にあった。その通い慣れた、見慣れた風景が跡形もなく消えてしまっていた。国道こそ通れるようになっていたが、その周囲は激しい爆撃でも受けたかのように瓦礫ばかりが累々《るいるい》と続いていた。

「屋根の色まで分かっている家々が全て、

なくなっていた。ラジオやテレビの報道で竹駒でも被害が出ているとは聞いていたが、現実を見せつけられて、『そんなバカな!』と大きなショックを受けた」

多田はその時の衝撃を昨日のことのように覚えている。

同行した鈴木にとっても、それは想像だにしない光景だった。鈴木自身、竹駒町まで津波が襲来するとは考えたこともなかった。

竹駒町は海から4キロも離れた内陸に位置している。もちろん、海など、見えない。津波とは無縁と誰もが考えてきた。その町を、気仙川をさかのぼってきた津波が襲ったのだ。

いつまでも辺りを見ているわけにはいかなかった。廻舘橋付近には住田町消防団が現地指揮本部を設置し、団員たちが瓦礫の中で救助活動に当たっていた。多田は指揮本部を訪ね、紺野博副団長から人員の配置や活動状況の説明を受けた。

多田は紺野に言った。

「とにかく、団員たちにケガをさせるなよ。今日一日で終わるわけではないぞ。何日間かは陸前高田と大船渡に分かれて応援しなければならないのだから、あまり頑張りすぎて、疲れて動けなくなったというのではかえって困る。あまり頑張らせないで、確実にやってください」

多田はそう言うと指揮本部を出て、活動している団員たちを励まし、

「釘《くぎ》なんかがあるから、足、刺すなよ。十分、気をつけろよ」

と声をかけた。

庁舎の屋上で一夜を明かした陸前高田市長

その後、市立学校給食センターに向かった。センターは高田町の高台にあり、津波の被災を免れていた。センターの事務室に陸前高田市の災害対策本部が、センターの脇には消防本部が置かれていた。多田は旧知の市職員らと再会しながら、事務室に入った。

陸前高田市長、戸羽太がいた。戸羽は震災が起きる1カ月ほど前の2月6日に投開票が行われた市長選挙で初当選を果たしたばかりだった。市議会議員、副市長を経て市長選挙に出馬していた。

東日本大震災の最初の地震が起きた日、戸羽は海から約1・2キロ離れた陸前高田市役所の市長室にいた。市役所庁舎は鉄筋コンクリート造りの3階建て（一部4階）だった。

震災が起きた時の様子を戸羽は、公益財団法人日本障害者リハビリテーション協会情報センターのウエブサイト「障害保健福祉研究情報システム」の「陸前高田市　戸羽太市長会見記録」で次のように語っている。

「すごい揺れで、まずは一旦職員全員を庁舎から出しました。庁舎には一部亀裂が入っていました。担当に安全を確認してもらった後、再び強い揺れと津波が来ました。防災対策室担当の者が屋上から海を見ていて水が引いたので、外に出てぎりぎりまで避難誘導にあたりましたが、津波が200

メートル先までやってきたので役所の中に逃げ込みました。屋上まで逃げましたが、そこまで水が来たので、議場の屋根に引っ張り上げてもらい何とか生き延びました」

戸羽は庁舎の屋上で一夜を明かす。水が引いた翌朝、壊滅し、瓦礫と化した町の中を徒歩で、助かった職員らとともに市立学校給食センターに移動し、災害対策本部を設置したのだった。

そこで多田は戸羽と震災後、初めて会った。

「大変なことになってしまった。うちの方でできることがあれば、なんでも言ってください。なんでもやります」

「避難所にいる人たちに物資の救援をお願いします」

「心配しないでください。内陸を駆けずり回ってでも、物資は集めて届けます。なんでも言ってください」

多田は戸羽と20分ほど話をした。

「戸羽市長は疲れ切って、げっそりとした顔をしていたが、目だけは爛々《らんらん》と光っていた」

多田はその時の戸羽の印象を、そう語る。

その後、多田は高田一中の体育館を訪ねた。そこが市内で一番大きい避難所と聞いたからだ。

体育館に避難していた人たちは前の晩、一睡もしていなかったようだ。疲れ切った顔をして、物も言わず、目にも力がなかった。その中には多田の顔見知りも何人かいた。

「避難所での生活は長期化するに違いない。この大きな体育館で、大勢の人がどうやって寒さをしのぐんだろうか？」

と多田は心配した。

そして、

「この助かった人たちだけでも、なんとかしなければ！」

そう、心に誓った。

多田は体育館を出て、高田の町を見下ろせる裏山に上った。木々の間から見えた光景に、多田は胸が詰まった。

鉄筋コンクリートの建物がいくつか残っているだけで、建物のほとんどが姿を消していた。町は瓦礫に埋もれ、しかも瓦礫は一面にダーッと、どこまでも平らに広がっていた。

「あれだけあった家や建物が、一体、どこへいってしまったんだろうか？」

大勢の人たちが住み、暮らしてきた町が一瞬にしてなくなってしまったことに、多田はまたもや大きな衝撃を受けた。

陸前高田市の被害のひどさは、多田も報道などで頭では分かっているつもりだった。しかし、実際に見てみると、頭で考えていた以上に重い物がのしかかってくるような気がした。

商工業の中心地、大船渡の惨状

多田と鈴木は高田一中を後にした。山側を走る農免農道を通って国道45号を南進し、高田町に隣接する米崎町から海側ルートで大船渡市に入ろうと考えた。しかし、その道路は瓦礫で塞《ふさ》がれ、途中から通行できなかった。米崎町では海から離れ、比較的高いところにあった線路が飴《あめ》のように大きく曲がり、大きな漁船が打ち上げられていた。

「なんで、こんなところまでやられるんだ!」

多田は想像を絶する、今回の津波の力をまざまざと痛感した。

2人は再び国道45号に戻って北進し、通岡《かよおか》峠を通って大船渡市に入った。やがて大船渡町の中心市街地の光景が目に入ってきた。大船渡町は大船渡市だけでなく、気仙地域の商工業の中心でもあった。その町も、今や見るも無残な姿に変わっていた。周囲は瓦礫に埋まっていたが、それでも国道45号は通行できるようになっていた。

「ああ、大船渡もこんなにやられたんだ」

多田は心の中で、そうつぶやいた。

大船渡町でも平地の建物は、その大半がなくなっていた。しかし山の斜面に建つ家々は津波の被害を受けずに残っていた。大船渡湾をはさんで対岸の赤崎町《あかさきちょう》には太平洋セメント大船渡工場があ

大船渡市内図

って、その赤白の高い煙突は力強くそびえていた。

「陸前高田市は自治体としての機能や社会資本などを含めて、全体の8割が被災した。大船渡市の場合、被災したのは2割ほどではないか」

　多田は冷静に、そう分析した。

　大船渡市役所は大船渡町の北隣の盛町にあった。海から離れた高台にあって、津波の被害を一切、受けていなかった。正午前に着いた。市長の戸田公明が不在だったため、副市長の紀室《きむろ》輝雄に面会して被災のお見舞い

津波で壊れた住宅や車、瓦礫などが津波とともに押し寄せてきた（大船渡市大船渡町、2011年3月11日）
提供：東海新報社

を述べた。

「応援できることがあれば、なんでも言ってください」

多田はそう声をかけ、大船渡市役所を出た。

大船渡市にも住田町の消防団が派遣されていた。活動場所が釜石市寄りの三陸町だったため、団員らの激励は翌日に行うことにし、多田と鈴木は住田町へ戻っていった。

多田にとって気仙両市の被災は他人事とは思えなかった。前述したが、多田の妻は陸前高田市の竹駒町から嫁いできていた。妻だけでなく、多田の母親も、祖母も、曾祖母も陸前高田市の生まれだった。多田は陸前高田を幼い頃から何度も訪ねては自分の庭のようにして遊び、育ってきた人間だった。

一方、大船渡市とも切れない縁があった。

多田は同市で3年間下宿生活を送りながら高校に通っていた。多感な青春時代を大船渡市で過し、友人たちも多くいた。親戚もいた。それだけに大船渡市への愛着も強かった。

多田は両市の被害状況を自分の目で見て、「今回の震災は住田町を含めた気仙という一つのエリアが被災したのだ」という思いを強くした。

住田町役場に戻った多田はその日の夕方、ハンドスピーカーを持って職員にこう訴えた。

「1日経って、大船渡、陸前高田の被災の大きさというものが段々明確になってきました。気仙地区の三つの、市と町はお互いに助け合わなければならないと思っています」

空にはまだ明るさが残っていたが、山々に囲まれた周囲は暗くなり始めていた。間もなく2日目も暮れようとしていた。

7　被災者の相談窓口開設

5日間で消防団員延べ675人を派遣

3月13日午前9時半、町長の多田欣一は救助・捜索活動に当たる住田町の消防団員たちを激励するため、今度は消防団長の水野覚とともに大船渡、陸前高田両市へ向かった。大船渡市には1分団と2分団、3分団が、陸前高田市には4分団、5分団、6分団が派遣されていた。

下有住の若い消防団員は12日から陸前高田市に派遣され、捜索に当たっていた。自宅からおにぎりと水を持参しての活動だった。

「あちこちで亡くなった人が手を上げたり、ひっくり返ったりしていた。川に流された遺体もあって、本当に生々しかった。これが3日も続いたら、俺の方が精神的に参ってしまう」

帰宅して、そう家族に話したという。

団員たちは瓦礫に埋まった悲惨な現場で生存者や行方不明者を捜すため必死に働いていた。

住田町の災害対策本部では消防団員たちを交代で派遣していく。

町役場の町づくり推進課企画調査係主任、佐藤和美も消防団員の一人として陸前高田市へ派遣された。その佐藤が13日の捜索活動で誤って瓦礫の釘を踏み抜いてしまう出来事があった。

佐藤は普通の黒いゴム長靴を履《は》き、捜索に当たっていた。捜索を開始して1時間ほど経った時、瓦礫の上を歩いていて釘を踏み抜いてしまったのだ。長靴を脱いでみると、血が出ていた。痛いには痛かったが、また長靴を履き直し、そのまま捜索を続けた。

午後5時頃、町役場へ戻った足で保健福祉課に直行し、地域包括支援センター係長で、保健師でもある菅野英子に言った。

「釘を踏んでしまって、足が痛い。カットバン、頂戴！」

すかさず、菅野が指示した。

「破傷風《はしょうふう》になるかもしれないから、病院に行きなさい！」

佐藤は、破傷風はアフリカや東南アジアの病気だと思っていた。まして、ただ釘を踏んだだけで、大したことはないと考えていた。

保健福祉課には佐藤の妻で、主任栄養士の佐藤香織がいた。妻が運転する車で最初、世田米にある住田地域診療センターを訪ねた。しかし、すぐに大船渡市大船渡町にある県立大船渡病院へ回された。

大船渡病院では1階の小児科外来の待合室で待つように言われた。待合室にはベッドが並べられ、その上には赤いカードを付けた人たちが横になっていた。「まるで野戦病院のようだ」と佐藤は思った。間もなくしてやって来た医師に消毒してもらい、薬をもらって世田米の自宅に戻った。

地域包括支援センター係長の菅野は佐藤を病院に送り出した後、災害対策本部に出向いた。そして総務課の消防担当者に、捜索現場で釘を踏んだ際に発症する破傷風の危険性と対応を説明した上で、そのことを消防団員に徹底するように要請した。

菅野が指摘したのは、①釘を踏んでも足に刺さらないような靴底のしっかりした靴を履くこと②

釘を踏んだ時はそのままにしたり、自分で消毒して済ませたりせず、必ず病院に行くこと――などだった。

翌14日には早速、消防団員に「釘を踏んだらすぐに申し出るように」との通達があった。佐藤の他にも、実は、釘を踏み抜いた消防団員たちがいたのだ。

住田町から派遣された消防団員は12日が140人（大船渡市55人、陸前高田市85人）だった。13日は167人（大船渡市82人、陸前高田市85人）。14日は150人（大船渡市79人、陸前高田市71人）。15日には118人（大船渡市69人、陸前高田市49人）。最終日の16日には陸前高田市に100人を送り込んだ。5日間で延べ675人の消防団員が両市で救助・捜索活動に当たった。

町役場には保健師や学校用務員、保育士らの専門職を含め、104人の職員がいた。このうち事務業務を行う一般行政職は男性58人、女性17人の計75人。男性職員は若手と中堅を中心に、そのおよそ7割が消防団員を兼ねていた。彼らを消防団員として大船渡、陸前高田両市に派遣すると、残る男性職員は課長級を中心に30人そこそこになる。

そうした職員体制で災害対策本部は町内への対応や町外への支援に追われることになった。職員の役割分担を決める総務課の鈴木玲と同課行政係長の横澤広幸は人員のやり繰りに、日々頭を痛めたものだ。

日々増加する来訪者

　震災発生後、陸前高田市などから被災した人たちが家族や親戚、知り合いの安否情報を求め、あるいはさまざまな相談をしに住田町の災害対策本部を訪れるようになった。

　当初、問い合わせや相談には災害対策本部の総務課職員たちが対応していた。しかし、彼らも仕事に追われ、睡眠を取らずに働き詰めの職員もいた。その一方で来訪者は日々増加し、きめ細かな対応が難しい状況に陥った。

　そのため災害対策本部では来所した人を関係する課に回した。ところが回された課で「それは○○課だ」とたらい回しにされ、挙げ句には「今、その情報はありません」という形で終わっていく。災害対策本部も各課も目の前のことで手一杯だった。

　そうした状況に産業振興課長補佐の横澤則子が危機感を抱いた。横澤は災害対策本部のメンバーに指名され、担当を持たずフリーで動ける立場だった。同じ課の副主幹、水野梓と話をした。

「あれじゃあ、被災した人たちが相談に来ても十分に対応できない。そうなると被災した人たちのフラストレーションや不安が益々募る」

「総務課の人たちもあれでは大変。何とかしなきゃね」

　横澤と水野は副町長の小泉きく子を訪ねた。

「相談を受ける専門の人がいないとダメなんじゃないですか」

「そうだね」

「やるなら、私たちがやります」

水野は林野庁から人事交流で派遣されていた。2年間の任期を終え、3月末で林野庁へ戻ることになっていた。

「国に戻ると住民の方と直接接する機会がなくなる。大災害に遭った住民の方の声を直接聞きたい」

水野はそう考えて、志願した。

3月14日、震災対応専門の相談窓口が保健福祉センター相談室に開設された。担当は横澤と水野の2人だった。同センターには同日午前零時14分に電気が復旧（一部地域除く）したのを受け、災害対策本部も移ってきていた。

さまざまな相談、問い合わせに対応

相談窓口を開設した当初は1日に30人から40人もの人がやってきた。

陸前高田市など町外からの相談で多かったのは、やはり、家族や親戚、友人らの安否確認だった。

「こっち（住田町）に来ていないですか？」

「住田町のどこかに避難してないですか？」

問いかけられても、そうした情報を住田町でも持っていなかった。

横澤と水野は地元紙『東海新報』が紙面に掲載した避難者や死亡者の名簿を見せた。見せるだけでなく、訪れた人と一緒になって紙面で探した。時間がかかった。

横澤は住田町担当の千葉雅弘記者を通じて東海新報社に、紙面に掲載した安否情報データの提供を依頼した。その依頼に東海新報社は快く応じた。

東海新報社は大船渡市に本社を置き、同市と陸前高田市、住田町をエリアとする地元新聞社だ。もともと社屋は海の近くにあったが、１９６０（昭和35）年のチリ地震津波で被災し、地元紙なのに１週間にわたって新聞を発行できなかったという苦い経験をしていた。

１９８８（昭和63）年に念願の高台移転を果たしている。震災２年前の２００９（平成21）年にはいつ起きるかもしれない大地震や津波による停電に備え、多額の投資を行って非常用発電機を設備した。

そして２０１１年３月11日、東日本大震災が発生する。あらゆるライフラインが途絶する中、東海新報社では非常用発電機を稼働させ、震災当日にカラーコピー機を使って号外を出した。翌日からは輪転機を動かして４ページ建て（震災前は８ページ）の新聞を発行していく。３月中は震災前の発行部数より多くの部数を印刷し、無料で避難所などへ配って地域の人たちに情報を伝えていた。

東海新報社からは毎日のようにデータを提供してもらった。そのデータを横澤と水野がパソコンに入力し、訪れた人から捜している人の名前を聞いて検索した。短時間で対応ができるようになった。

しかし、時には捜している人の名前が出てこないこともあった。

「お名前がないようです。このデータは東海新報さんの分ですから、他の新聞でも捜してみてください」

辛い思いで、そう答えざるを得なかった。

道路情報の問い合わせも多かった。

「親戚が大船渡、陸前高田にいる。これから行くんだけど、どの道を通れば行けるんですか？」

横澤や水野も正確な情報を持っているわけではなかった。東海新報に掲載された生活情報を見たり、震災後に陸前高田市や大船渡市に行った町役場職員から情報を聞き、

「ここなら通れそうですよ」

と伝えた。

空き家探しの相談もたくさん、あった。

「親戚が住める場所を探している。どこかに空き家がないか？」

「知り合いが住むとこを探してほしい」

　こうした問い合わせは、町民が町外の親戚や友人、知人から頼まれて来るケースが多かった。普段はあまり交流がない間柄でも、「昔、一緒に働いた」といったわずかの伝《つて》を頼りに住田町へやって来た人もいたという。

　もちろん、町外から被災した人が直接、町役場に来て依頼する例も少なからずあった。

　横澤は町中の空き家を一軒一軒歩いて回って交渉した。昔旅館をやっていたところも回り、空いている部屋を提供してほしいとお願いをして歩いた。数軒の空き家を世話することができた。

「探してあげられるものがあれば、探す。通常の手続きを踏んでいる状況じゃない。迅速な対応が一番、ということで動きました」

　横澤は当時を、そう振り返る。

　窓口には町民からの相談も相次いだ。その中でも多かったのはガソリンに関するものだった。

「ガソリンがないと社員が出勤できず、動物に飼料を与えられない。会社にとっては死活問題だ」

「警察は優先してガソリンを入れられるけど、私たちにも優先的に入れさせてください」

　町内には豚などを飼育している企業が多かった。

　いくらお願いをされても町が許可できることではなかった。

「申し訳ございませんが、そう言われても、みなさん、事情が一緒なので」

　そう、答えるしかなかった。

震災対応専用の相談窓口は1週間ほど開設された。

8 死亡届用紙を大量コピー

「そっくり、箱ごと、やれ！」

震災発生翌々日の3月13日朝のことだった。

陸前高田市役所市民環境課の長谷川敬子と佐々木敦美が疲れきった表情で住田町役場を訪ねてきた。町民生活課の窓口で町役場の職員に声をかけ、こう言った。

「市役所が被災してしまい、何もかもなくなってしまいました。事務用品などを分けていただけませんか」

そして、ボールペンや蛍光ペン、付箋など必要な事務用品と、その数を書いたメモを手渡した。その中には乾電池の種類と本数、単三電池は○本、単一電池は○本という書き込みもあった。応対した職員はメモ書きを見ながら、役場にある乾電池を持ってきて、本数を数え始めた。

いつの間に来たか、その様子を町長の多田欣一が見ていて、

「なにやってんだ！　うちの方はなんとでもなる。使っても、使わなくてもいいがら、うちにある電池をそっくり、箱ごど、やれ！」

そう言うと多田は２人に尋ねた。

「どうやって仕事をしてるんだ？」

「段ボールの耳を切って、それにメモ書きをしてやっています」

「そうが。高田では文房具売ってる店もやられたがらな」

そして、多田は言った。

「書類でも、用紙でも、筆記用具でも、ここにある物は何でも持っていきなさい」

思いやりにあふれた多田の言葉を聞き、長谷川と佐々木は目頭が熱くなり、涙をこらえることができなかった。

「町長さんの言葉が力強くて、勇気づけられました」

そう、当時を思い出して語るうちに、佐々木の目は見る見る赤くなった。そして、こぼれ落ちそうになる涙を何度も指でぬぐった。

２人が来た時、町民生活課長補佐の佐々木美保子も近くにいた。

「住田町でできることがあれば、なんでも言ってください」

と声をかけた。

すると、
「死亡届の用紙をあるだけ、ください。火葬許可証もお願いします」
そう、答えが返ってきた。

ただひたすらコピーを続ける

陸前高田市役所は津波で被災し、各種の届け出用紙が失われてしまった。県立高田病院では死亡届用紙は常備せず、用紙がなくなるたびに市役所へ100枚ずつもらいにきていた。その県立高田病院も被災してしまったため、陸前高田市内の公的機関には死亡届用紙が一枚もなくなっていた。「死亡届の用紙をあるだけ」と言われても、佐々木美保子にはどれだけ必要なのか、想像もつかなかった。その日は分けられる枚数だけを持たせて帰し、後でコピーをして必要な枚数を届けることにした。

住田町は人口が約6000人だ。死亡届がひと月に10件あったとして、1年間に必要な届け出用紙は120枚。予備の分を加えたとしても150枚もあれば十分、間に合う。仮に2年分を購入したとしていても、せいぜい300枚しか、役場にはないのだ。

大津波による犠牲者が何人になるのか、全く分からなかった。入ってくる情報は錯綜していた。壊滅状態に陥った陸前高田市では「万単位の死者がいる」という話も聞こえてきていた。

「死亡届は1万枚、必要になるかもしれない。一度にそれだけの数は準備できないから、とりあえず1000枚ぐらい準備しょう。とにかくコピーをしなきゃ！」

佐々木美保子はそう、思った。

町民生活課の女性職員たちは朝から夕方まで炊き出しに当たり、男性職員たちは物資の整理や搬送などに当たっていた。しかも、停電が続いていた。この日コピーできる枚数は限られていた。それでもコピー機を非常用発電機につないで動かし、町民生活課住民環境係長の千葉清之を中心に職員が1人、つきっきりでコピーをした。紙は役場にあったコピー用紙を使った。

佐々木美保子は会計室主事の荻野映理《えり》に事情を説明し、頼んだ。

「明日の朝、来る時、奥州市役所と江刺総合支所に寄って、死亡届の用紙をもらえるだけ、もらってきて」

荻野は住田町上有住の出身で、結婚をして奥州市江刺区に住みながら住田町役場に通っていた。

荻野は言われた通り、14日の朝、奥州市役所とその出先の江刺総合支所を訪ねた。事情を話し、届け出用紙をもらえるだけ、もらってきた。何枚か数えなかったが、厚さにすると10センチ以上はあった。江刺総合支所では届け出用紙だけでなく、A3サイズのコピー用紙を1箱、分けてくれた。1包500枚入りが5包、入っていた。

荻野が町役場に出勤すると、町民生活課では主事の紺野京美《きょうみ》と松田綾子がコピーを始めていた。

荻野も印刷を手伝った。町役場では電気が復旧し、コピー機が自由に使えるようになっていた。

住田町の死亡届の用紙には「住田町」の名前が入っていない。それほど枚数が必要ないこと、経費がかさむことなどの理由で、出来合いの用紙を業者に注文し、購入していた。それだけにコピーをすれば、すぐに陸前高田市でも使える。

紺野と松田は役場在庫の用紙や江刺総合支所からもらった用紙を使い、さらには町内の文具店に注文して用紙を取り寄せ、コピーを続けた。

「佐々木補佐に『印刷して』と言われ、その数の多さに、『ええっ！』って驚きました。ただひたすら印刷していた記憶があります」

そう、紺野は語る。

紺野の日記の14日の欄には、こう書かれている。

「引き続き災害対策業務　死亡届印刷作業（高田へ1万5000枚）」

コピーした届け出用紙は紙で包み、炊き出しを運ぶ車に積んでもらい、陸前高田市立学校給食センターに送った。

「最初は1万枚って言われましたが、実際はそれほどの犠牲者は出なかった。しかし、当時はどうなっているのか、全然分からなかったですから」

町民生活課の千葉は当時の状況をそう、語る。

紺野の日記の20日には「火葬許可証印刷（1000枚）」とも書かれている。これも陸前高田市に提供するものだった。住田町の火葬許可証は複写式の3枚綴りだった。3枚をコピーし、さらに中敷きに使う黒いカーボン用紙も手配し、陸前高田市に届けた。

住田町でも死亡届の用紙を持ってくれば火葬許可証を出した。岩手県からは県内の火葬場の情報も入ってきた。しかし、あまりに震災の犠牲者が多く、どこの火葬場も予定が入っていて、なかなか火葬ができなかった。住田町では県外の火葬場にも連絡を入れ、問い合わせることもあった。

その一方で、陸前高田市から住田町役場に出生届けを出しにきた人もいた。陸前高田市の災害対策本部がある市立学校給食センターに行ったところ、「今は受付ができない」と言われ、住田町まで来たというのだ。震災から間もない頃のことだった。

死亡届ではなく死体検案書が

陸前高田市役所では死亡届などが増加したことから、19日に市立学校給食センターのそばに仮庁舎を設置。20日から窓口業務を再開し、死亡届や埋葬許可申請を受け付けるとともに、税務相談にも応じることになった。

陸前高田市役所には正職員や臨時職員、嘱託職員ら合わせて443人の職員がいた。押し寄せた大津波で、その4分の1に当たる111人が犠牲となった。

長谷川敬子と佐々木敦美はあの日、市役所庁舎4階の教育委員会事務局に避難して辛うじて助かり、そこで一夜を明かした。翌日には市立学校給食センターに移動し、市民の安否確認用紙の作成などに当たった。

2人が所属する市民環境課では職員15人のうち、5人が亡くなった。市民会館に避難した1人は奇跡的に命こそ助かったが、長期入院を余儀なくされた。さらに震災前から1人が体調を崩し、休んでいた。

震災後、市民環境課で動ける職員は課長を除くと、市民係2人、環境係5人の計7人だった。このうち、環境係の5人は遺体安置所や火葬などを担当していた。

市民係の2人というのは長谷川と佐々木で、当初はその2人で窓口対応に当たった。ところが多忙を極める窓口の状況を見かね、同課で仕事をしたことのある現役職員や退職職員が応援を買って出て、手伝ってくれた。

陸前高田市役所には住田町だけでなく、県内の各市町村からも死亡届の用紙が箱詰めで届いた。現物の用紙もあれば、コピーした用紙もあった。その枚数は膨大《ぼうだい》なものだった。

しかし、そうした死亡届の用紙はほとんど使われることはなかったという。

死亡届の用紙はA3サイズで、左半分が「死亡届」、右半分が「診断書（死体検案書）」となっている。用紙や市町村役場の戸籍係だけでなく、病院などにも常備されている。

死亡診断書は自然死や死因の明確な死の場合、医師が発行する。一方、死体検案書は事故や突然死、原因不明の死などの場合に監察医や警察から委託された医師が検案を行って発行する。いずれも死因や死亡日時などを記入するようになっている。死亡診断書として使う場合は「（死体検案書）」の部分を、また、死体検案書として使う場合は「死亡診断書」の部分を、それぞれ二重線で消して使う。

東日本大震災の犠牲者は遺体安置所等で検案が行われた後、遺族に死体検案書が手渡された。その多くは岩手医科大学や盛岡赤十字病院などの住所の入った用紙で、「溺死《できし》」などといった死因や推定死亡時刻が書かれていたという。

その死体検案書の死亡届が陸前高田市役所に出されたため、各市町村から届いた死亡届の用紙はほとんど必要とされなかった。各市町村から送られてきた用紙はその後、廃棄された。

なお、２０１６（平成28）年11月30日現在、陸前高田市の死者数は１５５６人、行方不明者は２０４人、大船渡市は死者数が３４０人、行方不明者が79人となっている。

9 気仙2市への炊き出し

緊急招集をかける

住田町では連日、炊き出しが行われていた。

住田町災害対策本部は震災が発生した3月11日の夕方、町役場の女性職員が解散する際、「明日は炊き出しを行うので、早く来てください」と伝えた。炊き出しは被害調査や安否確認などで出勤する職員や出動する消防団員、避難者など、町内の関係者を対象に想定していた。

ところが女性職員を帰宅させた後、陸前高田市や大船渡市の被害の甚大さが分かってきた。災害対策本部は両市への炊き出しも必要と判断。急きょ、町役場近くに住む女性職員を午前5時頃に起こして、緊急招集することにした。

炊き出しを行う保健福祉センター2階の調理室にはガス炊飯器と電気炊飯器が備え付けられている。しかし、停電しているために電気炊飯器は使えない。ガス炊飯器も1升6合炊きが二つあるだけで、炊き出しを行うには足りなかった。夜のうちにプロパンガスを取り扱っている横澤儀商店

（世田米）と多田商店（同）にプロパンガスとガス炊飯器を手配した。

明けて12日。泊まり込んでいた災害対策本部メンバーで、町民生活課長補佐の佐々木美保子と派遣先の県庁から戻ってきていた水野英気が午前5時、保健福祉課主任栄養士の佐藤香織の家を訪ね、「6時から炊き出しを始めるから」と伝えた。佐藤は保健福祉センターそばの町営住宅に家族で暮らしていた。

陸前高田市や大船渡市などへの炊き出しを行うためおにぎりを握る住田町役場職員と同町婦人消防協力隊の隊員ら（保健福祉センター、2011年3月12日朝）
提供：住田町役場

佐々木と水野はその後、稼働しない防災行政無線に代わって消防団の緊急呼集を伝えるべく、車で町内広報に出た。途中、町役場の近くに住んでいる女性職員たちの家に立ち寄っては起こし、「炊き出しをするから6時に保健福祉センターに集合して！」と声を掛けた。

一方、災害対策本部メンバーで、産業振興課長補佐の横澤則子は早朝に出勤し、消防団の緊急招集広報から戻ったばかりの水野と米の買い出しを行った。2人は午前6時に世田米の山内米屋を訪ね、10キロ入りの米8袋を購入してきた。

同時刻の午前6時、保健福祉センターには女性職員8人が集合した。住田町婦人消防協力隊から隊長の高橋修子をはじめ世田米地区の幹部隊員らも同センターに集まった。

隊長の高橋はこの日の午前5時頃、突然訪ねて来た大船渡消防署住田分署の署員から、「午前6時から保健福祉センターで炊き出しをするので、婦人消防協力隊にも協力をお願いしたい」と要請された。連絡しようにも自宅の電話も、携帯電話も通じない。高橋は訪ねてきた分署員とともに車で世田米地区の地区隊長宅を訪ね、婦人消防協力隊の連絡網を使って隊員に連絡してほしい、と依頼していた。

女性職員や高橋ら婦人消防協力隊関係者が集まった時、保健福祉センターにはすでに3升炊きのガス炊飯器5台がガスボンベとセットで設置されていた。幸い、町内の水道は断水せず、使うことができた。水道の水で米をとぎ、炊飯器の釜に入れてセットし、スイッチを入れた。そして午前7時15分頃から、炊きあがったご飯で町役場の女性職員と婦人消防協力隊合同のおにぎりづくりが始まった。

初日のおにぎりは1468個

出来上った炊き出しの第一陣、112個は待ち構えていた男性職員たちが運転する車に載せられ、午前8時に早速、陸前高田市横田町の「川の駅よこた」に搬送された。その後、横田町婦人会がつくったおにぎりとともに、同市消防団横田分団の手で大勢の避難者が待つ高田町の高田一中体育館へと送られた。

やがて出勤してきた〝本来〟の炊き出しメンバーと〝臨時招集〟された職員が交代し、それぞれの持ち場につくことになった。

横澤と水野が購入してきた米だけでは間に合わなかった。炊き出し作業と併行して、指示を受けた職員たちが米の買い出しに回る。町内の店を分担して一軒一軒回り、米だけでなく、陸前高田市と大船渡市に送るカップ麺やパン、缶詰、菓子、ティッシュペーパーなどを箱詰めして持ち帰った。

買い出し担当の一人、町民生活課国保医療係長の菅野享一《きょういち》は下有住の佐藤商店で10キロ入り4袋と5キロ入り1袋の米を、世田米のスーパー、八兆屋で10キロ入り8袋の米を購入。八兆屋ではほかにパンやインスタント麺、カップ麺など保存のきく食材、さらには胡麻塩10袋、ラップ（20メートル）9本も買い求めた。

「店の表には町の人たちが並んで待っていた。その人たちのことを考えると、店に並んでいる品を全部持って来るわけにもいかなかった」

菅野は当時の状況を思い出して、そう語る。

保健福祉センターでは次々とおにぎりが出来上がり、午前10時40分には大船渡市猪川町の市立猪川小学校に、同45分には陸前高田市横田町の市立横田中学校にそれぞれ200個ずつを届けた。

住田町災害対策本部は12日午前9時から町民の被害報告や相談等を受け付けるため、町役場（世田米）、大股地区公民館（同）、下有住地区公民館（下有住）、上有住地区公民館（上有住）、五葉地区公民館（同）の町内5カ所に窓口を開設した。課長や課長補佐を班長に、保健係として保健師を、福祉係、情報収集係として一般職を1人ずつ配置した。

そうした職員らにも昼食として、炊き出しのおにぎりが届けられた。上有住地区公民館に派遣された保健師は、地域包括支援センター係長の菅野英子だった。菅野は町内の在宅酸素療法者に対応した後、上有住地区の地域公民館長宅を回って被害状況や要望を聞き取り、「地区公民館に職員が待機しているので、何かあれば来てください」と声を掛け、地区公民館へ戻った。

そこに職員の昼食用として炊き出しのおにぎりが届いた。菅野は一口食べて、口の動きが止まった。ブツブツと芯《しん》が残っていた。

「炊飯器がパチンと切れた瞬間、『よし、炊けた！』と、すぐに握り始めたのではないか」

そう、菅野は考えた。少し蒸らさないと米がふっくらとせず、芯が残ってしまう。

「芯の残ったおにぎりが陸前高田や大船渡にいってなければいいが……」

菅野はそう、案じた。

一方、この日の正午過ぎ、災害対策本部に大船渡市から大船渡消防署を通じて「炊き出し1000個」の要請が入った。その要請に応えるとすれば、大船渡市以上に甚大な被害に遭った陸前高田市へ送る分までも全て、大船渡市に回さなければならない。

確保した米の量や炊飯器の数、炊き出しに割ける人員などを考えても、大船渡市の要請に応えることは到底、できなかった。それでも大船渡市に３００個、陸前高田市には４５０個のおにぎりを追加で送った。この日町役場の女性職員や婦人消防協力隊がつくったおにぎりの数は合わせて１４６８個だった。

苦心した米の確保

住田町の災害対策本部では翌13日から大船渡、陸前高田両市への炊き出しを本格化させる。保健福祉センターでは午前6時半から炊き出し作業が始まった。町役場の女性職員13人のほか、婦人消防協力隊からも大勢の隊員が参加した。

炊き出しを本格化させるのはいいのだが、大きな問題があった。炊き出しに使う米の絶対量が足りなかったのだ。すでに町内の商店やスーパーにある米は買い上げてしまっていた。

災害対策本部は菅野浩が課長を務める産業振興課に米を確保するよう、指示した。同課では米の生産農家を当たって協力を求めた。農家が10キロ、20キロと米を持ってきてくれた。上有住両向《りょうむかい》の松田久は１００キロもの米を提供してくれた。

婦人消防協力隊隊長の高橋にも町役場から「隊員にお願いして、各家庭から米を集めてください」との要請があった。停電で精米できない状況にある中、高橋は心苦しかったが、隊員に協力をお願いした。農家の隊員らがストックしてあった白米を提供してくれた。各地区で集められた米は保健福祉センターに届けられた。

そうした米を使って、保健福祉センターでは一度炊き終わると、また次の準備をして炊いた。炊き出し作業は暗くなるまで続けられた。

婦人消防協力隊の中には米を持ち寄り、地元の公民館で炊き出しに当たる地区隊（支部）もあった。地域でつくられた炊き出しは一旦、町役場に集められた後、それぞれの届け先に送られていった。

13日は合わせて4312個のおにぎりをつくり、大船渡市と陸前高田市、岩手県警、大阪府警に提供した。このうち大船渡市には600個、陸前高田市には2回に分けて計3500個を届けた。

この日、議会事務局長の佐藤英司と産業振興課長補佐の横澤則子も陸前高田市へ炊き出しを届けた。本来は男性職員が届けることになっていたのだが、災害対策本部で「誰か、一緒に行く人？」と声をかけた時、たまたま近くに横澤がいて、手をあげた。

幌《ほろ》付の軽トラックにおにぎりを積み、佐藤が運転して陸前高田市へ向かった。竹駒町の廻舘橋の辺りまで来た時、光景が一変した。佐藤は横澤に「写真を撮って」と指示した。横澤は1枚か2枚撮っただけで、撮るのを止めた。そして、「申し訳ないですが、私には撮れません」と言った。

当時の光景を思い出して、横澤はこう語る。

「私は戦争を体験していませんが、戦後の光景はこういう感じだったのかな、という光景でした。光景自体はカラーだったはずなのに、今思い出すと私の頭の中には白黒の記憶しかないんです」

軽トラックに積載された無線機から現場のやり取りが聞こえてきた。「△△で遺体発見」といった声も入ってきた。発見場所はこれから2人が通過しようとしているところだった。

陸前高田市の災害対策本部が置かれた高田町の市立学校給食センターに行き、届け先を聞いた。指示された先は高田一中だった。そこには大勢の人たちが避難していた。

「高田一中も電気があまりついていなかったから、やはり、記憶が白黒なんです」

横澤はそう、語る。

その高田一中で横澤は町役場職員の妻を見つけた。彼女は陸前高田市の保育士で、震災発生後安否が確認されていなかった。その話を同僚たちから聞いていたので、横澤も気にしていた。その本人が高田一中の避難所で相談や安否情報の受付をしていた。

2人は思わず抱き合って、「良かったね！」と声を上げた。横澤は声を上げてから、ハッとした。喜びの声を上げるには、あまりにも場違いな雰囲気だった。

住田町の職員たちは大船渡市役所にも炊き出しを届けに行った。同市役所は海から離れており、しかも高台にあるため、津波の被害を全く受けていなかった。

町職員は「住田町ですが、炊き出しは必要ですか?」と声を掛けた。すると、市の担当者から「ほしいです」との答えが返ってきた。指示を受けて、指定された場所に届けた。

14日以降、住田町の炊き出しは陸前高田市に集中していく。町役場内部では「なぜ、陸前高田市にばかり」「気仙地区は2市1町で構成しているのだから、バランス良く支援すべきだ」といった意見もあった。

大船渡市内の小・中学校には調理室がある。各校の調理室で給食をつくって提供する自校方式の給食システムが採用されていた。被災を免れた小・中学校も多く、市内で炊き出しを行える環境にあった。一方、陸前高田市は市立学校給食センターで一括調理し、各小・中学校に配食するシステムを採っていた。その学校給食センターは震災後、陸前高田市の災害対策本部となった。しかも市内全域が壊滅的な被害に遭い、市役所庁舎や大勢の市職員を失って、同市の行政機能は麻痺状態に陥っていた。陸前高田市はより多くの支援を必要としていた。

10 炊き出しのおにぎりに〝異変〟

９００キロの玄米

陸前高田市の状況をみれば、炊き出しの長期化が予想された。住田町の災害対策本部は13日、産業振興課にさらなる米の確保を指示した。課内で対応を協議する中で、

「ピア・ファームなら米がいっぱいあるはずだ」

という話が出た。

ピア・ファームは「両向ピア・ファーム」が正式名称の株式会社だ。住田町上有住両向地内の米生産農家を中心に、２００７（平成19）年に設立された。有機質肥料を利用し、酵素と有効微生物を活用して栽培したオリジナル米「あつもりゴールド」を生産・販売しているほか、農作業の受託を行っている。収穫された籾《もみ》の乾燥から籾摺り、選別、出荷までを行うライスセンターも持っていた。

産業振興課の職員が早速、ピア・ファームを訪ねて協力を要請した。同社は快諾し、30キロ入れ30袋、合わせて９００キロの米を提供してくれることになった。ただ、ここでも問題があった。ピア・ファームが提供できるのは白米ではなく、玄米だった。

停電で同社の精米施設は使えなかった。同社から可搬《かはん》式の精米機を借り、町役場にある非常用発電機につないで精米を行うことにした。精米機はピア・ファームが車に積んで町役場まで運び、農

林会館前の駐車場に置いてくれた。

精米班は課長の菅野浩をはじめ農政係長の佐藤拓光や主事の紺野憲、安全農業推進係主事の堀尾昌史という農政担当の職員たちだった。早速、非常用発電機にコードをつなぎ、玄米を入れて精米機を稼働させた。ところが、またしても思わぬことが起こった。

「ダンガ、ダンガと勢いよく精米されて、白米が出てくるものと思っていたが、パラパラとしか出てこなかった。手動式の精米機と同じぐらいのスピードだった」

町民生活課国保医療係長の菅野享一は、そう語る。菅野享一は産業振興課の職員たちと一緒に精米作業に当たっていた。

2、3時間精米しても、できた白米は30キロにもならなかった。余りに効率が悪かった。しばらく動かしていたが、途中で精米を止めた。ピア・ファームの松田久義によると、「普通であれば玄米30キロを精米するのに20分もかからない」という。

借りてきた精米機は本来、電圧200ボルトの電気を使って動かす機械だった。ところが、産業振興課職員がつないだ非常用発電機の電圧は100ボルト。これでは精米機も本来の機能を発揮できなかった。

それでも13日は農家から提供された米もあって、なんとかしのぐことができた。問題は14日の白米の確保だった。しかし、その心配は14日午前0時14分、突然、電気が復旧したことで杞憂《きゆう》に終わる。ピア・ファームでも精米施設を動かすことができるようになり、炊き出しに使う米の心配は遠のくことになった。

衛生面に注意を払う

14日からは町役場の女性職員たちが〝お役御免〟となり、町役場の仕事に復帰した。炊き出しは〝炊き出しのプロ集団〟、婦人消防協力隊に任されることになった。この日は保健福祉センターに上有住地区の隊員ら32人が集まり、炊き出しを行った。

町役場の女性職員たちは外れたが、主任栄養士の佐藤香織だけは責任者としてそのまま残った。佐藤は米だけでなく、ラップや塩、食器洗剤などの在庫にも目を配りながら炊き出しに当たっていく。

佐藤によると、炊き出しのおにぎりは湯飲み茶碗でつくる。

その日、その日、陸前高田市から炊き出しの必要個数が町の災害対策本部に入り、その情報に基づいて炊き出しが行われる。必要な個数を効率的に送り出すために、どれだけの米が要るかをきちんと計算した上で準備し、作業に入らなければならなかった。

米1合（約150グラム）から3個のおにぎりをつくる。湯飲み茶碗を使えばちょうどいい大きさで、1個100グラムちょっとのおにぎりが3個できるのだという。

おにぎりの塩味が均等になるよう、湯飲み茶碗は一度塩水に浸け、それからご飯を盛る。梅干しがあれば、その時に入れる。そして調理台に敷かれたラップの上に、湯飲み茶碗を逆さにしてカパ、カパ、カパと載せていく。それからビニール手袋をした手で握り、一個一個ラップで包む。調理台に敷くラップも、ビニール手袋も食中毒を防止するためだった。

炊き出しの責任者である主任栄養士の佐藤は、自らの仕事上、衛生面には注意を払い、「食中毒は絶対にあってはならない」という意志で取り組んでいた。保健福祉センターでつくられた分と婦人消防協力隊の各支部から持ち込まれた分を町役場で合わせ、佐藤が点検した上で送り出していた。

その佐藤が一番心配していたことが起きる。

いつものように炊き出しの点検をしていて、おにぎりの〝異変〟に気づいた。

「ああっ、こりゃ、やばい！」

佐藤は、そう思った。

メタメタと粘って、糸を引くようなおにぎりがあった。〝あめていた〟のだ。この地域では食べ物が悪くなったり、腐ったりすることを「あめる」という。佐藤は全部チェックし、あめたもの、あめていそうなものは全て除外した。

なぜ、あめたのか。佐藤は考えた。いくつか原因が浮かんだ。

一つは、炊きあがったご飯を熱いまま、握っていたことだ。つくる数も数だけに、「急いでやろう」という焦りがあり、少し蒸らしただけで、「じゃあ、握るよ！」と冷まさないで握り始めていた。

握られた温かいおにぎりはラップに包まれ、保温性の高い発泡スチロールに入れられ、送られていた。中には、朝から握って、送り出すまでかなり時間がかかるおにぎりもあった。長時間にわたって温かいままラップに包まれた上、蓋《ふた》付の発泡スチロールの箱に入れられたために蒸れて、あめてしまっていたのだ。そのことに佐藤は気がついた。

「被災して避難している人たちに、温かいものを食べさせてあげたい」

つくる側にはつくる側の思いもあった。しかし、その思いが裏目に出た形だった。

佐藤はそれ以降、「焦って握らなくていいので、ちゃんとご飯を冷ましてから握り、ラップに包んで」と指導するようにした。炊き出しを入れる箱も発泡スチロールはやめ、積み重ねができるパン箱に並べたり、段ボール箱に変えた。

「申し訳ないけど、もう冷めたおにぎりしか届けられない」

佐藤は胸が痛んだ。

保健福祉センターにはどこから集めたものか、大量の発泡スチロールの箱が集まっていた。それらの箱は震災から5年が経過してもなおセンターにたくさん、残っている。

佐藤は炊き出しを通じて、気づいたことがあった。おにぎりに梅干しが入っているのと、入っていないのでは全然違う、ということだ。

炊き出しのおにぎりというのは具をほとんど入れない。白いご飯のまま塩味を付けるか、梅干しを入れるのがせいぜいだ。住田町が送った炊き出しの中にも梅干しの入ったおにぎりがあった。婦人消防協力隊の隊員が自家製の梅干しを持ってきて入れたのだ。

梅干しを入れたものと入れないものを同時刻につくり、同じようにラップに包み、発泡スチロールの箱に入れておいても、梅干しを入れた方はなんともなかった。

「梅干しが入っていると、やっぱり、全然違う。昔の人の知恵、食文化の凄さを感じました」

そう、佐藤は語る。

おにぎりが届けた希望

14日は4564個の炊き出しが行われた。このうち陸前高田市には4084個が送られた。15日は6246個ものおにぎりをつくった。陸前高田市には当日の朝食用、昼食用、夕食用、さらに翌朝の朝食用として計6106個を届けた。

16日は保健福祉センターでの炊き出しは休止された。同センターでガス工事を行って、新たに5升炊きの炊飯器3台を追加。1回当たり500個のおにぎりがつくれるように、炊き出し体制の強化を図ったのだ。この日の炊き出しは各地区から持ち込まれた3124個で、陸前高田市にはその日の昼食用と夕食用、翌日の朝食用として３０００個を送った。

17日には炊き出しを行う場所を保健福祉センターに一本化する。それまで婦人消防協力隊の中には公民館などに集まっておにぎりをつくり、町役場に届けてきた地区隊（支部）もあった。しかし、ご飯を炊くプロパンガスが足りなくなってきていた。おにぎりを町役場に運ぶ車のガソリンもなくなってきていた。

地元で炊き出しをつくる地区隊（支部）には炊き出し用の米が町役場からも届けられたが、その量は決して多いものではなかった。基本は隊員たちが自宅からの持ち寄りだった。その持ち寄る米もまた、少なくなってきていた。つくる場所を一本化し、町の在庫で炊き出しを行わなければならない状況になっていた。

住田町の炊き出しは19日まで続けられる。17日は陸前高田市への２０００個を含む２１１４個、18日と19日は陸前高田市に送る２０００個がそれぞれつくられ、届けられた。

住田町ではおにぎりや水、カップ麺のほか、町内の住田フーズから提供された鶏肉を町学校給食センターで照り焼きに調理し、陸前高田市と大船渡市に送っている。同センターでは在庫の食料も送った。

12日から19日までに住田町がつくり、提供したおにぎりの総数は2万５８３８個にのぼる。炊き出しづくりに参加した人たちが何人だったのか、今となっては正確な人数が分からない。しかし、町役場の女性職員たちだけでなく、婦人消防協力隊からも隊員たちが連日参加し、炊き出しに当たった。

「この非常時に自分の家も守らなければならないのに、しかもガソリンもないという環境の中で、炊き出しに協力してくれる人がたくさんいたことは、本当にありがたいな。人のつながりってすごいな、って改めて思いました」

主任栄養士の佐藤香織は当時を振り返り、そう話している。

その佐藤は後日、陸前高田市を訪れた時、言われたことがある。

「いつ握ったんだがな、カチカチになったおにぎりが届いたった」

その話を聞いて、佐藤は思った。

「住田で握ったおにぎりはどうなったのかな……。被災地の現場は忙しくて、本当に大変だと思いますが、握った炊き出しが被災者や避難者へすぐ届くような、非常時における支援体制が構築できればいいのに」

炊き出しをつくってから食べてもらうまでに時間差が絶対出てしまう。つくる側からすれば、そのことがやるせなかった。

町長の多田欣一は12日、陸前高田市を見舞いに行き、避難所となっている高田一中の体育館にも足を運んだ。そこで避難所のリーダーだった元陸前高田市職員、中井力からこんな話を聞かされた。

「震災の晩、みんな、体を寄せ合って体育館で過した。誰もが寒さと『これからどうなるんだろう』という不安の中にいた時、朝一番に住田町から炊き出しのおにぎりが届いた。それをみんなで半分ずつ分け、食べた。食べた時に、『これで助かる。生きられるかもしれない』とみんなが思った。生きる希望と力を与えてくれたのは、住田町から届いた炊き出しのおにぎりだった」

11 遠野市長と結んだ支援協定

陸前高田市からの要請

町長の多田欣一に陸前高田市長の戸羽太から電話が入った。

「灯油がありません。多くの人たちが寒さの中で避難をしています。なんとか灯油を確保してください」

戸羽の悲痛な要請に多田は一言、「分がった！」と答えた。

3月16日のことだった、と多田は言う。

多田も答えたはいいが、町内のスタンドでもガソリンはもとより、灯油の不足も深刻化していた。

そうした中でガソリンスタンドに、

「高田さやるがら、灯油を全部、まとめて譲ってけろ」

とは、さすがの多田も言えなかった。

どうやって灯油を確保するか。多田の脳裏に浮かんだのは隣接する遠野市の市長、本田敏秋《としあき》の顔だった。

多田は住田町役場に衛星携帯電話が入った後、

「被災した沿岸部の後方支援をどう分担するか。県の指示を待っていでは、必ず後手に回る。遠野と話し合ってみっか」

そんな思いから、遠野市長の本田に連絡を入れた。

その時、電話口で本田はこう言った。

「釜石市と大槌町は遠野市が支援する。大船渡市と陸前高田市への支援は住田町に頼む。ただし、我々の方は市で、住田は町。規模も違うので、住田町が二つの市を支えるのは大変だと思う。困ったことがあれば、いつでも言ってくれ」

多田は本田の申し出に感謝し、それぞれが分担して後方支援する協定を結んだ。

戸羽からの要請を受け、多田はその時の本田の言葉を思い出し、電話を入れた。

「灯油はありませんか？」

農林会館多目的ホールで保管された救援物資（住田町世田米）
提供：住田町役場

「届いた灯油があります」

多田は「よしっ！」と思った。

「それを高田に送るので譲ってほしい！」

本田は快く応じてくれた。

しかし、問題があった。灯油を入れる空のドラム缶を持ってきてほしい、ということだった。どうやってドラム缶を確保するか。

町議会議員の林﨑幸正《さちまさ》（上有住）が災害対策本部に毎日顔を出し、「手伝えることはないか」と声をかけてきていた。林﨑の家は以前、ガソリンスタンドを経営していた。ドラム缶が必要なことを聞くと急いで自宅に帰り、ドラム缶5本を4トントラックに積んで町役場に戻って来た。

町役場の職員2人が17日、林﨑の貸してくれたドラム缶を積んで遠野市役所へ行き、そこで灯油を分けてもらい、すぐさま陸前高田市へ届けた。

人海戦術の搬入・搬出作業

住田町は大船渡市、陸前高田市に送る救援物資の中継拠点となった。震災発生から1週間ほどすると、県が受け付けた物資が次々と届くようになった。

物資の保管場所は町役場西側にある農林会館の多目的ホールだった。届く物資は食料が中心で、その中には米やレトルトカレーなどもあった。段ボールに入ったトイレットペーパーも多かった。

ただ、いつ、どれだけの量が届くのか、なかなか分からなかった。連絡調整がうまくいかず、いきなり、「今から行きます！」ということもあった。2トントラックで運んでくる時もあれば、10トントラックで来る時もあった。

10トントラックが午後8時に到着する、との連絡があった。10トントラックの場合、物資の搬入に男性職員20～30人が必要だった。職員をそれまで待機させておかなければならない。トラックが見えると、「来たぞ！」と一斉に飛び出し、横一列に並び、手渡しで多目的ホールに運び込んだ。搬入だけで2時間近くかかった。

中には到着予定時刻を大幅に遅れて着くトラックもあった。当時はガソリン不足で、職員の出勤や帰宅は乗り合わせが基本だった。定時の午後5時半に帰りたくても、搬入作業に当たる男性職員を乗せて帰る職員はその作業が終わるのを待たなければならなかった。

届いた物資は翌日、担当職員たちが早朝出勤し、陸前高田市に運ぶため、搬出と積み込み作業に当たった。職員を班分けして、何を、どこに、どれだけ持っていくかを決めて積み込んだ。しかも、仕分けして送る数量と届いた数量が合っているか、そのつど確認して物資の管理を徹底した。

〝人海戦術〟の搬入・搬出は結構、大変な作業だった。とりわけ、米を人手で運ぶのは大変だった。職員も段々に知恵を絞り、町内の縫製会社の倉庫にあった梯子《はしご》状のローラーを借りてきた。

「搬入・搬出作業は結構、大変でした。でも、ローラーを借りてきてからは作業が楽になった」

職員の役割分担に苦労しながら、自らも物資の搬入・搬出作業に携わった総務課行政係長の横澤広幸はそう、語る。

ただ、物資は次々と届くものの、ガソリン不足のため、大船渡、陸前高田両市への移送はフル回転とまではいかなかった。

機能しなかった相互応援協定

住田町役場に何の前触れもなく、徳島ナンバーのトラックが1台、荷物を満載して到着した。17日正午頃のことだ。聞くと、徳島県美馬《みま》市の有志が「被災地のために」と集めた支援物資だ、という。徳島県に緊急車両証を申請した上で、有志を代表して市民（男性）が1人でトラックを運転し、三十数時間かけてやってきた。荷台には米や乾麺、衣類、紙オムツ、燃料などが積まれていた。

当初は岩手県の災害対策本部に届けようと考え、美馬市を出発した。岩手県庁に連絡を入れたところ、「個人の支援物資は受け入れられない状況にある」と断られてしまう。集めた物資を持ち帰るわけにもいかず、「行けるところまで行こう」と決め、沿岸部を目指した。そして、たまたまどり着いた所が住田町だった。町災害対策本部では感謝して受け入れ、職員らが農林会館に手渡しで運び込んだ。

美馬市と気仙地域、まして住田町とは縁があるわけではない。しかし、トラックを運転してきた美馬市の市民は「助け合うのは当然、今後も何かあれば手伝わせてもらいます」と言い残し、四国に戻っていった。

その言葉通り、3月23日に再び、美馬市から有志が集めた支援物資が住田町に運ばれて来る。しかし、住田町にとってこうした例はまれだった。住田町に届くほとんどが県を通じた物資だった。

一方、遠野市には県経由の物資だけでなく、多彩で大量の支援物資が集まっていた。遠野市は国内外の都市と姉妹都市や友好都市の提携を結んでいた。そうした都市から次々と物資が入ってきていたのだ。

住田町はどこの自治体とも提携を結んでこなかった。多田はこの時初めて、「遠野が羨《うらや》ましい」と痛切に思った。

徳島県美馬市から届いた救援物資を下し、搬入作業をする美馬市民（左）と住田町役場職員ら（住田町世田米、2011年3月17日）
提供：東海新報社

多田は震災前まで姉妹都市や友好都市などの提携に否定的だった。提携を結んでも最初のうちこそ、首長や議会議長、商工団体長、子どもたちが行き来して交流をする。そのうち経費の問題なども出てきて、5年も経てば交流が休止状態となり、最後は「そんなのがあったか」という形になってしまう。他の市町村を見ていると、そうした例が少なくない。「それでは相手に失礼だ」と多田は思っていた。

「姉妹都市や友好都市の提携は自治体のパフォーマンスに過ぎない」

そう、多田の目には映っていた。

「文化交流や経済交流をきちんと継続できないのであれば、姉妹都市や友好都市の提携を結ぶべきではない」

それが多田の信念となった。そのため、よそから声がかかっても提携を結んでこなかった。

とはいえ、住田町も万が一に備え、他の自治体同様、隣接する自治体と災害時に相互支援を行う相互応援協定は結んできている。岩手県と宮城県との県際《けんさい》に近いことから、岩手県南部や宮城県北部の自治体とも相互応援協定を結んでいた。

しかし今回の震災では、こうした相互応援協定は機能しなかった。協定を結んでいた沿岸の自治体が全て被災し、甚大な被害に遭ってしまい、相互支援どころではなかった。こうした事態まで、締結した相互応援協定は想定していなかったのだ。

各自治体は地元の企業や商店とも、「被災時には食料や飲料水などを提供する」といった協定を結んでいた。震災では協定を結んだ企業や商店までも被災してしまった。これもまた、協定提携時には想定していないことだった。

「甚大な被害をもたらす災害が起きると、近隣間の災害協定では対応できない。これからは被災しない遠隔地の自治体などとの相互応援協定も必要だ。住田町は今後、相互応援協定を結ぶ市町村を全国に広げていきたい」

多田は思いを新たにした。そして、多田はこうも言う。

「姉妹都市や友好都市はやはり必要だ、と思うようになった」

震災は多田の信念さえも変えた。

釜石市と大槌町で見た光景

　住田町に県を通じて支援物資が届くようになったある日、多田は隣接する釜石市と大槌町を訪ねることにした。両市町は遠野市が支援することになっていたが、住田町にも隣接のよしみがある。ようやく時間が取れたことから、見舞いに行くことにしたのだ。

　総務課長の鈴木玲が同行し、総務課主任運転手の村上洋悦が町長車を運転して国道45号を通って釜石市内に入った。車には水などの支援物資を積んでいた。

　まず訪ねたのはＪＲ釜石駅のそばにあるシープラザ釜石だった。そこには釜石市災害対策本部が置かれていた。海から離れていたため、被災を免れていた。

　釜石市の災害対策本部は当初、市街地中心部にある釜石市役所第一庁舎に置かれていた。同庁舎は被災こそ免れたものの、庁舎のすぐ下まで瓦礫が押し寄せ、周囲から孤立状態にあった。電源や通信を含めたライフラインの早期復旧も見通しが立たなかったため、市の施設であるシープラザ釜石に14日から対策本部を移していた。

　多田が訪ねた時、釜石市長の野田武則が忙しく陣頭指揮に当たっていた。多田は野田にお見舞いの言葉を述べた。その野田から要請を受けた。

「町長さん、住田に米はありませんか？」

「米が足りないんですか？」

「足りなくて困っています」

聞けば、被災者に炊き出しをしたり、避難所で炊いて食べるための米が不足している、というのだ。

住田町と遠野市との協定からいえば、本来、釜石市は遠野市が支援することになっている。しかし、その場で直《じか》に要請を受け、「釜石市は遠野市の担当ですから、遠野市に頼んでください」とは言えない。

「分かりました」

多田は、ただ一言、そう答えた。

物資中継地の住田町には宮崎県産米が届いていた。10キロ入りで100袋以上あった。それを釜石市に回すことにした。

多田らはシープラザ釜石を後にして、大槌町へ向かった。途中、釜石市の中心市街地の目抜き通りを通った。シャッターこそグチャグチャに壊れていたが、建物の形は残り、商店街の名残を残していた。

「釜石はまだ良かったんだな」

多田はそう思った。

　しかし、しばらく北上すると、その考えは根底から覆《くつがえ》った。釜石市の両石《りょういし》地域では家が全部なくなっていた。一番高い場所にあった家までも姿を消していた。さらに北上した鵜住居《うのすまい》地区は全滅状態だった。

「こりゃ、ひどい！」

　多田は改めて震災被害の大きさを目の当たりにした。

　そして、大槌町に着いた。多田は驚愕《きょうがく》した。

　これまで見てきた陸前高田市や大船渡市、釜石市も確かに、瓦礫の山だった。大槌町も瓦礫に埋まってはいたが、瓦礫の中身が違っていた。大槌町の瓦礫の中には木材がなかった。あるのは鉄くずだけだった。

　大槌町は津波の襲来に加え、大火災に襲われたのだ。木造部分で燃える物は全て燃えてしまい、燃えない鉄くずだけが残った。辛うじて建っているコンクリート造りの建物も黒く焼けこげていた。

「ああ、大槌は津波だけでなく、火災でも大変な目に遭ったんだな」

　多田は周囲の光景を目にして、胸がつぶれる思いだった。

　大槌町役場は押し寄せた大津波で被災し、町職員の実に3分の1に当たる40人が犠牲となっていた。課長級11人のうち総務課長ら7人が亡くなった。その上、本来であれば未曾有の危機の陣頭に立つべき町長の加藤宏暉《こうき》も津波に呑み込まれ、行方不明になっていた。

大槌町の災害対策本部は高台の中央公民館に設置されていた。多田は中央公民館を訪ね、町長に代わって指揮を執る副町長の東梅《とうばい》政昭に会い、お見舞いを述べた。

「加藤町長は行方不明です。亡くなったんでは……。多田さん、俺、何から手をつけていいのか、分がんねぇ」

沈痛な面持ちで語る東梅の言葉に、多田は返す言葉が見つからなかった。

多田は改めて震災の被害と犠牲の大きさを実感し、帰途に就いた。

大槌町長の加藤の遺体は19日になって発見される。加藤とは岩手県町村会でよく隣の席で顔を合わせた仲だった。

12 保健師、陸前高田市に入る

「通常業務」を支援

住田町役場には5人の保健師たちがいた。彼女たちは震災発生以来、陸前高田市のことを気にかけていた。

「陸前高田では保健師が亡くなった」

そんな噂が耳に入ってきていた。噂は本当なのか。それすら確認できずにいた。

「応援に行かなければ！」と誰もがそう思いながら、「まずは町内をどうにかしないと！」という思いから、保健師たちは町内の在宅酸素療法や人工透析の人たちの対応に当たっていた。

そうした対応がようやく落ち着きを見せ始め、保健師が2人ずつ、陸前高田市の応援に入ることになった。震災発生から1週間目のことだった。

住田町役場の保健師でもある菅野英子は同僚の石崎由起子とともに、陸前高田市で最大の避難所となっている高田一中体育館を訪ねた。そこには災害支援センターが設置され、日本赤十字社をはじめ全国各地から保健師たちが入って、活動を行っていた。

しかも兵庫県チームは竹駒町、京都府チームは米崎町というようにすでに分担ができあがっていた。各チームが血圧計を持って各地の避難所や家々を回り、避難所の避難者数や避難者の健康状態、さらには在宅避難者の健康状態まで、必要な情報の把握を全て終えていた。

「自分たちが被災者の支援に入る隙《すき》はもうない。災害支援とか、寝たきりのお年寄りの対応は他から来たチームでもできるから、そこは任せよう。じゃあ、隣町の私たちにできることはなんだろう？」

そう菅野は思い、考えた。

菅野は災害支援センターの保健師や看護師とも話し合い、住田町の保健師は被災者支援ではなく、陸前高田市の保健師たちが取り組んでいる「通常業務」の支援に回ることにした。

通常業務の支援に入って、気づいたことがあった。

震災で被災しても、乳幼児の各種健診や予防接種は欠かせない。しかし、そうした健診に必要な受診票も、予防接種時に必要な問診票も陸前高田市にはなかった。当然と言えば当然だが、市役所が壊滅状態となった陸前高田市の場合、通常業務で必要とするそうした書類が何一つ、なかったのだ。

「分かった！　必要な書類は全部、陸前高田市長名でつくり直して持ってくるから！」

菅野はそう言って、住田町役場に戻った。

保健関係の場合、幸いなことに住田と陸前高田、大船渡の3市町は統一された様式の書類を使っていた。ただ、住田町は「住田町長」、陸前高田市は「陸前高田市長」、大船渡市は「大船渡市長」と入っていた。

住田町長名の書類を全て、陸前高田市長名に直し、何百枚と印刷して持っていった。現物だけでなく、陸前高田市長名に書き換えた書類の様式データもフロッピーディスクに入れて、陸前高田市に届けた。

「支援で人や物資がいろいろ来ても、そうした細かいところの問題まではなかなか手が届かない。

近隣市町村で通常業務に必要な書類は様式を統一しておき、非常時に共有化することが必要」

住田町保健福祉課の保健師長だった紺野栄子は当時を振り返り、そう語る。と同時に、「市町村が日常業務で必要とする情報は本来、県が手配すべきだったのではないか」とも指摘している。

住田町の保健師たちは交代で、陸前高田市の保健活動を応援していく。必要と思われる書類はそのつど、コピーをして届けた。

避難所での食事準備も応援

住田町役場では3月下旬から被災自治体などに職員を派遣し、支援を強化していく。3月29日～4月30日まで陸前高田市に職員を3名ずつ派遣し、物資整理などに当たらせた。4月1日からは1年間にわたり岩手沿岸南部広域環境組合（釜石市）に一般事務として職員を1人派遣。4月2日～7月28日まで大槌町にも職員を延べ48人派遣して町役場の窓口業務を支援した。

さらに陸前高田市には7月19日から税の申告受付に職員1人を、さらに災害救助費国費負担金業務などに従事させるため職員2人を派遣するなどした。少ない役場の人員をやり繰りして、被災した近隣の支援に当たった。

住田町には陸前高田市から、「高田一中避難所での食事準備応援」の依頼もあった。4月10日から1週間の予定だった。

保健福祉課の主任栄養士、佐藤香織は町長の多田欣一から、「行ってくれ」と指示を受けた。佐藤は住田町婦人団体連絡協議会やヘルスサポートの会、住田町食生活改善推進協議会、住田町婦人消防協力隊に協力を依頼した。1日当たり各団体8人の割り当てだった。ただし、ヘルスサポートの会と食生活改善推進協議会は合わせて8人とした。

午前8時20分、保健福祉センターに集合し、役場の公用車1台に乗って出発した。高田一中に到着後は直ちに調理室で作業に入った。高田一中の避難所には市内のホテルや保育園の調理師、飲食店関係者らがいた。そうした人たちが避難者たちに料理を振る舞ってきたが、長期化する避難生活の中で疲れ気味のようだった。

佐藤らは毎日、昼食と夕食をつくった。献立はカレーや天丼、牛丼、豚丼などだった。金平《きんぴら》ごぼうや秋刀魚の昆布巻き、キュウリの酢の物、野菜スープなどを付けた日もあった。そうした献立は支援物資で届いた野菜や缶詰、レトルト食品などを無駄なく、有効に活用してつくった。

佐藤に代わって保健師長の紺野や保健師の石崎が行った日もある。佐藤が行けない時は注意事項をメモに書いて渡した。▽現地の責任者の指示に従うこと▽午後は2時30分から準備を開始することと▽おしゃべりをせず、モクモクと働くこと▽被災のことは口にしないこと▽水は無駄にしないこと、極力使わないこと▽洗い物はため水で洗うこと▽包丁がよく切れるので指を切らないように

——などだ。

住田町役場に戻ってくるのは毎晩、7時半頃だった。当初は高校生ボランティアも2人加える予定だったが、帰宅が遅くなることから取りやめにしていた。

スポーツセンターを遺体安置所に

下有住字中上地内に住田町生涯スポーツセンターがある。町民のスポーツ活動拠点だ。そのセンターを陸前高田市からの要請を受け、町は遺体安置所として貸し出すことにした。陸前高田市は市内全域で壊滅的な被害に遭っていた。犠牲者も多く、市内の施設だけでは遺体の受け入れが不能な状況にあった。

住田町生涯スポーツセンターには3月19日から遺体が安置された。身元不明の遺体が運ばれてきていた。安置される遺体は80体の予定だった。棺を置くために床に並べる角材は当初160本と想定していたが、後に650本追加発注される。

陸前高田市はバスを用意し、住田町生涯スポーツセンターとの間で1日2~3往復させた。乗り付けた人たちはバスを降りるとセンターに向かって合掌をし、それから中に入っていった。そうした光景が毎日続いた。

遺体の安置は5月18日まで行われた。震災から49日目の4月28日には下有住の地元住民らがしめやかに四十九日法要を執り行った。静かな山里に読経が流れ、集まった人たちは犠牲者の冥福を祈り、身元が判明していない犠牲者が一日も早く遺族の元に戻れるように願った。同センターには合わせて700体もの遺体が安置された。

震災翌年の2012（平成24）年からは3月11日に下有住地区公民館（金野《きんの》純一館長）が主催し、同センターで『3・11追悼の集い』を開催していく。

2016年3月11日にも開かれた。会場には、すみた夢灯《ゆめあか》りの会（佐藤マツエ、水沼和子両代表）で用意した夢灯り760個が灯された。地域の人たちは献花台に花を手向けては手を合わせ、犠牲者の冥福を祈った。その中には町長の多田欣一の姿もあった。

公民館長の金野はあいさつで、「あの日から5年の歳月が過ぎ、目に見える復興は整いつつあるように見えるが、心の中の被災は決して消えるものではない。改めて亡くなられた方々に哀悼の意と、被災された方々にお見舞いを申し上げたい」と述べた。

震災発生から丸5年の節目を迎え、これが最後の集いだった。金野は「3月11日を決して忘れることなく、それぞれの形で手を合わせてもらえれば」とも語った。

子どもたちに気分転換を

話を震災が起きた2011年に戻す。

住田町では3月28日から奥州市との境、世田米字子飼沢《こがいざわ》地内にある遊林ランド種山で「無料入浴サービス」も始めた。町役場の中型バスを使って陸前高田市内の避難所を回り、避難者にヒノキ風呂に入ってもらった。4月8日まで続けた。

さらに5月からは陸前高田市の親子を対象に「種山ツアー」も企画した。避難所生活も長くなっていた。子どもたちは避難所では騒げない。校庭には仮設住宅が建ち、遊ぶこともできなかった。

「子どもたちに少しでも気分転換をさせてあげたい」

その思いから企画された。住田町でお弁当や送迎バスを準備。種山で遊んでもらい、遊林ランド種山でお風呂に入り、お弁当を食べてもらうというものだった。

発案・企画したのは産業振興課副主幹で、「すみた森の案内人」の事務局をしていた水野梓だった。すみた森の案内人は町主催の「森の案内人」養成講座の修了生らが住田の豊かな自然を多くの人々に伝えようと、種山を中心に散策会などを企画・運営しているボランティア組織だ。

水野の企画は日本財団の助成が得られたことから実現した。産業振興課長補佐の横澤則子は企画に賛同して避難所を訪ねては内容を説明し、参加希望者がいる時は参加者の都合に合わせてバスを迎えに行かせた。

子どもたちだけでなく、親も喜んでくれた。大人も一時的でも避難所生活から開放されたいという思いがあった。時にはおばあちゃんと孫の組み合わせもあったし、参加者が大人だけという時もあった。

「参加者から、『住田さんには何から何までお世話になって、足を向けて寝られにゃな』と言われました」

と横澤は語る。

この種山ツアーは学校が始まり、子どもの参加が少なくなるまで続けられた。

13 住田町の「受援力」

県外から続々とやって来た給水支援隊

住田町では震災発生後、隣接する陸前高田市の要請に即応して給水タンク車（タンク容量1・5トン）を派遣した。

1回目は建設課主査の皆川繁雄と総務課主任運転手の村上洋悦が水を運んだ。2回目からは建設課技師の佐藤渉《わたる》と同課主任運転手の大和田長見《おさみ》が給水タンク車で1日に2度、3度と水を運んだ。

しかし、1台では何度運んでも届ける量には限界があった。

そこに、力強い援軍がやってきた。援軍の第一陣は陸上自衛隊だった。3月14日に給水車（同5トン）を、翌日からもう1台、給水車（同1トン）を持ち込んだ。さらにポリタンクを積載する車両も多数投入され、住田町から水を汲んで陸前高田市に向かっていった。

県外の自治体からも給水支援隊が駆けつけてきた。15日に先陣を切って福井県福井市の給水車が、その2日後には京都府の長岡京市と木津川《きづがわ》市、奈良県企業局の給水車がやってきた。

県外から給水支援にやってきた自治体は当初、所属する日本水道協会の指示で盛岡市に集結した。同協会から「岩手県水道協会がある盛岡市の浄水場で給水を行い、被災地へ届けるように」と指示されていたのだ。

陸前高田市に入った支援隊は盛岡市から片道3時間かけて水を運んできた。そして住田町の給水車が活動していることを目撃する。住田町役場から30分ほどで陸前高田市や大船渡市の中心地域に行くことができた。盛岡まで往復せずとも近くに〝水源〟があることを知り、支援隊が住田町に協力を申し入れてきた。日本水道協会も現地の状況を十分には把握できていなかったようだ。

住田町役場の職員は北陸や関西からいち早く給水支援隊が到着したことに驚いた。

「東北自動車道も通れなかったでしょ？　なんで、こんなに早く来られたんですか？　どこをどうやって来たんですか？」

「日本海側をズーッと回ってきました。阪神・淡路大震災で飲料水の重要さを体験しました。だからこそ、『今、この時に行かなければ』と思って来たんです」

そんな会話が交わされた。

尋ねた町役場の職員は、「震災後、岩手県の職員よりも早く、北陸や関西の方から手伝いに来てくれた人たちがいて、すごくビックリし、とても感激しました」と当時を振り返る。

その後も京都府、大阪府、奈良県、兵庫県、滋賀県などから府県や市、町の支援職員と給水車が続々と送り込まれてきた。

住田町では自衛隊や県外自治体の給水車やポリタンクに、町役場そばの消火栓から水を提供した。職員がいつでも対応できるように、町役場に一番近い消火栓を選んだ。

対応は建設課の担当だった。同課は本庁舎の2階にあった。職員たちは給水車が戻って来るのを窓から見て、「来たぞ！」と声をかけて下りていき、消火栓につないだホースで水を供給した。時には給水車が列をなして待っている時もあった。その時には職員が交代しながら給水した。

住田町では簡易水道施設に破損がなく、機能していた。陸前高田市に飲料水を提供する上で、同市に隣接する住田町は絶好の給水支援拠点だった。自衛隊と自治体の給水車は住田町と陸前高田市を1日に何度も往復し、6月13日まで〝命の水〟を届けた。

住田町では遠路やって来た給水乗務員のため、休憩所として役場の宿直室を開放した。昼食時には総務課主任用務員の高橋和恵が豚汁をつくり、差し入れを行った。初めのうちは遠慮がちで、手をつける人があまりいなかった。しかし、次第に食べてくれる人が増え、高橋一人の手には負えなくなった。町は町内の飲食業者に依頼して差し入れを継続し、遠来の支援に感謝していく。

給水支援に当たった自治体は関西を中心にその数は76自治体にのぼる。3月から6月までの4カ月間で支援に当たった給水車の台数は自衛隊を含め、延べ4822台。期間中、住田町が提供した水は約1万1000トンに達する。

災害ボランティアのための基地

震災直後から、「被災地で支援活動をしたい」「被災地の力になりたい」との声が全国各地から寄せられていた。しかし被災地には宿泊できる施設も、食事ができる場所もほとんどなかった。それでも各地からボランティアが被災地に次々と詰めかけてきた。

災害ボランティアの受け入れ窓口は各地域の社会福祉協議会（社協）だった。陸前高田市社協も災害ボランティアセンターを立ち上げなければならなかった。しかし、陸前高田市社協の事務所は津波で被災し、役員では会長、副会長、理事2人、評議員5人が、職員では事務局長、事務局次長以下4人が犠牲となった。事務所だけでなく、組織としても壊滅状態にあった。

陸前高田市社協の職員とともに、相談員の大坂富夫が局長代理として3月13日、住田町社協を訪ねてきた。大坂は陸前高田市役所OBで、退職後に相談員となっていた。大坂は言った。

「陸前高田市の社協再建に力を貸してください」

住田町社協では事務局次長の吉田浩を派遣することにした。吉田は翌14日から陸前高田市社協に出向く。

陸前高田市社協は高田自動車学校の好意で竹駒町にある陸前高田ドライビング・スクールのレストランを借り受け、仮設事務所とした。吉田が大坂らと一緒に取り組んだのが社協体制の再構築であり、災害ボランティアセンターの立ち上げだった。吉田は住田町社協でも災害ボランティアセンターの担当だった。

陸前高田市社協は3月17日から業務を再開し、災害ボランティアセンターを開設する。後に横田町の国道340号沿いにプレバブの建物を建ててセンター機能を充実させるが、当初は高田町の市立学校給食センターの脇で登録受付を行った。

震災直後から陸前高田市にも県内外のボランティアがやって来た。県外ボランティアたちは自動車に食料や水、スコップなどを積み込んで遠路、やって来ていた。夜は車内で泊まったり、テントを張ったりしながら瓦礫撤去などに当たった。

ボランティアの数は日増しに増えてくる。一日も早い復旧・復興には災害ボランティアの力が必要だった。今後さらに大勢のボランティアの来市が想定された。しかし、平地という平地の多くが津波の浸水を受けた陸前高田市内には、そうした人たちに提供できる安全な野営地がなかった。

吉田は思った。

「今、一番必要なのは災害ボランティアの宿泊施設だ。センターの機能は陸前高田市に置き、宿泊施設を隣接する住田町につくろう」

陸前高田市を訪れる災害ボランティアを陸前高田市社協と住田町社協が一体となって受け入れる。それが吉田の考えだった。大坂らと協議を重ね、住田町に宿泊施設として「住田町基地」を置く方向が決まった。

新潟県のある社協の職員が陸前高田市に災害ボランティアとして来ていた。その職員は中越地震の際、宿泊施設を立ち上げて、災害ボランティアを受け入れた経験を持っていた。「不審者を含め、いろいろな人たちが来て大変なことになるので、宿泊施設をつくるのはやめた方がいいですよ」と、そう吉田に助言した。

「それでも、陸前高田市のことを考えると、宿泊施設が絶対に必要だ」

吉田の頭の中には、奥州市にも近い世田米の大股地区公民館を宿泊施設とする案があった。もとは山間に建つ小学校だったが、２００２（平成14）年に廃校となり、その後は地元の公民館として活用されてきた。

吉田は町内の有志らとともに住田町基地の立ち上げに向けて準備を進めていく。しかし、陸前高田市社協に出向しているため、吉田自身はなかなか身動きがとれず、時間だけが経過していった。

4月29日からのゴールデンウイークが近づいていた。吉田は思い切って住田町役場に町長の多田欣一を訪ね、宿泊施設の必要性を訴え、大股地区公民館の開放を〝直訴〟した。多田は無料で開放することをその場で決断し、関係部署に指示を出す。

しかし、住田町社協にも、住田町役場にも災害ボランティアセンターやボランティアの宿泊施設を開設したり、運営したりした経験のある人はいなかった。吉田らは極まって、陸前高田市災害ボランティアセンターにボランティア登録に来た人に声をかけた。

「住田町に災害ボランティアの宿泊施設を立ち上げなければならないのですが、人が足りなくて困っています。施設の管理者として開設と運営を手伝っていただけませんか」

3人が応じてくれた。1人は後に「住田町基地の父」と呼ばれる長崎県長崎市から来た南輝久だ。彼の車には水から食料、スコップだけでなく、瓦礫や土砂を運ぶ一輪車まで積み込まれていた。現場で直接活動したいという表情を見せたが、要請に応じてくれた。そして、神奈川県綾瀬《あやせ》市の海野《かいの》恭二と群馬県前橋市の中村岳志の2人も了解してくれた。

こうして4月25日、大股地区公民館に「災害ボランティアセンター住田町基地」が開設される（20頁の図、参照）。3人はこれまでの災害ボランティアの経験を生かして、ゴミの持ち帰りを含め、「災害ボランティアは自己完結」「近隣の人たちに迷惑をかけない」といった利用ルールを決めるなど、住田町基地の基盤をつくり上げる。

「被災地に光を　戦士に活力を」

住田町社協事務局主任の吉田秀昭も日中は社協の仕事をし、夜から大股地区公民館に詰めて南らを支援する。住田町社協は7月に常駐スタッフを置くが、南と海野は6月まで滞在し、携帯電話を使って宿泊申し込みや利用期間を受け付けるなど、基地の運営役を担った。全国から集まってきたボランティアたちも被災地支援活動だけでなく、基地の運営に協力してくれた。

施設こそ無料で開放されたが、ボランティアたちにとって食事は調理室を使って自炊するか、持参したり、買ってきた物を食べるしかなかった。夜はホールや以前は教室だったスペースで寝袋にくるまって眠った。風呂もシャワーもないので、十数キロ離れた町の入浴施設、遊林ランド種山まで行った。6月にはシャワーが設置され、ボランティアを喜ばせた。

住田町基地には民間ボランティアたちが掲げたスローガンがあった。

「被災地に光を　戦士に活力を」

そのスローガンの通り、住田町基地は被災地に光を与え、ボランティア戦士たちに活力を与える場になった。

そうしたボランティアを大股地区の人たちも感謝の思いで、温かく迎え入れた。山菜などの差し入れを届けたり、散歩の途中で立ち寄ったりして交流を重ねる。地元の人たちには「自分たちも大船渡や陸前高田の助けになりたい」という思いが強くあった。しかし高齢者も多く、その思いがあっても、なかなか出向くことまではできなかった。

住田町基地は翌2012（平成24）年9月30日まで約1年半にわたって開設された。利用者は主に個人のボランティアたちで、利用者の延べ人数は1万6662人にのぼる。最も多い月の利用者は延べ人数で3000人を数えた。

「住田町基地の立ち上げや運営を災害ボランティアに頼んだのは結果として、とても良かった。私たちでは遠慮して言えないようなことでも、自らの経験を踏まえて、他のボランティアたちに言うべきことをきちんと言ってくれた。そのおかげでスムーズな運営ができた」

住田町社協事務局次長だった吉田浩はそう、当時を振り返って語る。

住田町がボランティアに開放した施設は大股地区公民館だけではない。

上有住の五葉地区公民館は学生ボランティアらに活動拠点として提供した。岩手県立大学や桃山学院大学、愛知学院大学、愛知県立大学、米国・オハイオ大学、特定非営利活動法人岩手GINGA－NETプロジェクトの学生ボランティアらが寝泊まりしながら、被災地に出向いて支援活動を行った。自治労本部も同公民館を拠点として活動した。

一方、トヨタ自動車（本社・愛知県豊田市）をはじめとするトヨタグループ、京都岩手県人会、岐阜県白川町、国立研究開発法人防災技術科学研究所、コープあいちなどには世田米の農林会館や

住田町社会福祉協議会が開設した「災害ボランティアセンター住田町基地」の炉端で交流するボランティアら（住田町世田米・大股地区公民館、2011年12月24日）提供：東海新報社

保健福祉センター、複数の地域公民館を、仮住まい邑《ゆう》サポートには下有住の旧下有住小学校を提供するなどした。

米国のキリスト教救援団体、サマリタンズ・パースには河川公園を提供した。同団体は大型テントを設置し、30人のメンバーが4月下旬から半年にわたって被災地でのボランティア活動を行っていく。

「受援力」の根底にあるもの

理事長・天野竹行が率いるNPO法人愛知ネットも、震災から5年間にわたって住田町を拠点に支援活動を展開した団体だ。

その活動は「第四章　震災教訓」で紹介するが、愛知県安城《あんじょう》市に本拠を置く愛知ネットは東海地震や東南海地震が想定される東海地方の防災・災害救援のため、情報サービスや防災意識の啓発などを目的として1999（平成11）年に設立された。活動は東海地方にとどまらず、全国各地で災害救援や防災イベントの企画、訓練の参加などを活発に行ってきている。その活動は国や地方自治体からも高く評価されている。

理事長の天野は、多くの団体が住田町を拠点に活動できた理由として、「住田町の受援力《じゅえん》」をあげる。外部からやってきた団体が真っ当な組織なのか否かを判断し、その上で被災地と被災者の重要な支援力として受け入れ、力を存分に発揮してもらえるようにバックアップする。それがいわば、受援力か。

天野によると、住田町は自分たちの力だけでは支援が立ち行かなくなることを十分に分かっていた。だからといって、「外部から訳の分からない人たちを受け入れられるか」というと、そうはいかない。

同じ岩手県の沿岸部に山田町という町がある。山田町は支援の名乗りを上げたNPO法人（北海道）に、震災被災者の緊急雇用創出事業を委託した。しかし事業費7億9000万円の多くが不正流用されていたことが発覚。代表らが業務上横領の疑いで逮捕され、2016（平成28）年1月には盛岡地方裁判所で代表に懲役6年の判決が言い渡されるなどした（同年12月、最高裁判所に上告）。いわゆる、〝山田町NPO問題〟だ。

「山田町のことを考えると、外部から来た人たちを受け入れるのは、よっぽどの勇気が要ること。

そのハンドリングを住田町は見事に、しかもうまくやっていた。それはすごいと思う」

天野はそう、評価する。

愛知ネットは気仙地域で自ら支援活動を行うだけでなく、外部からボランティを受け入れて送り出すコーディネーターの役割も果たしていた。

震災の年の夏のこと。農林会館が宿泊施設として開放されるようになり、愛知ネットの活動も本格化していた。呼びかけに応じたボランティアや依頼した臨床心理士らが集まり、日中は陸前高田市や大船渡市に出かけて活動し、夕方には住田町へ戻って来た。

「被災者のために頑張ろう！」

その思いは集う誰もが共有していた。とはいえ、見ず知らずの人たちの寄せ集め集団だった。なかなか打ち解けるという雰囲気にはならなかった。

そうした時、住田町商工会青年部の若者たちがやってきて、こう提案した。

「みんなでバーベキューやりませんか！」

青年部のメンバーたちも本当は毎日でも陸前高田市や大船渡市に支援に行きたかった。しかし、自分たちにも仕事がある。その仕事をおいては行けない。ジレンマを抱えていた。

そんな彼らにとって、「愛知ネットとボランティアは自分たちの代わりに支援活動をしてくれている」という思いがあった。感謝の思いをこめて、交流を深めたいと考えたのだ。

　そして、バーベキュー大会が農林会館前で開かれた。ある若者は「家でつくった野菜だ！」と言って、採れたての野菜を持ってきた。別の若者は「うちの町ではニュースポーツの『クップ』が流《は》行《や》っているんです。みんなでやりましょう！」と誘ってくれた。種山ヶ原で毎年開かれている「気仙ロックフェスティバル」の映像も見せてくれた。

　天野は言う。

「お互いの気心を知り、距離感を縮める懇親会の場を設けたいと考えても、被災地ということを考えると、愛知ネットとしては開くことはできなかった。それを地元の若者たちが話を持ちかけてきてくれた。バーベキュー大会をきっかけにボランティア同士だけでなく、住田町と愛知ネット、ボランティアの距離がギュッと近くなった。バーベキューができたことはすごくありがたかった」

　バーベキュー交流はその後も継続して開かれていく。

　ほかにも、住田町の気候や風土を知らない愛知ネットに、町民らが折りにふれ、「こうした方がいいですよ」と助言をしてくれた。助言だけでなく、頼んでいないことでも率先してやってくれることもあった。これらもまた、「住田町の受援力」だった。

「町長も、職員も、議会も、そして町民も、昔から一緒に暮らしてきた地域の人たちが困っていれば支援の手を差し伸べる。それが当たりまえだろう、という意識を持っている」

　そのことが「住田町の受援力」の根底にある、と天野は言う。

第三章——仮設住宅

1 町長就任以来の課題

農協組合長との出会い

住田町の後方支援を語る時、外すことができない支援がある。住田町が住田町内に建て、隣接する陸前高田市などの津波被災者に無償で貸し出した「一戸建て木造仮設住宅」だ。この住田町の取り組みは従来の応急仮設住宅（以後、仮設住宅と表記）のあり方を大きく変えることになった。

木造仮設住宅は元々、町長の多田欣一が住田町の林業振興施策の一つとして構想してきていたものだ。その多田自身、まさか、木造仮設住宅を自分の町に建てるとは、想像だにしていなかった。

多田は１９４５（昭和20）年、住田町世田米に生まれた。地元の小学校と中学校を卒業し、隣の大船渡市で下宿生活をしながら県立大船渡高校に通った。その後上京して東京農業大学農学部に進学。68（昭和43）年の卒業時には農林水産省や全国農業協同組合連合会（全農）にいた大学の先輩から誘いを受けたが、跡取りだったため故郷へ戻らなければならなかった。そして、「県内ならば」と選んだ就職先が、岩手県や岩手県経済連が出資する第三セクター、岩手畜産公社だった。同年4月に盛岡本社で採用され、入社後は東京本社に出向。都内の大手ストアにあった直売店で働く。

その直売店をたまたま、住田町農協組合長の佐熊博《さくま》が視察に訪れた。佐熊は共産党籍を持つ異色の農協組合長だった。佐熊は白衣を着て豚肉の解体に汗を流す多田の姿を見て、こう口説いた。

「おまえのエネルギーを住田で発揮しろ！」

その後も佐熊からは何度も誘いがあった。

翌1969年の秋、多田が勤めるストアの直売店で「挽肉混入事件」が起きる。豚肉と牛肉の合い挽き肉に、他の動物の外国産肉が混じっていたというのだ。ストア側は「公社が勝手にやったことだ」と突き放した。しかも、公社への販売代金の支払い停止までちらつかせた。ストアとの取引継続を考えると、公社側は反論ができなかった。それでも結局、ストアからの撤退を余儀なくされる。その影響は大きく、東京本社は盛岡本社直轄の東京営業所に格下げ。規模を縮小することになり、希望退職者を募った。

多田はその頃、神奈川県・川崎営業所で営業として働いていた。多田に他社から引き抜きの勧誘が相次ぐ一方、盛岡本社からは呼び戻しの連絡がこなかった。「今が住田に帰る機会なのか」と考え、希望退職に手をあげた。盛岡から呼び戻しの話があったのは、退職が決まった後だった。

故郷に戻った多田は農協組合長の佐熊を訪ね、臨時職員として採用される。1970年6月のことだ。他の新採用職員と同様、プロパンガスの販売から始めた。

「町の実情を知るためにガスボンベを担いで一軒一軒歩いた」

そう、多田は述懐する。

農業基本計画の策定に取り組む

そんな時に出てきたのが、住田町農業基本計画策定のための農業総合指導協議会事務局設置と専従職員の配置問題だった。

当時の住田町は「出稼ぎの町」と呼ばれていた。耕地面積は狭く、その耕地も決して農業に向いているとは言えない土質だった。貴重な現金収入源だった木炭は石炭や石油に取って代わられた。葉タバコや養蚕、乳牛も零細規模の農家が多かった。

町役場も、農協も、それぞれが農家所得の向上を図るため、懸命に努力していた。日本は高度経済成長期に突入していた。都会に出れば実入りが良かった。二男、三男だけでなく、長男までも都会へと出て行った。

半年の出稼ぎで年間の農業所得の2倍も、3倍も稼ぐことができた。男たちは出稼ぎに出て、農業に従事する人はお年寄りと女性が多くなった。農業だけでなく、町そのものに見切りをつけて都会に出る若者たちも増えていった。町の過疎化は進み、地域や家庭までもが崩壊の危機に直面しようとしていた。

佐熊は心を痛め、自分自身と町民に問いかける。

「この町は生きるに値しないのか」

そうした状況を打破しようと動いた組織があった。住田町世田米出身の紺野源吾《げんご》が所長を務める岩手県大船渡農業改良普及所だ。住田町内には住田出張所が置かれていた。

紺野は住田町の新たな農業基本計画の策定を提案。農林業に関係する町内の行政機関、民間団体で構成する農業総合指導協議会に事務局を設け、専従職員を置いて策定を行うとの考えを示し、賛同を得る。専従職員は大船渡農業改良普及所と住田町役場、そして住田町農協から出すことになった。

農協組合長の佐熊は専従職員として一も二もなく、東京農大出身の多田を送り込んだ。多田が故郷に戻った年の10月、大船渡農業改良普及所住田出張所内に事務局が設置された。

「組合長は、計画づくりに従事させて町内の農業を知ってもらい、策定後は農協に呼び戻して営農課で働かせようと考えていた」

多田は当時の佐熊の胸中を推測する。

多田や農業改良普及員、町役場職員らが力を合わせ、「住田型農業」のバイブルとなる第二次農業基本計画を策定する。町長・泉田豊が率いる住田町役場と、紺野が率いる大船渡農業改良普及所、そして佐熊が率いる住田町農協が〝三位一体《さんみいったい》〟となって計画を遂行。狭い耕地を有効活用した集約・複合型経営という新たな農業経営を実現することになる。

しかし、農産物を含む貿易の自由化、転作の推進、農地の大規模化といった国の農政の変遷に翻《ほん》弄《ろう》され、さらには他の産地が同様の経営形態に変化していくことで、一世を風靡した「住田型農業」も勢いを失っていく。

さらに「住田型農業」を推進してきた住田町農協が経営不信に陥り、2001（平成13）年3月に陸前高田市農協に吸収合併される。〝独自の農協〟を失った住田町は新たな産業展開を求められることになる。

「いかにして、この町の林業を振興していくか」

一方、多田は第二次農業基本計画の策定を終えた1972（昭和47）年春、農協から町役場に入った。総務課長を務めた後、2001年7月の町長選挙に出馬し、無競争で当選した。以来、3期連続当選を果たし、17年1月現在4期目の任にある。

その多田が町長に就任して以来、町政課題としたことがある。

「いかにして、この町の林業を振興していくか」

ということだ。

林業は住田町にとって農業と並ぶ基幹産業といえる。なにしろ、住田町の森林面積は町全体の約

90％を占めている。しかも町有林だけで全体の43％を占め、その面積は1万３５００ヘクタールもあり、町有林としては全国最大規模を誇っている。

人工林率は51％。樹種の割合を見るとスギが60％、アカマツが24％、カラマツが15％。町内の森林の約40％が管理や伐採が環境や地域社会に配慮して行われていると評価され、ＦＳＣ（Forest Stewardship Council ＝森林管理協議会、本部・ドイツ）の森林認証を取得している。

ＦＳＣは本部をドイツのボンに置き、木材を生産する世界の森林と、その森林から切り出された木材の加工のプロセスを認証する非営利の国際機関だ。その認証は森林の環境保全に配慮し、地域社会の利益にかない、経済的にも継続可能な形で生産された木材に与えられる。

住田町の先人たちは戦後、スギの植林を進めてきた。確かに戦後復興期、さらに高度経済成長期と木材の需要は増大していった。住宅から日用品、土木資材まで木材の用途は多様だった。

町有林でも歴代の町長たちが積極的にスギを植え、林業の振興を図ってきた。

「将来、町有林のスギを伐採し、その販売代金で町の収入を賄《まかな》う。そうなれば町民から税金を取らなくてもすむ。少なくとも町民の税負担を軽くすることはできる」

そうした思いを胸に秘めながら植林を推進し、その管理に当たってきた。

昭和40年代（１９６５～74）には町有林で６０００ヘクタールもの植林が行われた。40～60年後には1年に１００ヘクタールずつ伐採しても、当時の木材価格で25億円の収入になると見込まれていた。それだけあれば、国から地方交付税を受けなくても自立して財政運営ができる。町長をはじめ町役場の誰もがそう、夢見ていた。

ところが石油製品の普及につれて、木材の用途が激減していく。しかも1964（昭和39）年に、国が木材の輸入全面自由化を決定。それ以降、価格の安い外国産の木材などが急増し、69年には外材の供給量が国産材を上回る事態となった。さらに73年の第一次石油危機（オイルショック）が起きて景気が後退し、木材の需要そのものが大幅に減少する。その後も国内の木材供給は外材中心の状況が続いていく。

結局、歴代町長をはじめ、住田町の先人たちが夢見てきた「国産材時代」は、来なかった。

町長に就任した多田は危機感を強めていた。

「日本が人口減少社会に入れば、住宅の着工件数が減る。当然、木造住宅の需要も減る。そうなれば木材の需要がさらに減る。しかし一方で、山の木は日々育ち、成長している。木材の需要と供給のアンバランスが今後、もっと強くなる。木が売れなければ、山には人の手が加えられず、山は荒廃する。山が荒廃すると災害などが起き、それがさらに山を荒廃させていく」

多田だけでなく、日本国中の山に携わる誰もが持つ危機感だった。

「『山の木の価値がない』『こんな太くなった木はいらない』ということで誰も山に手を入れず、山が捨てられようとしている。こんなバカな話はない。先人たちが子孫のために一生懸命、汗と涙を流しながら山をつくってきたのに……」

いかにして住田町の林業の振興を図っていくか。そんな多田の思いの中から、あの、木造仮設住宅が生まれてくる。

2　自衛隊に断られた申し出

「森林・林業日本一のまちづくり」プロジェクト

住田町では1977（昭和52）年に林業関係者などで構成する町林業振興協議会が中心となり、第一次住田町林業振興計画（20カ年計画）が策定された。掲げた基本方針は▽林業のあるべき姿の設定▽林産物の生産・流通・加工を通じた地域経済の発展的活動の実現――だった。

行政と民間が一体となり、計画に基づいて「拡大造林の推進」「木材の安定生産」から「流通・加工」、さらには「住宅生産・販売」に至る一連のシステム化を推進。1982（昭和57）年には住田町や町内の森林組合、農協、製材業協同組合、建設業協同組合が出資し、第三セクターの建築会社・住田住宅産業が設立された。同社では社寺建築の優秀な技術を受け継ぐ気仙大工たちが県内外で、地元の気仙スギを用いた産地直送住宅の供給を行っていく。

第一次計画を検証した上で、1993(平成5)年には第二次住田町林業振興計画(10カ年計画)が策定された。この計画の基本方針は▽国産材時代実現に向けた木材の生産・加工・流通体制の整備▽森林の多面的利用▽林業の担い手対策——だった。

1993年に計画の一環として、けせんプレカット事業協同組合(プレカット工場)が、1998年に三陸木材高次加工協同組合(集成材工場)が、さらに2002(平成14)年には協同組合さんりくランバー(ラミナ〈挽《ひ》き板〉製材工場)が設立され、住田町の林業の受け皿となる木材加工システムが完成する。これら三つの協同組合は隣接して事務所と工場が建設され、その地域は「木工団地」と呼ばれるようになる。

そして2004(平成16)年には、住田町に事務所を置く気仙地方森林組合がFSCの森林管理認証を取得。森林認証の木材の産地としての基盤を固める。

こうして住田町が求めてきた「川上から川下までの一貫した木材流通体制」の構築がようやく実現した。しかしそれは、住田町の林業振興を図る土台がようやく出来上ったに過ぎなかった。

工務店などの「川下」側の売上高をみると、住田住宅産業は約2億円(2010〈平成22〉年)。加工・流通の「川中」の売上高は、けせんプレカット事業協同組合が45億2000万円(陸前高田市工場含む、11年)、三陸木材高次加工協同組合が15億3000万円(同年)、協同組合さんりくランバーが4億4000万円（同年）。木工団地の3協同組合の合計売上高は約64億円となっていた。木工団地ではまた、社員約230人の雇用も実現していた。まさに住田町にとって林業は基幹産業だった。

しかし、林業をめぐる環境は決して楽観視できるものではなかった。住田町林業のさらなる振興を図るにはどうすればよいか。2001（平成13）年8月から町長の重責にある多田欣一にとっても、それは大きな課題だった。

もう一つ、大きな課題に多田は直面する。当時、国が「平成の大合併」を推進していたのだ。岩手県も合併を推進する立場で、気仙地域でも大船渡市、陸前高田市、三陸町、住田町の合併問題が浮上していた。住田町とともに岩手県気仙郡を構成していた三陸町は2001年11月、大船渡市に編入合併される。

住田町は選択を迫られた。多田が町民とともに選択したのは「自立・持続」だった。合併はせず、現行の「住田町」を維持していくことを選んだのだ。この選択が東日本大震災発生後、大船渡市、とりわけ陸前高田市への支援で住田町が大きな役割を果たす要因の一つとなる。

多田は2002年、自立・持続する町を目指して、住田町総合発展計画後期基本計画（2002～06年度）を策定。その中に「森林・林業日本一の町づくり」プロジェクトを盛り込んだ。

そのプロジェクトを推進すべく、2004（平成16）年に策定された計画が「森林・林業日本一のまちづくり」だ。基本的な目標として▽環境と調和しながら循環する森林・林業の実現（住田型森林〈もり〉業システムの構築）▽「住田町」自身を森林・林業のブランドとして発信▽森林・林業日本一のまちづくりに対する町民の理解と協働――を掲げた。

計画書は「基本的な目標を達成することで初めて、全国の先例となり、私たちが自信と誇りを持てる『森林・林業日本一のまち』が実現するとともに、地域の活性化につながる」と謳《うた》っている。

木造住宅のキット化を考案

「森林・林業日本一のまちづくり」の計画策定が終盤を迎えていた２００４年２月のある日、多田はテレビでイラクに派遣された陸上自衛隊の映像を見て、目が釘付けになった。イラク戦争でサダム・フセイン政権が倒れ、イラクの治安が悪化したことから、日本の自衛隊も国連の平和維持活動として03年12月から派遣が始まった。

陸上自衛隊の本隊は２００４年2月に日本を出発し、イラク南部のサマーワに駐屯。地域の公共施設の復旧・整備などの復興活動に当たっていた。多田がテレビで見た映像は、その陸上自衛隊員たちが砂埃《すなぼこり》の舞う中、テントを張って懸命に活動している姿だった。

「自衛隊の本務からいって、駐屯地から出れば野営は仕方がない。しかし1週間とか10日ならいざ知らず、1年も2年もテント生活を送るのは想定していないはず。これでは隊員たちがかわいそうだ」

　多田はそう思い、そして考えた。

「住田町が1日ほどで組み立てられる建物のキットをつくり、自衛隊に提供したらどうか。材料をオール木材にすれば建物が壊れたり、撤退したりする時、その材料は産業廃棄物にならず、砂漠に暮らす人たちに燃料としても使ってもらえる」

　住田町では毎春、自衛隊に入隊する町内の若者の激励会と懇親会が開かれている。来賓として招かれた多田は懇親会の席で、出席していた陸上自衛隊岩手駐屯地の関係者に、

「住田町が組み立ての簡単な木造建物のキットをつくって、サマーワにいる自衛隊に提供したいのですが、自衛隊で受けてもらえますか？」

　そう、声をかけた。

　その話を聞いた岩手駐屯地司令は、

「自衛隊のことをそんなに心配してくれる町長さんがいるというのは大変、ありがたい」

　そう語ったという。

　しかし、多田の話は実現しなかった。多田の提案には続きがあった。

「無償で提供するとしても、住田町にもそれなりの利益がなければならない。ついては、提供する建物に緑色の字で『住田の家』と書いて提供したい」

そうすればサマーワで活動する陸上自衛隊が放映されるたびに、『住田の家』という文字がテレビで全国に流れる。多田は、そう考えたのだ。

岩手駐屯地司令からは丁重な断りの言葉が寄せられた。

「自衛隊では商業ベースのものは扱えないので、『住田の家』と書いたのではお断りをしなければならない。ただし、その気持ちは大変ありがたい」

多田の構想は頓挫《とんざ》した。

多田が再び、木造住宅のキット化を考える出来事が起きる。

２００８（平成20）年5月12日に中国・四川省《しせん》で発生した四川大地震だ。死者は6万９０００人を超え、行方不明者が約1万８０００人、負傷者は約37万４０００人にも及んだ。中国政府の発表によると同年8月4日現在、倒壊・全壊家屋は約22万棟、損壊家屋は約４１５万棟に達する。

「日本の災害援助物資の一つとして、日本のスギで造った仮設住宅を中国に提供できないか」

多田はそう考え、各省庁に働きかけた。

日本のスギで造った仮設住宅の提供を契機として、日本の木材や木造住宅を売り込み、海外での需要拡大のきっかけにしたい。

それが多田の狙いだった。

「せめて住宅を再建する際、日本のスギを内装材に使ってもらい、柔らかさが特徴の日本のスギの良さを分かってもらえれば」

　そう願っていた。

　しかし、日本の木材が四川に行くことも、中国に行くこともなかった。多田が中国の林業事情などに通じている知人らから聞いたところ、中国人の好みは「重厚長大」で、カナダ産やロシア産のマツ材など堅《かた》く、大きな木が人気だという。さらに治安・防犯状況を考えても、材質が柔らかい日本のスギは中国には向いていないのだとも聞かされた。

　多田によると、四川大地震が発生した時、カナダはいち早くカナダの木材を中国に持っていき、集会所や避難所を四川に造った。その後、カナダの木材が中国に輸入されるようになった。しかも中国では「木造もいい」という評価が高まり、1～2階は鉄筋コンクリートか煉瓦《れんが》造りで、3～4階を木造にする建物が造られるようになったという。

　四川大地震から2年後の２０１０（平成22）年1月、中南米のカリブ海に浮かぶ小さな島国、ハイチで大地震が発生する。死者30万人以上、家を失った人は１５０万人にも達した。四川でも、ハイチでも石や煉瓦、土で造った家は潰《つぶ》れ、倒壊していた。

　ハイチの惨状をテレビのニュースで見ながら、多田は胸を痛めた。そして改めて思った。

「簡単に組み立てることができる木造の仮設住宅を、日本からの救援物資としてハイチに送ることはできないか」

多田は懸命になって働きかけたが、外務省が首を縦には振らなかった。

3 内閣府に提案していた木造仮設住宅

災害に即応できるものに

四川大地震やハイチ大地震に際し、海外の被災地に木造仮設住宅を送るという願いは叶《かな》わなかった。しかし、多田は諦《あきら》めていなかった。

ハイチ大地震が起きた2010（平成22）年の秋、多田は内閣府に平野達夫を訪ねた。前述のように平野は岩手県選出の参議院議員で、当時は内閣府の副大臣を務めていた。多田とは旧知の間柄でもあった。

「海外への災害援助物資に」と考えても、外務省が「うん」と言わない。厚生労働省や国土交通省は災害が起きてからであれば動くが、起きる前にはあまり動かない。災害を想定して考えるとなれば内閣府がいいのではないか。多田はそう考えたのだ。

多田は平野に構想を説明した。今回は海外支援向けではなく、今後起きると想定されている東海地震や南海トラフ地震などに対応する国内向けという位置づけで話をした。

「木造仮設住宅を開発しておけば、もしどこかで災害が発生した時にお役に立てるかもしれません。ただ、木造仮設住宅のキットを開発してつくっても、実際に使われるまで経費が支払われない、というのでは困ります。まとまった戸数のキットを国が買い上げ、災害が起きたら即応できるような仕組みをつくりませんか。保管と管理は住田町が責任を持って行います」

多田はそう、言った。

しかし、木は生き物だ。部材に加工した後、きちんと保管していても、5〜6年経つと開けておいた穴がずれてくる。

「一定期間経っても災害が起きなかった場合、ODA（政府開発援助）でアフリカの難民キャンプに送る。その建物には大きく日の丸と『JAPAN』の文字を入れる。ナミビアの砂漠などにその建物が500棟、1000棟とダーッと並べば、『日本の援助はすごい！』と評価されますよ。そして使用期間が終われば燃料にしてもらえばいいんですから」

多田はそう言って、平野に検討を要望した。

多田は内閣府から戻り、住田住宅産業の社長、佐々木一彦に木造仮設住宅の構想を話した。多田と佐々木は幼なじみの同級生だった。町内の林業関係者にも構想を語った。しかし、多田の考えを聞き、

「例によって、まだ、町長が大風呂敷《おおぶろしき》を広げでいる」

と言う人もいれば、

「町長、その案はいい。やるべっ！」

と言う人もいて、評価は相半《あいなか》ばしていた。

賛成する者たちは、「なんとかして木を使ってもらえる方法を考えないと、日本の木材は本当に行き場を失ってしまう」という危機感を共有していた。ただ、その時は話だけで終わった。

主流はプレハブ工法

災害が起きた時、日本で建てられる仮設住宅といえば、長屋形式のプレハブだ。国内の大手住宅メーカーやプレハブメーカーなどで組織する一般社団法人プレハブ建築協会（東京都）と都道府県が「災害時における応急仮設住宅の建設に関する協定」を締結。協会の会員企業は各地に工場や保管施設を保有し、国内全域の災害時に対応できる体制を整えており、都道府県から要請があった場合には協会が会員企業を斡旋《あっせん》して仮設住宅を建設する〝仕組み〟が出来上っていた。

仮設住宅は通常、軽量鉄骨を使ったプレハブ工法で造られる。プレハブ工法というのは骨組みや床、壁、天井などの部材をあらかじめ工場で生産して、現場に運んで建てる工法だ。同工法による建物の建設は一般的に工期が短く、品質が均一化されており、工場で大量生産されるために費用が安いのが特徴と言われる。

多田によれば、プレハブの仮設住宅はプレハブメーカーが在庫を持っているためすぐに着工できた。しかも、機械を使ってビス止めを行い、素早く組み立てることができるのだという。

一方、木造仮設住宅は、と言えば、製品化されておらず、当然のことながら在庫もなかった。それどころか、当時は設計書さえ、なかった。一般的に木造で建物を建てる場合、部材を刻むところから始めなければならない。部材の数は多く、建てるには専門の大工も必要となる。しかも、プレハブに比べると建設に日数がかかる。

コスト面でも、プレハブメーカーが「プレハブの方が安い」と説明するのに対し、木造家屋を建てる工務店側は「木造は高いよ」と説明する。こうした繰り返しによって、「木造はコスト的に高い」という通説とイメージが広く定着してしまっていた。

実は、日本では１９７０年代まで、災害時の仮設住宅は木造で建てられていた。その後はプレハブが主流となり、以来、誰も「木造で仮設住宅を造ろう！」などという発想を抱かなくなっていた。

設計図が出来上がる

年を越して２０１１（平成23）年1月、多田は再び内閣府に副大臣の平野を訪ねた。すると、平野は言った。

「多田さんの案、面白い。内閣府の新しい試みとしてもいいのではないかと思います。担当の政務官、阿久津《あくつ》さんに話しておくので、阿久津さんと具体的な話をしてみてください」

阿久津幸彦は東京都24区（八王子）選出の衆議院議員で、民主党総括副幹事長などを歴任した後、内閣府大臣政務官（国家戦略・防災担当）になっていた。

住田町に戻った多田は1月17日、住田住宅産業の佐々木に対し、

「木造だけの仮設住宅はできないものか、一つ、考えてくれ」

と設計図の作成を要請した。

ただし、そこには大きな課題があった。仮設住宅は短期間で大量に建てなければならない。しかも価格は安くなければならない。このことが木造仮設住宅を実現する上で大きな壁と言えた。

多田にすれば、「建築が簡単で、短時間でできること」が最重要、最優先の事項だった。二つ目に「現地の大工さんが1人か2人いれば、あとは素人でも組み立てられること」。そして三つ目が「現地に部材さえ送れば、プラモデル感覚で組み立てができるようにすること」。言うは易いが、実現するとなると頭をひねらなければならない。

佐々木は多田の要請を聞き、咄嗟に、

「神社建築などで古くから伝承されている『板の落とし込み』を応用すればいいのではないか」

そう、閃《ひらめ》いた。佐々木はすぐ、計画設計に入った。

神社の場合、柱に溝をつくっておき、その柱と柱の間に板を落とし込んで壁をつくっていく。この方法を現代に活用して、窓などの部分を切り取って1枚のパネルに加工し、杵と柱の間にストンと落として建てていく、というのだ。いわゆる、木造のパネル工法だ。社寺建築の伝統技術を今日に受け継ぐ気仙大工ならでは、の発想といえた。

木造仮設住宅を建設する上で、建設コストも重要な課題だった。しかし、町内には間伐材《かんばつざい》が豊富にある。町内の木工団地にはその木材をラミナ材（製材した板）にする工場もあれば、ラミナ材で集成材をつくる工場もある。さらにその集成材の部材に自動工作機械を使って穴を開けたり、刻んだりして加工（プレカット）する工場もあった。町内の間伐材と木材加工施設を活用すれば、それほど経費がかからないのではないか。そんな思いが多田にはあった。

そして3月7日、多田が住田住宅産業に佐々木を訪ねた。

「設計図は出来ているか？　22日に内閣府を訪ねる時、資料として持って行きたい」

そう尋ねる多田に佐々木は、

「図面はこの通り、出来ている！　あとは軸組計算などが残っているだけなので大丈夫！」

と答えた。

平面図や立面図が出来上っていた。その図面を確認し、多田は満足して役場へ戻っていった。

多田は内閣府大臣政務官の阿久津とコンタクトを取り続け、ようやく3月22日に内閣府で会う約束を取り付けていた。木造仮設住宅の設計書を持って出向き、阿久津に自らの構想を説明することを楽しみにしていた。

しかし多田の願いは、またもや打ち砕かれる。

3月11日午後2時46分、突然、大地震が起き、日本列島を激烈に揺さぶったのだ。「千年に一度」あるいは「未曾有」と呼ばれる東日本大震災の発生だった。東北地方は激しく、長い地震の後、空前絶後の大津波に襲われることになった。

多田は木造仮設住宅の提供先として、東海地震や南海トラフ地震などが想定される関東以西の地域を念頭に置いていた。まさか、自分たちの足元で、しかも、これほどの大災害が起きるとは、多田自身、全く思ってても見なかった。

4 町長、避難所で建設を決意

電気復旧後、直ちに指示を出す

3月11日、住田町でも大揺れに揺れた。沿岸部には大津波が押し寄せ、隣接する大船渡市や陸前高田市の深刻な被災状況が徐々に分かってきた。

一夜明けた12日、多田は職員らにその日の指示を出した後、第二章でも述べたように総務課長の鈴木玲の運転で陸前高田市と大船渡市へ見舞いに出かけた。陸前高田市役所が津波に襲われたため、陸前高田市の災害対策本部は高田町の市立学校給食センターに置かれていた。

多田は市長の戸羽太を訪ねてお見舞いするとともに、

「うちの方でできることがあれば、なんでも言ってください。なんでもやります」

と申し出た。

その後、高田一中の体育館を訪ねた。そこには1000人もの市民が避難していた。誰もが疲れ切った顔をして、物も言わず、目にも力がなかった。

「陸前高田市の被害状況を考えると、避難所での生活は長期化するに違いない。この大きな体育館で、大勢の人がどうやって寒さをしのぐんだろうか」

多田は、そう心配した。

昔から歴史も文化も経済も共有し、そして言葉も同じ「気仙」という生活圏に暮らす人たちが体育館の中で寒さに震えていた。しかも届いた支援のおにぎりは全員に行き渡るだけの数がなく、一つのおにぎりを分け合って食べたという。

そうした人々の姿を目にして、耳にして、多田は思った。

「この助かった人たちだけでも、同じ生活共同体に暮らす者の責務として、住田町で何とかして救わなければ！」

それは、多田が木造仮設住宅の建設を決意した瞬間でもあった。

しかし決意はしたものの、電気は止まったままで、他との通信手段もなかった。しかも職員たちは震災の初動対応や被災した大船渡、陸前高田両市への支援に追われていた。これではいくら多田でも動きようがなかった。

その多田が3月15日に、動いた。前日の14日未明、町内で電気が復旧したのだ。多田は非常時用の防災服にヘルメット姿で住田住宅産業へ出向き、社長の佐々木一彦にこう言った。

「隣の陸前高田と大船渡が大変なごとになっている！　津波で壊滅状態だ！　住宅の手当が必要だがら、急いで仮設住宅の建設準備にかがってけろ！」

気迫のこもった多田の言葉に、佐々木は一瞬、呆気《あっけ》にとられた。しかし、すぐにつくっておいた木造仮設住宅の図面のことを言っているのだと気づき、

「わがった！　町長のごったがら、そう言うど思ってでだ！」

そう、佐々木は勢いよく返事をした。

仮設住宅の仕様と建設地を決める

住田住宅産業は世田米地区の国道107号沿いの、大船渡市寄りにあった。11日の地震直後に大船渡市と陸前高田市から通勤していた社員3人を帰宅させ、町内の社員たちは火気などの安全を確認させた後で帰宅させた。

翌12日に大船渡、陸前高田両市から出勤している社員3人の安否が不明という情報が入った。佐々木は無事だった社員たちを3人の安否確認に向かわせ、消防団に入っている社員たちは気仙両市での救助・捜索活動に当たらせた。

14日に社員3人の無事が確認できた。15日になって被災した社員と消防団員の社員を除き、ようやく社員たちが出勤し、機械の点検や地震で散乱した社内の整理を始めた。多田がやって来たのはそんな時だった。

電気こそ復旧はしたが、ガソリンは入手困難な状況が続いていた。そんな中で佐々木が率いる住田住宅産業の社員たちは一丸となり、木造仮設住宅の建設に向けて動き出していく。

木造仮設住宅は当初、一戸建ての約38平方メートル（11・5坪）として設計図が作成されていた。阪神・淡路大震災や中越地震の教訓を生かして被災者がくつろげ、癒《いや》される空間を提供したいとの思いから広めに設計していたのだ。ところが、県の資料を見ると仮設住宅の標準図は2DKの29・

7平方メートル（9坪）タイプだった。

建築面積の制約について県に確認をしようとしていた矢先、震災が起きてしまった。県への問い合わせもできない状況にあって、後々問題が生じないようにと考え、佐々木は3月16日に仮設住宅の面積を標準型の9坪タイプに図面変更する。

世田米地区の陸前高田市寄りに木工団地があった。そこに加工施設を置く各協同組合にも、多田の意向が伝えられた。それぞれの組合の幹部たちは前年の秋から多田の話を聞いていたので、構想自体は分かっていた。ただ、その時は〝夢のような法螺話《ほらばなし》〟と受け止めた関係者もいた。

多田は住田住宅産業の佐々木に指示を出した15日、役場本庁舎2階の建設課に足を運んだ。電気が復旧した14日、役場の建物の安全性も確認されたことから、各課が本来の部署に戻り、職員たちが後片付けを始めていた。

多田は建設課長の佐々木邦夫と同課課長補佐の菅野直人に、こう指示した。

「住田町に仮設住宅を造る。ついては、建設課で動くように」

さらに続けて、こう言った。

「仮設住宅は木造で100戸ぐらい造りたい。仕様関係は住田住宅産業に指示してある。調整して進めるように」

菅野は尋ねた。

「費用はなんぼぐらいですか？」

「2億5000万円ぐらいがな」

そう、多田は答えた。

「どう対応すればいいんだ？　まして建設戸数は100戸。1人で100戸もの監理はできない。断れるものならば断りたい」

菅野は正直、そう思った。しかし町長の業務命令だ。受けなければならない。

町内のどこに、何戸建てるか。早期に着工し、早期に完成させるため、多田は「仮設住宅の建設地は地権者交渉が要らない町有地」と決めていた。しかも造成や整地が不要で、水道管などの本管を新たに敷設《ふせつ》する必要のない場所でなければならなかった。多田と建設課が選定した候補地は世田米地区が火石《ひいし》地内の町営住宅跡地と本町《もとまち》地内の幼稚園跡地、下有住地区が中上《なかかみ》地内の旧下有住小学校校庭跡地の計3カ所だった（20頁の図、参照）。建設課で用地の測量に動き出す。

立ちはだかる法の壁

住田町が町内に木造仮設住宅を建設するに当たって、越えなければならない大きな課題があった。厚生労働省が所管する「災害救助法」だ。

仮設住宅は同法に基づいて被災者のために、被災した市町村内に都道府県が建設すると規定している。建設費や借上げ費は後で厚生労働省の補助金で補塡《ほてん》されることになっている。

さて、住田町である。住田町はまず、津波の被災を直接受けてはいない。しかも住田町は町であり、建設業務を担当する県でもない。そんな住田町が住田町内に津波被災者のための仮設住宅を建てることは、明らかに災害救助法の規定に反しているのだ。

菅野直人は岩手県県土整備部の出先機関、大船渡土木センター（大船渡市）に問い合わせ、確認を取るように指示された。確認事項は▽直接の津波被災地でない住田町内に、住田町が津波被災者のための仮設住宅を造ってよいか▽住田町が仮設住宅を建てる場合、建築確認申請は必要か▽木造の仮設住宅の建設は可能か――などだった。

菅野は16日に携帯電話を使い、大船渡土木センターに電話を入れた。その携帯電話は前日に副町長の小泉きく子が盛岡出張の際、ａｕ岩手支店から借りてきた9台のうちの1台だった。

大船渡土木センターの回答は明確だった。

「県庁に相談してください」

その一言だった。

菅野は県庁の担当課に電話した。質問に対する県の担当者の答えもまた、明確だった。

「仮設住宅は県が国費で建てるものです。市町村が建てるものではありません。もし住田町が建てるのであれば、通常の建築確認申請を出してください」

　建築基準法では建物（新築・増改築）を建てる場合、その建築面積にかかわらず、事前に敷地や構造、設備などを記載した建築確認申請書を都道府県などに提出し、建築物が建築基準法や条例などに適合しているか、確認を受けなければならない。確認を受けずに着工すると処罰の対象にもなる。

　建築確認申請を出すとなれば申請書の作成に始まり、確認を受けて、それからまた業者の選定や発注などの手続きを行うことになる。そうなれば着工までに相当の時間がかかってしまう。

　菅野は食い下がった。

「非常時、緊急時なので、そこをなんとかならないですか」

「私たちには、そうとしか答えられません」

　いくら食い下がっても、押し問答でしかなかった。

　住田町の建てる建物が仮設住宅として認められれば、建築確認申請にかかる手間も時間も省け、建設がスムーズに運ぶのではないか。そんな思いが菅野にはあった。

　しかし、県からは住田町が期待する回答は聞かれなかった。法律を遵守《じゅんしゅ》する立場からすれば、当然といえば当然の回答だった。建設課長の佐々木は町長の多田に県の回答を報告し、こう言った。

「住田町で仮設住宅を建てるのは難しいようです」

だからといって、多田は諦めなかった。諦めるわけには、いかなかった。

住田町が仮設住宅を造ることは災害救助法に反することなど、多田は端《はな》から百も承知だった。

「震災で助かった人たちを本当の意味で救うため、一日も早く仮設住宅を造り、普通の生活に戻してあげたい。平時のように悠長なことをしてはいられない。法律には反することだが、大震災という非常時の対応として、同じ生活共同体に暮らす者の責務として、住田町は何としてもやらなければならない。国のルール、県のルールではなく、被災者のルールに立つべきだ」

改めて、多田はそう決意を固めた。

一方、一級建築士でもある建設課長補佐の菅野は、建築確認申請を出すことなく、住田町が建設できる〝活路〟はないか、と考えていた。頭に浮かんだ「規定」があった。

建築基準法第85条第1項

非常災害があつた場合において、その発生した区域又はこれに隣接する区域で特定行政庁が指定するものの内においては、災害により破損した建築物の応急の修繕又は次の各号のいずれかに該当する応急仮設建築物の建築でその災害が発生した日から一月以内にその工事に着手するものについては、建築基準法令の規定は、適用しない。ただし、防火地域内に建築する場合については、この限りでない。

一　国、地方公共団体又は日本赤十字社が災害救助のために建築するもの
二　被災者が自ら使用するために建築するもので延べ面積が三十平方メートル以内のもの

菅野は、この条項に目をつけたのだ。

特定行政庁というのは建築確認を行う建築主事が置かれている地方公共団体の長、または建築主事がいる行政機関のことをいう。岩手県の場合、県や盛岡市などが特定行政庁にあたる。

岩手県は3月15日、この規定に基づき、仮設住宅の建築に関しては、県内全域を建築基準法の適用を受けない区域として指定したばかりだ。

隣接する自治体の津波被災者のために、地方公共団体である住田町が延べ床面積30平方メートル以内の仮設住宅を建てる。しかも震災発生から1カ月以内に着工する。そうであれば建築確認申請を含め、住田町が造る木造仮設住宅にも建築基準法は適用されないのではないか。

そう考えた菅野は課長の佐々木と相談し、県にそのことを確認する。県も、それならば、と住田町に建築確認申請なしの着工を認めた。認めはしたが、あくまでも「仮設住宅の建設は県の仕事」という立場に変わりはなかった。

菅野も住田住宅産業から情報提供などを受け、仮設住宅について調べてみた。プレハブ建築協会が平面図を公開していた。標準的な少人数世帯（2〜3人）用の仮設住宅は、床面積が29・7平方

メートル（9坪）。間取りは4畳半の2部屋と台所、バス・トイレが付いた2DKだった。住田町の仮設住宅もその面積と間取りでいくしかない。

多田は当初、一戸建てにしても、本当は床面積が40～50平方メートルはある3LDKの仮設住宅を造り、被災者にゆったりした気持ちで生活をしてほしい、と思っていた。しかし、多田も妥協せざるを得なかった。

それでも多田が目指す木造仮設住宅は、実現に向けて前進することになった。

5 専決処分と誤算

全会一致で

仮設住宅を早期に着工し、完成させるためにクリアしなければならない大きな問題があった。

通常、行政が施設を建設する場合、まず、議会に予算案を提出して審議してもらい、議決を得なければならない。予算なくして、事業を執行してはいけないというのが大原則だ。当然、予算書や説明資料の作成も必要になる。

予算が認められれば設計を行い、その設計に基づき、発注業者を決めるための入札を行う。競争入札で業者を選定する。これもまた、原則だ。落札業者が決まり、請負契約を結ぶ場合、議会を開いて議決を得なければならない。そして、いよいよ着工の運びとなる。

実は、こうした正規の手順を踏んでいたのでは、着工までに4、5カ月はかかってしまうのだ。

「これでは早期着工、早期完成がおぼつかない。本当の被災者救援にはならない」

町長の多田欣一は〝奥の手〟を考えていた。

震災から7日目の3月17日は、震災に伴って延期されていた町議会の3月定例会最終日だった。本会議開会前の午前9時30分から議会全員協議会が、議場と隣接する生活改善センター2階の会議室で開かれた。

同協議会の開催は多田の要請だった。多田をはじめ町当局も、議会の全議員14人も災害時などの非常時に着用するグレーの防災服姿だった。

多田は災害救助法などを説明し、議員らに言った。

「同じ気仙の仲間として、町内に木造の仮設住宅を造って、一刻も早く津波で被災した人たちを救いたい。1戸当たりの建設費用は250万円程度。100戸でも2億5000万円。そのぐらいであれば町の予算から出せる」

その上で多田は、

「仮設住宅の建設は『専決処分《せんけつ》』で対応したい」

と説明し、理解を求めた。

専決処分は地方自治法に基づくもので、議会が議決や決定する事項を、議会に代わって首長が処理すること。つまり、首長は議会の議決を得ずに、自らの決定で事業を進めることができるのだ。ただし、専決処分をした場合は次の議会で報告し、議会の承認を求めなければならない。もし承認が得られなくても、専決処分の効力は否定されず、その時は首長が政治的な責任を負うことになる。また、事前に議会の同意を得ている場合は報告義務を負うにとどまる。

当時は専決処分が全国的に大きな注目を集めていた。鹿児島県阿久根《あくね》市の市長が市議会と対立。議会を招集せずに市議会議員の報酬を日当制とする条例や副市長の選任案件などで専決処分を繰り返し、問題となっていた時期だった。

それでも多田は専決処分にこだわった。専決処分にも『いい専決』と『悪い専決』がある。それが多田の考えだった。

「陸前高田や大船渡の人たちを、とにかく、早く助けなければならない。本来であれば、議会に予算を提案したり、議決を得たりしながらやらなきゃいけないものがいっぱいあるが、それをやっていたのでは時間ばかり、かかってしまう。緊急事態、非常事態なので、（専決処分で）俺の好きなようにやらせてほしい」

そう、多田は議員たちに訴えた。

異論を述べる議員は一人もいなかった。

それどころか、議員たちからは〝注文〟がついた。

「やるからには、『住田町はケチったとか、手抜きした』と言われないものを造れ！」

「『住田町はよくやった』と感謝されるものを造ってほしい！」

そして、

「それさえ守ってもらえば、あとは、とやかく言わない。しっかりやってくれ！」

多田の思いは議員たちの思いでもあった。

多田は翌18日に早速、専決処分を行って世田米・火石地内に木造仮設住宅13戸の建設を決定。見積もりも取らず、第三セクターの工務店、住田住宅産業に発注した。信頼関係があればこそ、といえた。

震災からわずか12日目に着工

議会全員協議会で説明した事業費、約2億5000万円という数字はザクッとしたものだった。2億5000万円といえば、住田町の年間の一般会計予算の5％を占める。しかも、町が自由に使える〝虎の子〟の自主財源から支出しようというのだ。財政規模の小さな町にとっては厳しくも、大きな金額だった。その上、その金額で納まるという保証もなかった。

しかし、多田は「経費を国や県から出してもらおう」などとは、露程《つゆほど》も考えなかった。補助金や交付金をもらおうとすれば、その申請手続きから始めなければならない。申請しても、即決で認められることはない。仮に後日申請が認められたとしても、仮設住宅の需要調査から始まってさまざまな調査を求められ、着工するまでには相当の時間がかかるに違いない。そう、多田は考えていた。

「やはり、早期に着工し、完成させるためには国や県のお金を当てにせず、住田町のお金を出して造らなければならない」

多田は最初から、その腹をくくっていた。

最終的に住田町は事業費として3億円を投じることになる。

住田町は用地の測量を行って、一戸建ての木造仮設住宅を3カ所に合計93戸建設する計画を立てた。世田米の火石地内に13戸（火石団地）、同じく本町地内に17戸（本町団地）、下有住の中上地内に63戸（中上団地）という内訳だった。

そしてついに、住田町の木造仮設住宅が火石地内で着工する。震災発生からわずか12日目の3月22日という〝早業《はやわざ》〟だった。

建設には土木業者も一緒に参加して杭《くい》を打ち、多少の整地を行い、上下水道用の配管を埋める穴を掘るなどの作業に当たった。住宅を建設する場合、一般的には①基礎を打つ②建物を建て始める③穴を掘って水道管などを埋設する――という順番で工事が進められる。しかし、住田町の仮設住宅は構造がみんな同じだ。しかも最初からどこに何が付くのか決まっているので、基礎を打つ前に重機で穴を掘って水道管を埋め、建設作業の効率化を図った。

その上で、住田住宅産業は木の柱や梁《はり》を使って組み立てる日本の伝統的な建築工法、「在来《ざいらい》工法」を用いて木造仮設住宅を建設していく。一方の材の先端に「ほぞ」と呼ばれる突起を、もう一方の材にはその突起が納まる「ほぞ穴」を加工し、二つの部分を差し込んで接合させるのが在来工法の特徴だ。近年はその接合部分を金具で固定し、さらに補強するようになっている。木造仮設住宅に使用する柱や梁の加工は、けせんプレカット事業協同組合が担当した。

一方、仮設住宅の建設に使う壁パネルは協同組合さんりくランバーが製材し、その板材を使って三陸木材高次加工協同組合が集成材をつくり、けせんプレカット事業協同組合がその集成材を用いて壁パネルに加工した。三陸木材高次加工の在庫もフル活用された。使われたのは全て、町内産の気仙杉の間伐材（30～40年生）だ。

壁パネルは外壁側に厚さ12ミリ、内壁側に厚さ30ミリの板材を使用。その間に厚さ30ミリの断熱材を挟《はさ》み込むという寒冷地に対応した構造だった。この壁パネルを現場に運び、溝を切った柱と柱の間に落とし込んで仮設住宅を建てて行く。「落とし込み板工法」、あるいは「壁パネル組立工法」

と言われる組み立て方だ。

建設は順調に進むかに見えていたが、実は着工前から早期完成に水を差す事態が起きていた。

住田住宅産業から町長の多田に、「(住宅関連) 資材が足りない」との報告が入った。特に、断熱材の在庫が2棟分しかない、というのだ。

住田住宅産業では取引のある建設資材会社に発注をかけたが、

「商社が出荷をストップしている。出荷してもらうには、災害対応に使用する旨の証明が必要だ!」

という説明が返ってきた。

アルミサッシも在庫が少なかった。

「資材は住田町が、直に買います」

住田住宅産業の社長、佐々木は多田に、「なんとかならないか」と掛け合った。

多田は、町が建設する仮設住宅で使う工業資材は全て、住田住宅産業を通じて調達する計画だった。いくら木材が豊富にあっても、仮設住宅は造れない。このままでは今後予定されている本町、中上両団地の建設にも大きな影響が出てしまう。

多田にとって、思ってもみない誤算だった。一刻も早く、資材を確保しなければならない。

多田は国土交通省に電話をかけた。

国土交通省は仮設住宅に関し、法令も予算も所管してはいなかった。仮設住宅は厚生労働省の所管だ。しかし、仮設住宅を建設する県の住宅部局とは業務を通じて関係が深く、住宅建設業界を指導監督してきた経緯もあり、震災後は被災した県の支援や業界の指導に努めていた。

多田は電話で国土交通省の旧知の官僚に苦境を説明し、助力を求めた。その官僚が大手の建材専門商社（本社・東京）に連絡を入れ、

「必要な資材をすぐ、住田町の住田住宅産業という会社に送ってほしい」

と要請した。

間もなくして、その商社から多田に電話が入った。

「住田住宅産業という名前を聞いたこともない会社との取引になるので、住田町から町議会の議決を得た債務保証をいただきたい」

早い話、住田町が連帯保証人になれ、ということだ。

大手企業からすれば確かに、住田住宅産業は無名の工務店で、取引実績もなかった。そこに大量の資材を送ってくれと言われても。「はい、いいですよ」というわけにはいかない。相手側からすれば、真っ当な要請だった。しかし、議会の議決を得るとなると、また時間がかかる。そんな悠長なことをやってはいられない。

「分かりました。資材は住田町が、直に買います。議会には専決処分を行うことで話はつけてあり

ます。町が全責任を負いますから、資材を住田町役場宛に送ってください！　送ってもらった資材は町が購入した価格で、そのまま住田住宅産業にやります」

多田は、そう答えた。

国土交通省から派遣されていた岩手県建築住宅課の職員が3月23日、震災に対応した建物かどうかを確認するため、住田町を訪れた。そして翌24日、建材専門商社から断熱材の発送日について住田住宅産業に連絡が入る。どのような経緯やつながりがあってそうなったのか、今となっては分からない。

いずれにしても町内3団地分の断熱材は3月29日と4月7日に分け、住田住宅産業の工場に届く。そして住田町は、その専門商社から断熱材のほか、アルミサッシも購入することになった。

6 「建設はオール住田で」

建設に当たっての独自のこだわり

住田町と住田住宅産業が資材の確保で苦労していた3月末、町長の多田は町内の建設業者で組織する住田町建設業協同組合の理事長で、吉田工務店の社長でもある千田《ちだ》明雄を呼んで、「火石団地の13棟は住田住宅産業で建てる。本町と中上の仮設住宅は、やれる業者に割り振りして、やってくれ！」

そう、言った。

それから間もない4月1日、多田は再び専決処分を行って、世田米・本町団地17戸と下有住・中上団地63戸の建設を決定。本町、中上両団地は吉田工務店、山一建設、斉藤工業、坂井建設、菊池組の5社が請け負うことになり、4月4日に着工する。

多田は最初から、「木造仮設住宅はオール住田で建設する」という考えを持っていた。通常であれば、競争入札を行って請負業者を決めるのが筋だった。事業費の額からいっても、見積もりを取らない随意契約など、あってはならない話だ。しかし、多くの被災者が困苦に置かれている非常時にあって、多田は通常の行政ルールではなく、被災者の救済優先という被災者の側に立つルールを採った。

一方、千田は多田から、「5月の連休前までには完成させたい」と言われていた。建設する戸数は合わせて80戸。〝工期〟に間に合わせるため、千田を中心に5社はより早く建設できる方法を模索し、建設業協同組合独自の基本図面をつくり上げる。

その図面を元に、けせんプレカット事業協同組合と「どのような部材を使い、どのように組み立てるか」を協議し、在来工法とは異なった仕様で建てることにした。

前述したが、在来工法の場合、柱や梁の先端に「ほぞ」と呼ばれる突起をつくり、もう一方にその突起が納まる「ほぞ穴」を開けておき、二つを差し込んで接合させる。

しかし、建設業協同組合が採用したのは「ほぞ」をつけず、あらかじめ、一方に金具を取り付け、もう一方に隙間や穴を開けておいて現場で接合させ、その後にピンを差し込んで固定するという工法だ。ピンを抜き差しすることで簡単に組み立ても、解体もできる工法でもあった。

金具の取り付けや隙間、穴を開ける工程は、けせんプレカット事業協同組合の工場で行われた。現場では同事業協同組合の従業員と建設会社の社員が協力して組み立てたが、「組み立て作業は最少人数の大工と少数の助っ人《すけと》がいればできる」と千田は語る。構造計算も行って、建築確認申請にも通る構造にしてあった。

もちろん、床面積や間取り、パネル化した壁面を落とし込むという基本的なつくり方は住田住宅産業と同じだった。壁パネルの加工や壁パネルを落とし込む柱の溝などは、けせんプレカット事業協同組合で加工してもらった。

建設に当たって、千田はこだわったものがある。基礎となる土台の杭の材質だ。県が建てたプレハブ仮設住宅の基礎には直径9センチのスギ材が使われている。

千田は住田町素材生産業協同組合に対して、スギではなく、カラマツの杭を1000本発注する。

木造仮設住宅の土台に使われた直径 12 センチ前後のカラマツの杭＝住田町下有住、2011 年４月
住田町役場提供

しかも、「直径は12センチ前後、長さ1メートルで、その先端を尖《とが》らしてほしい」と条件を付けた。

「マツの方がスギに比べて腐食のスピードが遅い。仮設住宅の入居期間は原則2年だが、入居期間が延びる可能性がある。マツであれば入居期間が数年延びても耐えられる」

千田は、そう考えたのだ。

さらに千田は杭打ちを行う土木業者に対し、

「杭は、最低40センチは打ち込め！」

とも指示を出した。

通常、こうした杭は30センチ程度打ち込むものだ。しかし40センチ打ち込むことで基礎の強度が増す。杭の長さを1メートルとしたのにも訳があった。杭を40センチ打ち込んでも、杭は地面より60センチも出ている。それだけあれば傾斜した土地でも杭の高さを調整し、建物を水平に建てることができる。しかも床を地面から離して建てることができるため、室内があまり湿気の影響を受けないようにすることもできる。それらは全て、仮設住宅を長期に安定して使えるようにするため、考えたことだった。

各地の仮設住宅の入居期間は、やはり、2年では終わらなかった。延びに延びて、震災から5年を過ぎてもなお、多くの人が仮設住宅で暮らしている。基礎にスギ材を使った仮設住宅では3年目あたりから杭が腐食し始め、建物が傾き、補修が必要となったところも出始めた。しかし、

「カラマツの杭を使った住田町の仮設住宅は5年経っても、びくともしていない」

そう、千田は語る。

もちろん、住田住宅産業が建てた仮設住宅の基礎にも町内産のカラマツ材の杭が使われている。

もう一つの後方支援

断熱材とアルミサッシは住田町が購入し、住田住宅産業を通じて建設業協同組合の5社にも提供されることになった。町の購入価格と同額での提供だ。流し台や洋式トイレ、ＦＲＰ浴槽、ガス給湯器、電気器具などの住宅関連資材は住田住宅産業と建設業協同組合がそれぞれの取引先から調達することになり、工事は順調に進み始めた。

町内の木材加工業者が作った壁パネルを組み立て、建設が進められる木造仮設住宅
（住田町下有住、2011 年４月）
提供：住田町役場

そうした中で、どうしても確保できずにいた資材がある。仮設住宅に取り付けるエアコンだ。それぞれが資材を購入している取引先のどこにも、エアコンの在庫がなかった。

建設業協同組合の理事長で、吉田工務店の社長、千田は知人に電話をかけた。知人は国内大手のエアコンメーカーに勤めていた。千田はメーカーに直接、電話をかけたのだ。そして、住田町の事情と窮状を訴え、「協力してほしい」と要請した。

そのエアコンメーカーの本社から千田に連絡が入った。

「メーカーとして震災の復興に協力したい。ただし、直接納品はできないので、岩手県の販売代理店を通して納品したい」

千田は申し出に感謝した。そして千田はメーカー側の好意に応えるため、

「御社でも役場と契約して納品した方が安心でしょう」

と提案した。

千田はメーカー側との話を建設課に持って行き、断熱材と同様、町が購入することで了承を得た。

こうしてエアコンは町が購入し、各社に提供されることになった。

メーカーから届いたエアコンを見て、千田は驚くことになる。届いたエアコンはこれから発売される最新型だったのだ。

断熱材にしても、アルミサッシにしても、エアコンにしても、電気器具にしても資材は大量に届く。その保管場所の確保も必要だった。例えば、エアコンと電気器具は町の了承を得て、旧下有住小学校校舎を保管場所として貸してもらい、各社が必要に応じて搬出して使うシステムにした。

千田には一つだけ、悔いがある。屋根を防水性のあるパネルに加工したかったが、今回はそこまではできなかった。コストを抑えるため、屋根をトタン張りにして、しかも手作業で行ってもらった。「屋根を防水パネルに加工できれば、組み立て時間をもっと短縮できる」と千田は言う。

それはさておき、木造仮設住宅の建設に当たっては電気やガス、水道などの工事も、全て、地元の業者が請け負った。まさに、「オール住田」での事業だった。しかも関わった企業では陸前高田市や大船渡市などの被災者も積極的に雇用し、もう一つの後方支援を行うことになった。

261人が住田町での新たな生活へ

最初に着工した火石団地の入居者募集が4月6日から、12日までの日程で開始された。申し込みは住田町災害対策本部の窓口で受け付けた。電話での応募も認めた。入居世帯は先着順ではなく、公開の場での抽選で決める方式だった。

地元紙『東海新報』などで住田町が一戸建ての木造仮設住宅を建設していることが報道されていた。そのため募集13戸に対し、91世帯もの応募があった。倍率は7倍という高さだった。

その公開抽選会は4月20日午前10時から世田米の保健福祉センターで行われた。応募91世帯のうち4世帯が辞退、15世帯が欠席し、71世帯が抽選に臨んだ。

抽選会場には抽選開始前から応募した家族が詰めかけた。1～71までの数字が刻まれた玉が入った抽選器を回し、最初に抽選の順番を決める予備抽選が行われ、その後いよいよ本抽選に入る。被災した人たちは抽選器の前で両手を合わせて当選を祈り、抽選器を回す。

「1～13」の番号の玉が出れば当選だ。抽選器を回す人、会場に詰めかけて見守る家族、それぞれが番号の出るたびに喜びと落胆が交錯することになった。

その後、本町団地、中上団地も同じ公開抽選方式で入居者が決まっていった。

住田住宅産業が担当した火石団地13戸は4月27日に完成し、5月1日から入居が始まった。建設業協同組合の5社が請け負った本町団地17戸と中上団地63戸も建物自体は4月28日に完工し、町に引き渡された。しかしその後、本町と中上の両団地は水道や下水道関係の設備工事に時間を要し、本町団地は5月10日に完成して17日から、中上団地は5月27日に完成して30日から入居が行われた。

仮設住宅の3団地には陸前高田市と大船渡市、釜石市、大槌町から93世帯、261人が入居し、住田町での新たな生活に入った。その8割以上が陸前高田市の被災者だったという。

町長の多田は当時を振り返り、『季刊地域No.6　2011年夏号』の掲載記事の中で次のように語っている。

「完成までには幾多の障害があった。現行のルールでは予算なくして施策を執行することはできないし、市町村が国の許可なく仕事をしてもいけない。5000万円以上の工事には議会の承認が必要だし、発注するには競争入札で業者を選定しなければならず、随意契約は認められない。断熱材などの工業部材を扱う商社からは、住田住宅産業への販売に当たって町の債務保証を求められた。1円の債務保証をするにも議会の承認が必要だ。そんな手続きを踏んでいる時間はないので、町が買うことにした。

一事が万事このとおりで、超法規的にやらざるを得なかった。現行の法律やルールに従っていては、短時間に完成させることはできなかっただろう」

そして、こう続けている。

「この木造仮設住宅は、1～2日でできるように設計されている。しかし、完成までには1カ月以上を要した。断熱材やアルミサッシ、ガラス、配管などの工業部材が入ってこなかったからだ。

これを教訓として、これからは工業部材もセットで確保していかなければならないと考えている。その際には木製の断熱材やサッシを取り入れることを検討したい。

また、今回は設計が7割ほど済んだ段階で建設しなければならなかったため、キットにするまでには至らなかった。これから工夫を重ね、キットとして完成させたい」

そう語る多田だが、よく、「住田町では、どうして、そんなに早く対応することができたのか？」と聞かれる。その時、多田はこんな喩《たと》え話をする、という。

「私たちと国の違いは二つあると思う。まず、現場が近いか遠いか、ということ。そして、もう一つ。例えば、川で子どもが溺《おぼ》れているとする。我々なら、すぐに飛び込んで助けにいく。しかし、国の場合、小学校に入る前の子どもなら厚生労働省の管轄だ、小学生なら文部科学省だ。でも、川で溺れているから国土交通省かもしれない。いや、災害で溺れているなら内閣府だ。もしかしたら消防庁かもしれない……と、どこが助けるかで会議を始めてしまう」

7 木のぬくもりが好評

被災者の立場に立って

住田町の木造仮設住宅は完成した。

床面積が29・8平方メートルで、小家族用（2～3人）の一戸建てだった。部屋は洋室2間（それぞれ4畳半）で、部屋と部屋の間には間仕切りがなく、アコーディオンカーテンで仕切るようになっていた。

さらにダイニングキッチン、浴室、水洗トイレ、給湯器、ガスコンロ（2口）、エアコンを備え、1台分の駐車スペースも設けられた。しかも、全戸光ファイバーケーブルによるインターネット完備・地デジ対応だった。

その上、阪神・淡路大震災などの過去の教訓を生かし、住宅と住宅の間は2メートルのスペースを設けて建てられていた。

「従来の仮設住宅は長屋造りで、話し声が筒抜けになり、『プライバシーが保てない』という声がたくさん出ていました。それを踏まえて、こうした造りにしました」

建設課長の佐々木邦夫は、ある雑誌の取材でそう答えている。それもこれも一戸建てだからできたことだった。

「木のぬくもりがあって、何より木の香りがありがたい」

「住田町の仮設住宅に来てから、朝まで熟睡できるようになりました。木が生きているので、熱がこもらず、エアコンもいらない。（入居が終わる）2年後に移築して、このまま住み続けたいくらいです」

「木の香りは気持ちが安らぐ。それに一戸建てというのが嬉しい。長屋のプレハブに入った人は隣の音が聞こえて落ちつかないと話していた」

入居した人たちの評価、満足度は高い。

さらに、子どもがいる家族からは、

「隣の家に子どもの声が聞こえてしまうのでは、と心配しなくてもいいので助かります」

といった声も聞かれた。

仮設住宅には正規の「仮設住宅」と「みなし仮設」がある。

正規の仮設住宅は災害救助法に基づいて国や地方自治体が建て、被災者に無料で貸与するもの。

一方、みなし仮設は仮設住宅に準じたもので、被災者が暮らす公営住宅や民間賃貸住宅を国や地方自治体が借り上げ、賃貸料を支払うものだ。

住田町が建てる木造仮設住宅は完成後、みなし仮設として扱われることになった。町が県と話し合い、4月中旬までに合意がなった。県はあくまで、住田町の木造仮設住宅は「公営住宅」という位置づけを崩さなかった。

それでも、みなし仮設に認められたおかげで、入居する被災者たちは正規の仮設住宅入居者と同様、日本赤十字社から冷蔵庫、テレビ、電子レンジなどの家電製品をもらうことができるようになった。

ただ、建設の責任者だった建設課長の佐々木には悔いがあった。

同じ仮設団地でも、最初の仮設住宅ができてから、最後の仮設住宅ができるまでに1カ月かかった。三つの団地が全て完成するまでは、2カ月近くかかってしまった。団地ごとに完成するのを待って、それぞれの団地で一斉に入居してもらった。

「あの時の1カ月は被災者にとっては大きい。事前に申し込みを受け付け、完成した仮設住宅から次々入居してもらうようにすべきだった。被災者のためにもっと短期間で建てられる工夫も必要だ」

佐々木はそう反省し、さらにこう語る。

「いかに相手（被災者）の立場に立って、いかにスピード感をもって素早く対応するか。それを行政は求められている」

使用後はストーブの燃料として再利用

冬になって、鋼板パネルを使ったプレハブ仮設住宅では結露《けつろ》や水道の凍結といったケースが続出した。

県から住田町に問い合わせがあった。

「住田の仮設は大丈夫ですか？」

住田町の木造仮設住宅でも多少、結露が生じた。しかし、上下水道とも凍ることはなかった。

住田町の気候を熟知した地元の工務店が木造の仮設住宅を建て、同じく地元の水道工事業者が工事を行っていた。住田町の仮設住宅は最初から、住田町に合わせた寒冷地仕様だったのだ。

しかも入居者の要望に応えてサッシを二重にし、床下通気口から冷気が入らないようにするなどの改築も行っていた。

住田町では仮設住宅の入居者たちに、

「穴を開けても、釘を打っても構いません。好きなように使ってください」

そう、話していた。

後日、町内の仮設住宅にはペレットストーブが入ることになる。その時、壁には排気用の穴を開けた。この仮設を次に使う人が出て、「その穴はいらない」というのであれば、穴に板を張って塞ぐこともできる。

これも木造だからできることだ。しかも住田町が建てたものなので、使い終わればどのようにしても構わない。そこも鋼板プレートを使い、リースで建てられたプレハブ住宅とは大きく異なる点だ。

住田町の木造仮設住宅は入居から3年が経過した頃から、外壁が黒ずんできた。当初から〝心配〟されていたことだった。

建設に際して、住田住宅産業や他の工務店からは町長の多田に、

「外観をきれいなままにしておくため、外壁だけでも塗装したい」

そんな提案があった。

しかし、多田は一言、「ダメだ」と答えた。

老朽化して使えなくなった時、仮設住宅に用いた木材は細かく砕いて木質ペレットの材料にし、ペレットストーブの燃料にすればいい。それが当初からの多田の考えだった。

2002（平成14）年1月に完成した町立世田米保育園には全国の保育園では初めて、床暖房用として木質ペレットボイラーが導入された。それを契機に翌年11月から、けせんプレカット事業協同組合が製造施設を整備して木質ペレットの生産を開始する。カンナ屑《くず》やおが屑などの端材を原料

にした小型固形燃料だった。

町内にはそのペレットを燃料とするペレットストーブが157台設置されているほか、ペレットボイラーと木くず炊《た》きボイラーが2台ずつ、発電施設も1基が導入されている。

仮設住宅に使った木材をペレットの原料にするには、やはり、塗装はできなかった。化学薬品の入った塗料を塗ったペレットを燃やすと、どのような化学反応を起こし、どのような影響が出るか、分からない。塗装してしまうとペレットに活用できないだけでなく、産業廃棄物として処分をしなければならなくなる。その処分に経費もかかる。

木材の循環利用や処分費用を考えれば、外観の美しさは多田の選択肢になかった。

「オール住田」だからこそ

住田町が発注した仮設住宅は火石団地の13戸を住田住宅産業が、本町団地の17戸を菊池組が担当した。中上団地では斉藤工業が15戸を、山一建設と坂井建設、吉田工務店が16戸ずつを請け負った。さらに屋外給排水設備工事は多田商店と佐々木鉄工所が行った。いずれも住田町内の企業だった。

仮設住宅1棟当たりには木材8・8立方メートルが使われた。その全てが住田町の木材だ。

災害救助法が指定する仮設住宅1戸（29・7平方メートルが標準）当たりの建設費は震災発生当時、限度額が238万7000円に設定されていた。住田町の1棟（29・8平方メートル）当たりの建設費は約250万円で、国の限度額とほぼ同額だった。屋外給排水工事などを含めても住田町の仮設住宅は1棟当たり約300万円でできた。

東日本大震災の被災地で建設されたプレハブ仮設住宅は当初、標準仕様だった。壁面は鋼板パネル1枚で、断熱材は入っておらず、寒冷地仕様になっていなかった。後から寒冷地対策などの追加工事が行われ、結果的に1棟当たりの建設費は500〜600万円になったとも言われている。

最終的に住田町が投じた事業費は約3億円に達した。しかし、その多くは木製パネルの製作や建設、給排水設備などの各種加工・工事に携わった地元の業者に還元され、町内の経済や雇用の面でも大きな波及効果をもたらすことになった。

各地で建設される木造仮設住宅

住田町の第三セクターの工務店、住田住宅産業はこの後、岩手県から発注を受け、陸前高田市小友町《おともちょう》の同市モビリア・オートキャンプ場に被災者用の木造仮設住宅60戸を建設する。

岩手県は災害時の仮設住宅の建設について、他の都道府県同様、プレハブ建築協会と協定を結んでいた。震災翌日の3月12日には同協会に建設準備を指示。14日には当面必要な戸数8800戸の建設を要請した。これらの仮設住宅は同協会が斡旋する会員企業が建設することになる。

同月28日になって、県に被災市町村から寄せられた仮設住宅の建設要望は合わせて1万9000

戸を超すことが分かった。これを受けて県は必要戸数を1万8000戸に変更する。そうした中で県内のトップを切って3月19日、陸前高田市高田町の高田一中校庭で仮設住宅の建設が始まる。しかし、その他の地区では動きが鈍かった。

東日本大震災で被災した岩手、宮城、福島の3県が発注する仮設住宅の建設計画戸数は合わせると7万戸を超えていた。不況が長引く中、プレハブ建築協会に加盟する企業も、それだけの戸数に対応できる在庫は持っておらず、資材生産工場が被災するなどして生産能力も低下。被災地ではガソリン不足も深刻化していた。

このためプレハブ建築協会による仮設住宅の建設もなかなか進まなかった。仮設住宅を大量に、しかも広範囲にわたって供給するにはプレハブ建築協会だけでなく、地域の工務店などを含めた〝総動員態勢〟が求められていた。

しかも、岩手県内の仮設住宅建設事業費は、県の年間土木事業費（約500億円＝県土整備部の建設事業費）を超す巨額なものだった。プレハブ建築協会に加盟する企業が県内にはなく、県は被災当初から県内建設業者への優先発注や県産資材の活用を同協会に求めていた。

岩手県は3月24日、仮設住宅の建設スピードを上げるとともに、地域経済の活性化や雇用創出も考え、プレハブ建築協会以外の県内建設事業者への発注について検討を始める。その2日前の22日には住田町が地元の住田住宅産業に発注した木造仮設住宅が着工したばかりだった。

県は「岩手県内に営業所のある事業者」を対象として仮設住宅の建設事業者を公募することを決め、4月7日に公募概要を発表。18日から公募を開始した。

応募事業者は89社・グループを数え、県はその中から21社・グループを決定し5月6日に公表。公募事業者が建設する戸数は約2500戸となり、同月16日から順次着工していく。

住田住宅産業も県の公募に応じて申し込みを行い、県から60戸の発注を受けた。同社はこのほか、岩手県医療局から直接受注して、住田地域診療センターの医師や看護師、職員向けの木造仮設住宅17戸を住田町内に建設する。

宮城県と福島県でも地元建設事業者の公募が行われた。そして岩手、宮城、福島の3県では受注した事業者らの手で地元の木材を用いた木造仮設住宅が次々と建設されていく。住田町の木造仮設住宅が、その大きな要因になったと思われる。

8 住田町が預かった命

東日本大震災支援室を設置

「『入居すれば終わり』ではない。これからが本当の支援だ！」

木造仮設住宅の入居者を迎えるに当たり、町長の多田欣一は町役場の職員たちに、そう発破《はっぱ》をかけていた。

住田町は世田米地内の火石仮設団地への入居が始まった5月1日付で、総務課に「東日本大震災支援室」を設置した。総務課長の鈴木玲を室長に、同課職員6人を配置。7人体制で通常の業務と兼務しながら、仮設住宅入居者を継続的に支援していくことにした。これまで支援は課ごとに行ってきたが、支援室の設置によって包括的に行う体制を整えた。

町内には町外から親戚などを頼って避難してきた被災者が500人ほどいた。そうした被災者の支援も支援室が担当することになった。

支援の内容は支援物資の受け入れと配布、義援金の支給など多岐にわたっていた。町の保健師の巡回に加え、週1回の健康相談会も開催していく。

「うちの町の仮設住宅に入っているのは、ほとんどが陸前高田市や大船渡市の人たち。私たちは陸前高田市、大船渡市から『預かった命』だと思っている。自殺とか孤独死とか、ノイローゼになるとか、そういう人を絶対に出してはいけない」

それは、多田の固い信念だった。

住田町社協は県社協の受託事業で、仮設住宅の入居者を支援する生活支援相談員を配置した。

木目も優しく、63 戸の木造仮設住宅が出来上がった中上仮設住宅団地（住田町下有住、2011 年 5 月 18 日）
提供：住田町役場

その一人が下有住地内の中上仮設団地近くに住む金野純一だ。金野は住田町役場のＯＢで、民生委員と下有住地区公民館長を務めていた。生活支援相談員として保健師とともに仮設住宅を個別訪問して課題を探り、自治会の立ち上げにも尽力する。

金野は『季刊地域№7　２０１１年秋号』の記事のインタビューで、こう答えている。

「戦争中に疎開した子どもたちにとって疎開先が第二のふるさとになったように、いずれみんなが出て行くときに、『下有住に来てよかった』『ここでは誰も落伍者《らくごしゃ》がいなかった』と喜んで再出発してもらうことがみんなのしあわせじゃないですか。そのためのお手伝いを少しでもできればと思っています」

その金野がある日、仮設住宅の入居者から、

「ここ（中上仮設団地）も畳は入れてもらえるのですか？」

と聞かれた。

金野は早速、県庁に問い合わせてみた。しかし、返って来た答えは「ＮＯ」だった。

岩手県の場合、県が建てた仮設住宅に敷く畳は災害救助法に基づく国庫負担だった。しかし、住田町が造った仮設住宅は町が独自で建てたため、災害救助法の適用外となっていたのだ。

中上仮設団地の自治会も県に対して、畳の設置を要望した。しかし返答は、やはり、

「町独自の仮設住宅であり、公営住宅と同じ扱いです」

というものだった。

金野は県に対して、災害救助法の適用を訴えた。しかし、取り合ってはもらえなかった。

クリスマスに畳が届く

「どうして役所の常識を押し付けるのか。ここ（中上仮設団地）にいるのは同じ被災者なんだから、適用範囲を広げればいいだけの話。災害救助法の枠組みを広げるよう、県が国に説明すべきだ」

それは、金野の心底からわき上がった憤りだった。

金野は怒りの矛先を向けようもなく、地元紙の『東海新報』に「県の対応に不満」と題する、次のような文を投稿した。

3月11日の震災において国は、全てのことに国が責任を持って対応したと報道されています。その一つに、被災者に対する住環境整備があります。

県は、これらを踏まえて仮設住宅の希望者に畳を入れることになりました。本町（住田町）の仮設住宅にも入るものと思い、希望を聞いてみたところ、209枚の要望がありました。

早速、県（建築住宅課）に要望を申したところ、本町の建築した仮設住宅に入居している被災者は対象にならないとのことです。

県の災害担当課よりは、住田町に「相談しろ」とのことです。

住田町では、畳を入れる計画はないとのことです。畳を入れない町が責められなければならないのでしょうか。

県の福祉の担当課長は、「別な方法により畳を入れることを考えたらいかがですか」とのことです。

このことは、入居した仮設住宅で、県は差別をつけるのか。はたまた、入居者自身がどこかに「お願いして歩け」ということか。私には分かりません。

そもそも本町の仮設住宅は、隣で今困っている者に、すぐ手を差し伸べたい（住田町長の話）とのことから、町の単費（町民が道路・公園・学校等自由に使えるお金）を使用して建設したものです。

このお金は、約3億円と聞いています。3億円といえば、町民が支払う国民健康保険税の約2・20倍に当たるお金です。

県は、今回の被災に対する経費は、全て災害救助法に則《のっと》ったお金を使用しているので、本町の仮設住宅は適用外だと言います。

であるならば、県でも単独費を使ってでも、被災者を平等に扱うべきではないでしょうか。町が面倒をみて、足りないところは県がきめ細かく、補ってこそ県と市町村が一体となり、この惨事を乗り越えられるものと思います。

入居者は、どのお金を入れているかは関係ないのです。私もただただ畳を入れてあげたいだけなのです。私の考えがおかしいのでしょうか。

県としてどうしたら、この要望に応えられるのかは、行政マンが考えることではないでしょうか。

ちなみに、県が建設した仮設住宅においても、申し出期日が1日でも過ぎたのは、受け付けないとのことです。お年寄りや気づくのが遅れてしまった方もあるとのことであります。再度受け付けるなど、手をもう少し差し伸べてもよいのではないかと思います。

あまりにも杓子定規《しゃくしじょうぎ》でないか、と思われてなりません。

マスコミも国会議員のぶら下がり取材ばかり議論をしないで、もう少し末端取材をしたらいかがでしょうか。

本町ではこの後、舗装や風除室《ふうじょしつ》等を施工すると聞いています。仮設の皆さんが、それぞれ新しい再起を目指し立ち去った後、この施設の処理をしなければなりません。

国は、特別交付税や災害救助法の適用などをし、本町の財政を少しでも助けることを考えて下さい。


金野の投稿は10月18日付の『東海新報』に掲載された。その翌日、住田町長の多田欣一のもとに岩手県庁から、

「住田町からの（要請）文章がほしい。（畳は）直ちに手配する」

との電話がかかってきた、という。

そして住田町内の仮設住宅にも畳が届く。その日はくしくも、クリスマスの12月25日だった。

「マスコミの力の大きさをつくづく感じさせられました」

投稿した金野は、そう語る。

入居者に差し伸べられる支援の手

町内の仮設団地が設けられた地域では、近くの町民らが入居した被災者との交流を深めていく。

中上仮設団地のある下有住地区では、町外からの入居者を優しく迎えようと、仮設住宅の建設が始まると同時に全戸分のフラワーポットに花を植え、入居開始後に配る人がいた。野菜をつくりたいという入居者に畑を貸す人もいた。その畑を耕耘機《こううんき》で耕してくれる人もいた。イベントがあれば、豚を1頭解体して提供してくれる養豚農家もいた。

町民たちは入居者を昔から同じ地域に住んでいたような〝近所付き合い〟で迎え、ともに暮らすのだった。

住田町の仮設住宅の入居者を支援する団体も次々と現れる。

住田町を拠点に大船渡市、陸前高田市で支援活動をしていた愛知県安城市に本拠を置くＮＰＯ法人愛知ネットも、その一つだ。理事長の天野竹行は震災直後に住田町へ入り、町役場の敷地内にトレーラーハウスを設置。愛知ネットのスタッフを常駐させて被災地支援を行うとともに、住田町内の仮設住宅入居者への支援を継続的に行っていく。愛知ネットの仲介で、仮設住宅団地を訪れてボランティア活動を行う企業や団体も多かった。

また、一般社団法人邑サポートは２０１１（平成23）年7月から継続的な支援活動をスタートさせた。当初は「仮住まい邑サポート」という名称で、東日本大震災を機に、地域に根ざした防災活動やコミュニティづくり、行政・住民・事業者らとの連携を図る地域振興などで実績を積んで来た東京工業大学の出身者らが結成した任意団体だった。

２０１４（平成26）年11月に奈良朋彦を代表理事として法人化。世田米地内の本町仮設団地の隣接地に拠点を置き、町役場や町社協、愛知ネットなどと連携して仮設団地のコミュニティづくりを継続的に支援してきている。その一環として町内3カ所にある仮設団地内のイベントを紹介する、かわら版『ひなも新聞』を毎月作成し、団地内に発信。町外から訪れる支援者らのコーディネートなども行っている。

住田町の木造仮設住宅にはさまざまな団体、企業などから支援の手が差し伸べられている。本を開いて伏せたような形の切妻屋根に載った太陽熱温水器も、そうした一つだ。自然エネルギーの普及を目指す団体のネットワーク「つながり・ぬくもりプロジェクト」を通じて贈られたもので、入居者は太陽熱で沸かしたお湯をお風呂の給湯に使っている。

同プロジェクトは太陽光発電で被災地に電気を灯し、バイオマスと太陽熱温水で暖かいお湯を提供するという、自然エネルギーを利用して被災地を支援する活動だ。

震災が起きた２０１１年の4月、特定非営利活動法人環境エネルギー政策研究所（東京都）など5団体が幹事団体となり、協力団体・企業を募ってプロジェクトを発足させた。

ＷＷＦジャパン（公益財団法人世界自然保護基金ジャパン、東京都）も幹事団体だった。同基金は世界の森林を守る手段の一つとして、ＦＳＣの活動の普及・推進にも取り組んできた。

気仙地方森林組合が管理する住田町内の森林が２００４（平成16）年、ＦＳＣの森林認証を取得した。管理や伐採が環境や地域社会に配慮して行われていると評価されたのだ。それ以来、住田町もＦＳＣ認証製品の普及に取り組んできた。

住田町が建てた木材仮設住宅にもＦＳＣ認証材が使われていた。その仮設住宅に自然エネルギーによる熱と電気供給が行われれば、被災者の生活支援（光熱費の節約）につながるだけでなく、環境に配慮した仮設住宅のモデルケースにもなる。

そう考えたＷＷＦジャパンはＦＳＣジャパンの岩手県内の関係者に、「つながり・ぬくもりプロジェクト」を住田町に紹介してほしい、と依頼。４月上旬に幹事団体で、プロジェクトの太陽光発電を担当する自然エネルギー事業協同組合レクスタ（埼玉県）の関係者が住田町を訪問し、支援に関する協議をスタートさせた。

そして5月下旬、住田町内の木造仮設住宅１１０戸（被災者用93戸、住田地域診療センター用17戸）に、太陽熱温水器を提供することが決まった。

設置工事は8月から始まり、12月に終了した。事業費は１０００万円を超えた。その全額を三井物産環境基金の「東日本大震災復興助成」から補助を受けることができた。

設置された太陽熱温水器は老舗のソーラーメーカー、チリウヒーター（愛知県知立《ちりゅう》市）がプロジェクトに賛同し、住田町の仮設住宅の小さな屋根に合わせて開発したものだ。約２００リットルの容量を持ち、電気もガスも使わず、太陽の熱だけでお湯を沸かすことができた。

ただ、寒い冬場（12～2月）は温水器も凍結防止のために水を抜く必要があった。それでも3月からは40度程度の、4月になると60度以上のお湯が使えるようになった。3月から11月までの9カ月間は、太陽さえ出ていればガスをほとんど使わずにお風呂に給湯ができた。

入居者からはもちろん、「ガス代が節約できる」と好評だった。ただ、「お風呂だけでなく、できれば台所のお湯にも使いたい」という声もあった。仮設住宅のお風呂と台所が離れていたため、今回はお風呂にしか使えなかった。しかし、最初から配管が考慮されていれば両方に使えるという。

住田町の仮設団地にはこのほか、「つながり・ぬくもりプロジェクト」から太陽光発電の街路灯33基が提供され、夜になると暗かった仮設団地内を照らすことになった。

9 小さな町がつくった大きな前例

国や県の対応に大きな変化が

町長の多田欣一によると、木造仮設住宅を建設する前も、建設中も国や県から〝横やり〟が入った、という。災害時の仮設住宅は災害救助法に基づき、あくまでも県が建設する仕事だ、という立場だった。

しかし、被災して苦難の中にいる気仙の仲間たちを一刻も早く助けなければ……。そのために法律云々《うんぬん》ではなく、住田町は為すべきことを為すだけだ。それが多田の一念だった。

完成しても災害救助法でいう仮設住宅として認められず、国や県からすると「住田町の公営住宅」という扱いだった。

しかし、住田町が被災者のために一戸建て木造仮設住宅を建設するという取り組みが多くの新聞やテレビで次々と全国に発信されて、大きな注目を集めていく。

火石仮設団地の入居が始まった5月初め、多田のもとに県庁から担当者が訪れて、こう言った。

「国の方で、住田町が建てた木造仮設住宅の建設費を交付金でフォローするので、申請してください」

その意味するところは明確だった。

住田町が建てた木造仮設住宅を正規の仮設住宅として認める、ということだ。あれだけ、「それは住田町の仕事ではありません」と言われてきた住田町の取り組みが、国と県によって追認された瞬間だった。

しかし多田は、国が出すという交付金については、

「結構です」

と断った。

その後、県の出先機関である大船渡土木センターの職員が交付金申請を要請に来ても、

「今さら、国からもらおうとは思いません」

そう言って、多田は断り続けた。

多田にすれば、県を通じてもたらされた交付金申請の話について、

「国が『おらほで、交付金でみるがら、交付金が欲しがったらば、お願いさ、こ！』という話」

そんな思いを抱かずにはいられなかった。

ただ、災害救助法に基づく仮設住宅に認めてもらうことで、入居者の生活環境をより良く改善することができるようになった。国の災害救助費で仮設住宅団地内に街灯を設置したり、団地敷地内を舗装したり、仮設住宅に風除室を設置などの工事が行われた。

住田町では後になって県から、

「被災した市町村から住田町が委任を受けて仮設住宅を造れば、災害救助法の対象になり、建設費が出る」

そうも、言われたという。

建設課長補佐の菅野直人が建設前に県へ問い合わせをした時、そんな話は出なかった。

「県も当初は、どう対応すればよいか、分からなかったのではないか」

と菅野は語る。

町長の多田は後日、国土交通省から呼ばれた。行くと、住宅局長をはじめ住宅局関係者らが揃っていた。

「町長さん、このたびは本当にありがとうございました」

「いやあ、私は、局長さんをはじめ皆さんから、『余計なごどやった』と叱られるだろうと思ってきたんですよ」

「町長さん、そんなことはありません。本当にありがとうございました」

着工前後の国や県の対応を考えると、雲泥《うんでい》の差だった。

民間の善意と応援を大事にしたい

前述したように、町長の多田は「建設費を出す」という国・県の申し出を断った。最初から国や県から資金を当てにしていなかった。意地で断ったわけでもない。そこには大きな理由があった。

世田米地内の火石仮設団地の工事が始まった２０１１（平成23）年３月末、一般社団法人ｍｏｒｅ　ｔｒｅｅｓ（以下モア・トゥリーズ、東京都）の水谷伸吉事務局長らが住田町役場を訪ねてきた。

モア・トゥリーズは2007（平成19）年に設立され、国内外で森林整備や植林、森林保全などと取り組んできている。その代表は世界的に著名な音楽家、坂本龍一が務めていた。

水谷らは住田町が地元の木材を活用し、自前の資金で木造仮設住宅を建てるという住田町の考えに共感してやってきたのだった。

水谷は町長の多田に言った。

「私たちが応援します。町長さん、頑張ってください！　時間がかかっても、必ず、建設費用の2億5000万円なり、3億円なりを、私たちの力で集めますから！」

多田は思いも寄らない申し出に、言葉も出なかった。

モア・トゥリーズが、民間から広く寄付を募り、住田町が建設に要した費用の全額を支援する、というのだ。その申し出を多田は、ありがたく受け入れた。

これを機にモア・トゥリーズは「LIFE《ライフ》311」プロジェクトを立ち上げる。住田町と連携して展開する被災地支援のプロジェクトだった。4月6日から募金活動がスタートする。

その後になって国や県から建設資金を出すという話がきたのだ。財政力の弱い小さな町にとって3億円は大きな金額だ。正直いえば、町長の多田には「国や県から出すと言われれば、喉《のど》から手を出したくなるほどの金額」だった。

県からの申し出を受けるか否か。多田は役場の幹部職員を集めて協議した。

その時、副町長の小泉きく子が、決然として、言った。

「町長、それは違うでしょう！　私たちは最初から国・県の交付金を期待して仮設住宅を建てたわけではありません。被災者をいち早く支援しようと住田町のお金で建てたんです。その取り組みを民間のモア・トゥリーズが評価し、応援してくれることになった。国と県の申し出を受けたら、民間の善意を裏切ることになりますよ！」

多田は小泉に全幅の信頼を寄せていた。その小泉の言葉を聞き、多田は決断した。

「小泉副町長の力強い言葉で、お金ではなく、住田町としての矜持《きょうじ》をとった」

多田はその時を振り返って、そう述懐する。

結局、国と県には、

「モア・トゥリーズさんの資金でやらせていただきます」

そう言って断った。

「やっぱり、『国からお金が出ることになりましたから、モア・トゥリーズさんの方はいいですよ』とはいかない。それでは、せっかく、お手伝いしてくれるという民間の方々のやる気を削《そ》いでしまう」

「木材や森を大事にしようという国民の応援を大事にしたい。今後の林業を考えた場合、その方が広がりはあるのではないか」

多田は改めて、そう思っている。

モア・トゥリーズが国内外から募った支援金は2016（平成28）年12月1日現在、1億8860万4669円に達している。

ペレットストーブ「MT311SUMITA」

モア・トゥリーズの支援は建設費の支援にとどまらない。町内の木造仮設住宅81戸にモア・トゥリーズは資金約6000万円を提供し、ペレットストーブを設置する。

住田町ではモア・トゥリーズに、

「仮設住宅は冬になると寒いので、ペレットストーブを入れられないか？」

そんな問いかけをした。

ペレットストーブは木質ペレット（おが屑やカンナ屑などを圧縮した小型固形燃料）を燃やして暖を取るストーブだ。住田町内でも木質ペレットが生産されていた。

しかし、既存のペレットストーブは大きすぎて、狭い仮設住宅には置けなかった。加えて、値段も高かった。

モア・トゥリーズはペレットストーブを製造・販売している、さいかい産業（新潟県）に声をかけた。モア・トゥリーズは事業を通じて同社と接点があった。

more trees により寄贈されたペレッストーブ「MT311SUMITA」（下有住・中上仮設住宅団地、2011 年 10 月 15 日）
提供：東海新報社

同社では震災後、自社で製造したペレットストーブを宮城県内の自治体に送った。しかし、送った先では燃料となる木質ペレットがなかなか手に入らなかったという。

「ペレットストーブを送るのであれば、ペレットをつくっているところか、その近くに送らなければ」

と、さいかい産業では考えるようになった。

そんな折、さいかい産業はモア・トゥリーズから声をかけられた。同社では住田町で木質ペレットが生産されていることを知っていた。住田町にペレットストーブを送ることが決まった。

同社ではわざわざ、「住田町の仮設住宅の広さに合うペレットストーブ」を新たに開発する。それは、日本一小さなペレットストーブだった。しかも、そのストーブは「ＭＴ３１１ＳＵＭＩＴ

A」と名付けられた。

「MT」はmore treesの頭文字。「311」は東日本大震災が発生した3月11日。そして「SUMITA」はもちろん、「住田町」の名前からとられていた。

10月になって取り付け工事が始まった。さいかい産業の社員が新潟県から住田町に来て、取り付けた。地元の業者も加わった。煙突を通すため、板壁には穴を開けた。木造仮設住宅ならでは、のことだった。

町長の多田が委員を務める国際森林年・国内委員会が2012（平成24）年1月、住田町で開催された。その際、委員の一人だったモア・トゥリーズ代表の坂本龍一も来町。支援している仮設住宅団地の一つ、下有住地内の中上仮設団地を訪問して入居者らを励ました。

住田町とモア・トゥリーズは翌年7月、「森林づくりパートナーシップ」の基本協定を結んだ。被災者支援をきっかけに両者の関係は持続可能な森林整備、林業の発展に向けた支援にまで広がっている。

人口およそ6000人という小さな町が、隣接する市の被災者のために手を差し伸べる。しかも、国の制度には沿わない。そこまでして一戸建ての木造仮設住宅を建設した。前例のないことだった。

その小さな町が新たな、しかも大きな前例をつくった。

「前例はつくらなければ、生まれない」

そのことを住田町は実証してみせた。

そして、

「災害発生時には、国のルールや県のルールではなく、被災者のルールに立つ」

そのことの重要性を住田町は示して見せた。

さらにもう一つ。

「誰のために、なんのために行政はあるのか」

住田町の取り組みは、非常時における行政のあり方まで、問いかけることになった。

10 これからの林業振興戦略

木造仮設住宅建設の〝トップランナー〟

町長の多田欣一は各地に招かれた際、

「なぜ、木材で仮設住宅を？」

そう、よく聞かれた。

その時、多田はいつも決まって、同じ答えを返した。

「では、『なぜ、木材を使わないのですか?』と逆に聞きたい」

森林の町に生まれ、木材をふんだんに用いた家に住み続けてきた多田にとって、そして住田町の人たちにとって、やはり、「家は木造」なのだ。

もう一つ、多田が木造にこだわる理由があった。

「日本は稲と杉の国だ。そのことを忘れるな」

これは、東京農業大学時代の恩師の言葉だ。その言葉を胸に、多田は生きてきた。

住田町の一戸建て木造仮設住宅は新聞やテレビ、雑誌などを通じて全国に紹介され、大きな反響を呼んだ。

実物を現地に運んで展示会も各地で開かれる。2011(平成23)年には7月に六本木ヒルズアリーナ(東京都)で、9月にはFSC森林シンポジウム会場(山梨県)と工学院大学新宿キャンパス(東京都)で、さらに12月には東京国際フォーラム(同)などでも開催された。

展示された木造仮設住宅を見て、来場者たちは、

「こんな奇麗《きれい》な仮設住宅に入れるんですか」

「これをそのまま持っていって、自宅の隣に建てるので譲ってほしい」

そんな声が相次ぎ、大好評を得た。

振り返って、多田は語る。

「木造仮設住宅を造り、被災した人たちを支援させていただいたおかげで、多くの人たちに住田町を知ってもらうことができた。こうしたことがなければ、住田町は誰も知らない町だったと思う」

それも、これも、住田町が他に先駆けて、木造仮設住宅を造った結果と言える。

実は、宮城県内にも「被災した気仙沼市に木造仮設住宅を建設しよう」と考える人たちがいた。その関係者が建設に向けて協議会かグループを立ち上げようと考え、住田町にやってきた。

「住田でも、私たちと同じことをやろうとしているそうなので、情報をいただきに来ました」

そう、話を持ち出した。

ところが住田町ではすでに、世田米地内の火石仮設団地が着工していた。一行はその建設現場を見て、「ナンバーワンになりかねた」とがっかりして戻っていったという。

多田は言う。

「岩手県の遠野市や福島県内では、うちよりもグレードの高い、結構いい木造仮設住宅ができている。しかし、『木造仮設といえば、まず、住田町』なんです。後がら、なんぼ、いいものができても、やっぱり、二番手は二番手、三番手は三番手なわけです」

住田町は木造仮設住宅建設の〝トップランナー〟となることによって、その名を全国に知らしめることができた。他に先んじて前例をつくることがいかにインパクトを与えるか。そのことを多田は改めて知った。

首都圏に暮らす住田町出身者でつくる「ふるさと住田会」が震災後に東京都内で開かれた。多田が住田町で造った木造仮設住宅の話をすると、会員の一人はこう言ったという。

「東京に出てきて、苦節数十年。私が故郷を、これだけ誇りに思ったことはない。町長、よくやってくれた」

「木で仮設住宅を造った町、住田町、あれが私の故郷です。胸を張って言えます」

出身者たちも住田町の取り組みを大いに喜んでくれた。

住田町にとっても、その波及効果は大きかった。

「建築した業者も忙しい思いはしたが、決して損はしていないと思う。それにもまして、やっぱり、住田の木材をいっぱい使うことができたということ。それが一番大きなメリットだと思う」

多田、そう語る。

と同時に、

「木造仮設住宅を普及させていかないと、私たちがやったことは、単なるパフォーマンスに終わる」

そうも語っている。

住田町のように、一つの市町村で山から木を伐り出し、製材して、工務店が木造住宅を建設する

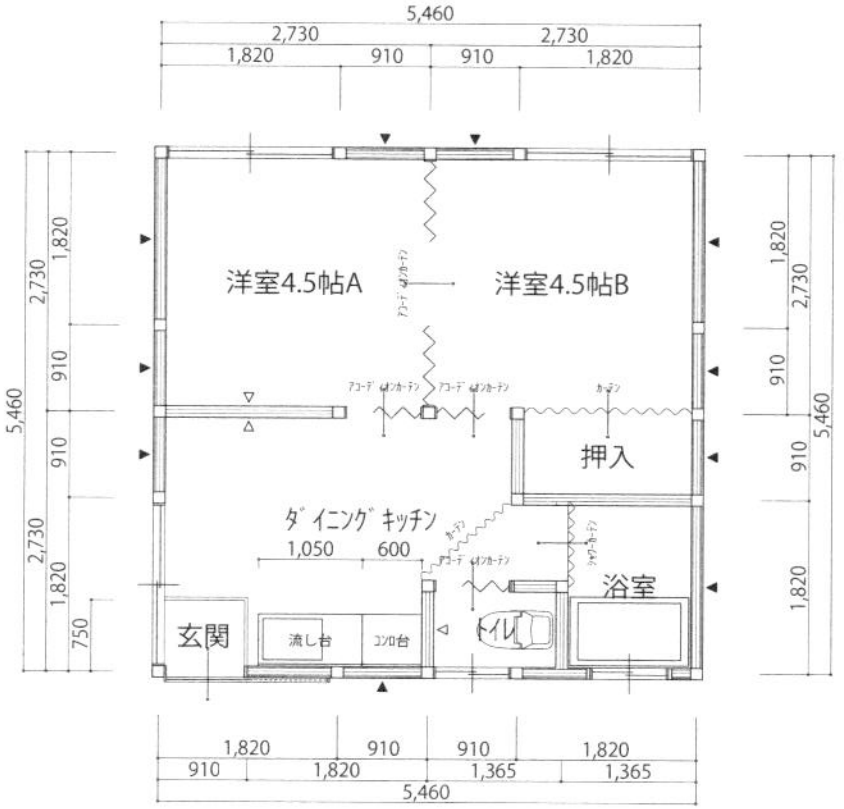

床面積：29.8116㎡（9.00坪）
建築面積：29.8116㎡（9.00坪）

平面図 S:1/50

<耐力壁凡例>

筋かい 30×90(ダブル) 壁倍率3.0

筋かい 30×90(シングル) 壁倍率1.5

落とし込み板壁 t=30杉板(ダボ無・パネル組) 壁倍率0.6

外部	基礎	外壁	軒裏	屋根
	から松杭基礎 φ90 @1365	杉羽目板(目透) t=12 縦張り 土台・柱・桁梁 現わし	垂木・野地板 現わし	アスファルトルーフィング 下地 ガルバ鋼板 t=0.35 横葺き

内部	床	壁	天井	備考
玄関	仕上:杉板 t=30 現わし	仕上:杉板 t=30 現わし	仕上:杉板 t=30 現わし	
ダイニングキッチン	仕上:杉板 t=30 現わし	仕上:杉板 t=30 現わし	仕上:杉板 t=30 現わし	流し台(W1050×D550×H800) コンロ台(W600×D550×H630)
洋室4.5帖A	仕上:杉板 t=30 現わし	仕上:杉板 t=30 現わし	仕上:杉板 t=30 現わし	アコーディオンカーテン
洋室4.5帖B	仕上:杉板 t=30 現わし	仕上:杉板 t=30 現わし	仕上:杉板 t=30 現わし	アコーディオンカーテン
押入	仕上:杉板 t=30 現わし	仕上:杉板 t=30 現わし	仕上:杉板 t=30 現わし	カーテン
トイレ	仕上:杉板 t=30 現わし	仕上:杉板 t=30 現わし	仕上:杉板 t=30 現わし	アコーディオンカーテン 洋式便器(タンク手洗付)・暖房便座・紙巻器
浴室	下地:杉板 t=30 仕上:FRP防水	仕上:杉板 t=30 現わし	仕上:杉板 t=30 現わし	FRP浴槽(W1200×D720×H585) シャワーカーテン・シャワー水栓(屋外:ガス給湯器)

工事名	住田町	管理者	設計者	担当者	図面名	図面NO
東日本大震災 応急仮設住宅	〒029-2396 岩手県気仙郡住田町世田米字川向96-1 TEL:(0192)46-2111 FAX:(0192)46-3515				平面図・立面図・仕上表	1
備考 岩手県 応急仮設住宅標準図 2DK 9型		日付	日付	日付	縮尺 1/50,100	

住田型木造応急仮設住宅（案）（一部）
提供：住田町役場

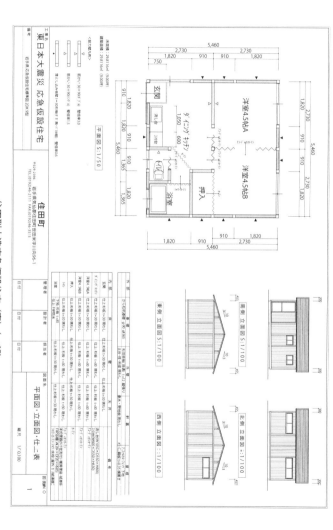

までの一連の流れが〝ワンセット〟であるところは、国内にそれほど多くない。

住田町のような一貫体制で木造仮設住宅を造れるところを全国に10カ所か20カ所か整備する。そこでつくった木造仮設住宅のキット（組み立てに必要な材料一式）１００～２００戸分を国が買い上げて、ストックしておく。そして震災などが発生して仮設住宅が必要になった時、在庫のキットを現地に輸送して組み立てる。在庫で足りない場合は被災地に近いところから順にキットをつくって提供していく。

それが多田の思い描く構想だ。住田町が開発した壁パネル組立工法を使えば、1日で20戸建設することも可能だという。

住田町は一戸建て木造仮設住宅の設計図をインターネットで公開している。問い合わせがあれば、その仕様などについても情報を提供している。

「木造仮設住宅を住田町の専売特許にするつもりはない。日本の木造住宅、木材の需要そのものを高めたいと思っているので」

多田が目指すのは住田町だけの利益ではなく、日本全体の林業振興だ

これからは海外も視野に入れて

住田町の木造仮設住宅を海外に送る計画があった。

「使い終わって、解体した木造仮設住宅をフィリピンに送りたい。協力してほしい」

という要請が住田町に届いたのだ。

要請してきたのは国境なき技師団（東京都）だった。同技師団は国内外で自然災害により被害を受けた被災地と被災者を支援し、自然災害軽減のための技術普及や防災教育などと取り組むNPO（特定非営利活動法人）組織だ。

２００４（平成16）年12月に起きたスマトラ沖地震津波を契機に、国内の土木技術者や建築技術者が中心となって設立。日本政府や土木学会、日本建築学会、産業界などから幅広い参加と支援を得て、他のNPOやNGO（非政府組織）とも連携して活動を展開していた。

２０１３（平成25）年11月、フィリピンは風速１００メートルという猛烈な台風に襲われ、多くの犠牲者と建物被害が出た。国境なき技師団はすぐさま、フィリピンで支援活動に入った。

同技師団は自分たちが活動を行っていた州の政府に対し、

「東日本大震災で使われた木造仮設住宅を日本から持ってきたいが、どうか？」

と提案した。

州政府側も、「ぜひ、お願いしたい」と応じた。

国境なき技師団の要請を受け、住田町ではフィリピンに送るため、木造仮設住宅４棟を解体した。傷み具合にもよるが、使用期間が２〜３年ならば解体して再度組み立て、使えるようにできていた。

ところが、「いざ、送ろう！」としたところ、外務省が「うん」と言わなかった。

「なぜ、フィリピンに木造の仮設住宅を送らなければならないのか」

「フィリピンにも木はあるのだから、応援したいのであればフィリピンの木でやればいいのではないか」

「日本のスギでなければならないのは、なぜか。マツとかヒノキではダメなのか」

多田は必ず言われるだろうと思っていたことを、言われた。

「とにかく、ダメな理由をいっぱい並べるんですよ。日本の役人はみんな、そうですけどね。特に外務省はそうです」

多田は憤りを隠さない。

結局、フィリピンに住田町の木造仮設住宅は送られなかった。


日本の住宅着工件数はピーク時、年間１９０万戸あった。しかし現在は60〜70万戸に減っている。これから人口減少社会に入ると、なお一層着工件数は少なくなる。そうなれば木材需要も減る。

そうした状況にあっても日本の木は日々、成長し続けている。日本の林業を成り立たせるため、日本には伐らなければならない木がたくさんある。それなのに日本の木は伐らず、海外の木を伐って輸入している。

これからの日本の林業振興戦略として、「国内はもとより、海外も視野に入れて、日本の木を輸出することも考えるべきだ」と多田は主張する。

その先陣として考えているのが、やはり、木造仮設住宅だ。大災害が発生した時の災害支援に役立つ。木造仮設住宅のキットは5〜6年間もストックしておくと状態が少し悪くなってくる。使えるうちにODA（政府開発援助）などで海外に送り、活用してもらうことも可能だ。

「林業の盛んな地域と連携しながら、内閣府など国とともに木造仮設住宅を全国展開するための方策を、もう一度、組み立て直す」

多田は力をこめて、そう語る。

本章の最後に余談を一つ、加えたい。

住田町の木造仮設住宅は入居者から好評だった。仮設住宅を出て自宅を再建した後、その仮設住宅をほしい、という声も聞かれた。

各地から視察に来た人たちからもたびたび、

「町長さん、仮設住宅としての需要が終わった時、どうするんですか？」

そう、聞かれたものだ。そのつど多田は、

「欲しい人にはあげたいと思っています。ただし、町の財産なので、タダというわけにはいきません。5万でも、10万でも出してもらい、自分で解体してもっていき、組み立ててもらえれば」

と答えるのだった。

住田町は2014（平成26）年7月、仮設住宅を払い下げる金額を3万円と決めた。解体や輸送は自己負担とした。それから2カ月後の9月、払い下げの第一号が出た。その木造仮設住宅は入居していた人が新築した自宅の脇で、物置きとして〝第二の人生〟を歩んでいる。

第四章——震災教訓

1 素早く後方支援に回ることができた理由

この章では、これまで取り上げきれなかったことを中心に提言・教訓の意味を込めて、いくつかの事柄を紹介したい。

日頃から意思の疎通と情報の共有を図る

まず、住田町が町を挙げて素早く、陸前高田市や大船渡市の後方支援に回ることができた理由だ。一つは、住田町役場が職員を総動員して、いち早く町内の被害調査に入り、被害状況を早急に把握できたことが挙げられる。しかも、重大な被害がなかったことが大きい。

そして、もう一つ、町役場が住田町社協や町内外の医療機関などと連携し、高齢者や在宅酸素療法者、人工透析者といった災害弱者の安否確認と必要な対応を短時間あるいは短期間で行えたことがある。

とりわけ、高齢者の安否確認は保健福祉課と地域包括支援センター、住田町社協がすぐに動き、震災が発生したその日のうちにほぼ完了している。その後もお互いの情報を伝え合い、情報の共有を図っていった。

こうした連携は同じ建物内に廊下を挟んで隣接し、日頃から意思の疎通と情報の共有を図ってきたからこそ、できたことだ。とはいえ、初動期には齟齬《そご》も生じている。保健福祉課と地域包括支援センター、住田町社協がきっちりと相互の行動確認をしないまま、高齢者の安否確認に動き出してしまっていた。その反省に立ち、震災後は「お互い、バラバラに動かない」と改めて確認し合った。

震災発生当日の独居高齢者や高齢者夫婦世帯の安否確認は地域包括支援センターが作成していた紙ベースの台帳を元に行われた。同センター係長だった菅野英子は、

「地域包括支援センターと保健福祉課、社協は、いかに早く災害弱者の支援に回るかが大事。早期支援のために必要な名簿をつくり、共有する。そして平時のうちから安否確認に出る際の効率のいい手順、回り方を事前に決めておくことが必要です」

と指摘する。

保健福祉課にも震災前から在宅酸素療法者や人工透析者の台帳があった。同課で保健師長を務めていた紺野栄子が作成していたものだ。この台帳は災害時を想定してつくられたものではなく、あくまで町内の状況を把握するためのものだった。しかも平成20（2008）年度以降、紺野は保健師長や同課長補佐兼係長、地域包括支援センター次長など五つの役職を兼務し、新人職員の指導などもあって、台帳の加除までは手が回らなくなっていた。結局、紺野は震災発生後、自分の頭に残

っていた記憶を元に対応することになった。

その経験を踏まえて紺野は、

「災害弱者の台帳は日頃からきちんと整備し、管理しておくことの必要性を痛感した。時間が経ち、担当者が代わっても、常に新しい情報を共有し、常に災害時や非常時に備えて、それぞれが対応できる体制をつくっておくことが大切です」

と訴える。

安全を確立するためのネットワーク

災害弱者支援の基本となる「災害時要援護者名簿」だが、行政が作成している台帳には不備がある、と菅野は指摘する。個人情報保護法の観点から本人の同意を得て、本人から印鑑を捺《お》してもらったうえでないと、その人の情報は社協や消防団などと共有できないことになっている。中には、個人情報を知られたくない人もいて、登録者の人数が実際の災害弱者の人数よりも少ない、というのだ。

その一方で、社協と民生委員が一緒に作成している「福祉票」は行政の災害時要援護者名簿よりも充実している、と菅野は言う。住田町では災害発生時などに、福祉票に書かれた個人情報を社協、民生委員、町役場などで共有して支援に動くことを本人たちから同意を得ている。住田町と住田町社協、民生委員の間で、さらに福祉票を充実させていくことが今後の課題だ。

震災発生直後に動いたのは何も、町役場や社協だけではない。消防団員たちはそれぞれの仕事を切り上げ、すぐに出動した。町役場からの指示がなくても、民生委員や高齢者福祉施設の職員たちも動いた。さらには一般の町民も隣近所の安否確認を行っている。

住田町では町役場と関係機関・団体、町民、あるいは町民同士のコミュニケーションが常に取れている。何かあれば役場が動き、消防団が動き、民生委員が動き、そして町民までもが動く。それぞれが、それぞれの地域の状況をよく把握しているからこそできることだ。

東日本大震災でもそれぞれが役割を果たして被害状況や町民の安否を素早く確認することができた。それによって、隣接する市の支援に回す人的、時間的な余裕が生まれたといえる。

町長の多田欣一はよく講演会などで、こう語る。

「東日本大震災で私たちが第一に学んだのは、『自分たちの町、自分たちの地域は、自分たちで守ることの大切さ』。自分たちで守るためには、自分たちの町や地域の安全を掌握できる体制、安全を確立するためのネットワークというものが大事だと思っています」

そして多田は、

「住田町には人と人とのつながりの中で、安否確認システムが出来上っている。『向こう三軒両隣』でお互いに助け合い、分かり合える関係をこれからも大事にしていくことが重要。都会でも

『隣は何をする人ぞ』というのではない関係を日頃からつくっておいてほしい」

とも語る。

3市町の〝共同体〟意識

住田町が後方支援に全力を尽くすことができた理由はほかにもある。「大船渡市、陸前高田市、住田町は共同体だ」という強い意識を行政だけでなく、町民自体が持っていたことだ。

これら3市町で構成する気仙地域には長い長い交流の歴史がある。行政は広域連携を深め、近所には実家が大船渡市や陸前高田市といった人たちが少なからずいる。勤務先が大船渡市や陸前高田市という町民もいれば、逆に両市から住田町に働きに来ている人もいる。

そんな関係を踏まえ、住田町役場のある職員はこう語る。

「隣の市が震災で被災して大変なことになっている時、町民も役場に通常の業務を求める気持ちにはならない。隣の市が困っていたら助けるのは当たり前、という思いが町民にある。通常の業務をやっていたら、『隣があんなに困っているのに、役場では職員が椅子に座って普段通りの仕事をしているのか！』と批判を受ける。非常時に役場へ補助金を申請に来る人はいない。非常時に役場がやらなければならない業務は限られている。震災を通じて町民は3市町の『親戚感』を改めて強く認識した」

そして、その職員は最後にこうも言った。

「行政として大事なのは『何を優先するか』ということ。住田町は非常時にあって、役場の通常業務ではなく、隣接する市の後方支援を優先した」

3市町の〝共同体〟意識が強いがゆえに、これまで何度も広域合併の話が浮上しては、消えていった。もともと気仙地域は大船渡市、陸前高田市、住田町、三陸町という4市町で構成されていた。国は市町村の行財政基盤の確立を目的として、1999（平成11）年から全国的に市町村合併を推進すべく、「平成の大合併」に乗り出した。これを受けて岩手県も2000年に県広域行政推進指針を公表。県内市町村の合併推進に動く。その結果、岩手県内の市町村数は58から33に大きく減ることになる。

県は2000年に公表した指針の中で、気仙地域の合併について、「大船渡市と三陸町の合併」と「気仙2市2町の合併」の2案を提示。気仙4市町は改めて、合併問題と正面から向き合うことを余儀なくされた。

4市町のうち、最も財政状況が厳しかった三陸町が大船渡市との合併を要望。これを受けて2001年に大船渡市と三陸町が合併し、新生・大船渡市が誕生する。しかし、陸前高田市と住田町は2003年に合併ではなく、「自立」の道を選択した。そしてその後、気仙地域は3市町として広域連携を深めてきていた。

「住田町があの時に合併していたら、木造仮設住宅の建設や提供を含め、陸前高田市や大船渡市への後方支援は出来なかった。合併して大きくなればそれなりにメリットはあるが、デメリットもまたいっぱいある。一方、小さな町にも、小さな町ならではの良さがある」

町長の多田は、そう語る。

被災者に寄り添う支援を

では、後方支援を行う時に大切なこととは何か。

震災発生時に産業振興課長補佐だった横澤則子は、

「相手が求める支援にすぐ対応できること。支援を受ける側と支援する側の連携も重要だ。支援する側が『こうしてあげたい』と思って行うのも支援だが、そこには支援を受ける側との間でミスマッチが生じる可能性がある。やはり、被災した人たちが望むことに寄り添ってあげられる支援が一番大切」

と指摘する。

東日本大震災では陸前高田市消防団横田分団が市の中心地・高田町内に設置された消防本部などと住田町災害対策本部を何度も行き来し、必要な物資の情報を住田町側に伝えた。その情報によって住田町も動いた。

その中には粉ミルクや紙オムツ、雨合羽《あまがっぱ》などの提供要請もあった。都会に暮らす人たちから見れば「そんなの、すぐ買って送ればいいじゃないか」と思うかもしれない。しかし、震災によってガソリンスタンドのほとんどが被災していた。被災しなかった住田町内のスタンドには多くの車が殺到する一方、ガソリンの補給が滞《とどこお》ったため、住田町でもガソリン不足が深刻化していた。遠方に買い出しに行くことが厳しい状況にあって、支援を求められた物資を揃え、迅速に届けることは、決して、簡単なことではなかった。

また、支援物資の買い出しに関していえば、横澤は「買い出しには〝女性ルート〟も必要」と提言する。災害対策本部にあって、買い出しの指示を出すのは男性の場合が多い。その指示を受け、実際に買い出しへ向かうのも男性の場合が多い。

横澤は当時を振り返って、

「女性が男性から必要な物を聞かれても、言いにくい物もある。保健師や女性スタッフにしか言えない物もある。地方の場合、どうしても男性がチーフとなり、女性が従う形になりがち。物資の支援を行う場合、女性のチーフを置いたり、買い出しの〝女性のルート〟をつくっておく必要性を痛感しました」

と、そう語る。

とはいえ、住田町が単独で行える支援は食料や日用品を中心に、短期的なものにならざるをえない。

「1週間もすれば全国から支援が届くはずだ。それまでは我々が陸前高田と大船渡を支えなければならない。全国の支援が届くまで、不眠不休の覚悟で頑張れ！」

町長の多田はそう、職員たちに檄《げき》を飛ばしたものだ。

一方、住田町災害対策本部にあって、その運営の中核を担っていた当時の総務課長、鈴木玲。

「まだまだ支援が足りなかった、と個人的には思えてならない。もっと、きちんと指示を出していれば、もう少し陸前高田に本当の後方支援ができたのではないか。もっと、もっと、できることがあったのではないか……」

当時を思い起こし、鈴木はハンカチで瞼《まぶた》を拭《ぬぐ》いながら、声を詰まらせつつ、そう語った。

2 非常時の地域防災計画とマニュアル

想定されていなかった多くの事柄

住田町もさまざまな災害の発生に備え、「地域防災計画」を策定している。その計画に基づいて

どのように動くか、災害時の行動マニュアルもつくられている。しかし、未曾有の大災害を体験した町役場職員たちの中からは、

「東日本大震災では地域防災計画も、マニュアルもあまり役には立たなかった」

そんな声が少なからず聞かれる。

同町でも、東日本大震災では地域防災計画で想定していないことがいくつも起きた。例えば、停電もその一つ。もちろん、災害時に停電が起きることは想定されていた。問題は停電の期間だ。

震災発生時に総務課長だった鈴木玲は、「地域防災計画では長期の停電を想定していなかった。それまでは何か災害が起きても、停電は1日ぐらいで解消していた。停電が3日も4日も続くという想定はなかった」と語る。

同課長補佐だった伊藤豊彦も、「地域防災計画では停電は長くて1日、短時間で電気は復旧することが前提。長期の停電は想定していなかった」と口を揃える。

住田町の場合、停電は震災4日目の3月14日未明に大半の区域で解消し、翌15日には町内全域で電気が復旧した。大津波で被災した沿岸市町村に比べると、かなり早い時点での復旧だった。

それでも、この停電は思いもよらない事態を引き起こした。第二章でも紹介したが、震災翌日から防災行政無線が機能停止に追い込まれ、町役場は町民への情報伝達手段を喪失したのだ。3月12日に起きた福島第一原発爆発に伴う放射性物質の拡散についても、町民に注意・警告を促す一斉放

送ができなかった。

鈴木は当時を振り返り、「防災行政無線が停電で使えなくなるということは、全く、想定していなかった」とも語っている。

震災当時に町民生活課の課長補佐だった佐々木美保子は、「震災を契機に医療面の課題を改めて考えさせられた」という。第一章でも述べたが、「停電によって町内の在宅酸素療法者や人工透析者が、生きる術《すべ》を途絶されるような緊急事態に陥った。切羽詰まった状況の中で、受け入れてくれる医療施設を手配した職員たちは本当に大変だったと思う。停電により生命の危険にさらされる事態になるなんて、停電がいかに怖いものかをつくづく知った」と佐々木は話す。

大津波の被害に遭わなかった住田町でも固定電話はもとより、スマホや携帯電話、インターネットが停止し、長期にわたって「情報孤立」の状態に陥った。こうした通信機能の長期途絶も地域防災計画では想定していなかった。

「日常的に使っている通信手段が寸断され、生存確認もできない状態だった。その結果、孤立感が生じた。通信網の喪失は人間の不安を大きくする。通信手段が切断された時に備え、その代わりの連絡網を平時からどう確立しておくか。そのことが大事」

と佐々木は指摘する。

町長の多田欣一は、震災前の市町村の地域防災計画について、こう語る。

「陸前高田市も、大槌町も、『庁舎が被災して司令塔が失われる』という事態を想定していなかったと思う。司令塔が被災しなかった大船渡市は一定の対応がすぐにできたが、司令塔を失った陸前高田市と大槌町はどうしようもなかった」

多田によると、気仙地域では自治体と医療関係者の連携協議が行われたことがあった。年に1度、気仙地区医師会の主催で市や町と医療機関の関係者が集まり、「津波があった時、どのようにお互いが連携して被災者や病気の人を守るか」を議論していた時期があった。

震災から2年ほどして、多田は医師会の関係者にこう、尋ねた。

「あの時の話し合いは、（東日本大震災で）何か役に立ったんでしょうか？」

すると、こう答えが返ってきたという。

「役に立ちませんでしたね」

自治体と医療機関の関係者は、「災害発生時には患者らを病院などの医療施設に運ぶ」という想定で議論を行っていた。しかし、東日本大震災がもたらした現実は、その時の協議とは大きく異なっていた。

「医療施設に患者を運ぶルートが確保できない」

「医療施設そのものがなくなる」

そうした事態を誰も、全く、想定していなかった。

震災発生当時は産業振興課の課長補佐だった横澤則子は、

「津波で被災した沿岸部では庁舎が壊滅したり、職員が多数犠牲になったりしている。医療機関も地域によっては壊滅したり、多数が被災したりしている。これほど大きな被害をもたらす災害が今までなかったため、こうした事態を想定するのは難しかったと思う。しかし、本当は想定しておかなければいけないこと」

と話す。

地域防災計画は機能したのか？

住田町では地域防災計画で、災害が発生した時は災害応急対策を迅速・的確に行うため、災害対策本部を設置することを定めている。同町の場合、設置されると、災害対策本部には総務部、財政部、防災部、建設部、民生部、福祉部、産業部、文教部、調査部、食料部の10の部が設けられ、各部長にはそれぞれ課長が充てられることがなっている。

東日本大震災の発生に伴って災害対策本部を立ち上げ、各部を設けた。設けたはいいが、職員配置を担当する総務課行政係長の横澤広幸は頭を抱えてしまった。

「設けた各部に、役割として、どのような係が必要なのか。各部に何をさせればいいのか。それが、全く、分からなかった」

というのだ。

各部の名称と設置は規定されていても、その部の下部組織としてどのような係を置くかまでは規定がない。しかも、過去にこれほどの大災害に遭遇したことがないため、係を置いた〝前例〟もなかった。横澤広幸はとりあえず、「炊き出し班」をつくるので精一杯だった。

しかも各部を設置しても、ほとんど機能しなかった。町役場の若手から中堅の男性職員は町消防団の団員を兼ねている。そうした職員たちは震災翌日から消防団員として大船渡市や陸前高田市の救助・捜索活動に派遣された。消防団に加わっていない男性職員は福祉や建設関係の調査などに従事し、女性職員の多くは婦人消防協力隊と一緒に炊き出しに当たった。結局、役場に残ったのは課長級がほとんどで、その下で手足となって動く職員がいなかった。

「運動公園はどこですか？」と人が訪ねて来ると、本部に詰めている課長にお願いして案内してもらった。交通整理も課長らに依頼するしかなかった。

横澤広幸は、「自分は役職的にも、年齢的にも下なので、課長さんたちにまで、そうした（現場の）役を当てたりする心苦しさや辛さもあった」と当時の苦い思いを語る。

その上司だった鈴木玲も、

「地域防災計画では各課長には、それぞれ部長として担当部署が割り当てられている。しかも、各課長の非常時の対応をまとめたマニュアルもあった。それでも当初は地域防災計画の通りに指示を出せず、計画通りに動いてもらうことができなかった。訓練の時からマニュアルに従い、きちんと訓練をしておかないと、単なる訓練で終わってしまう」

そう反省する。

そうした中で、鈴木が災害対策本部の運営で心がけたのは「各課、全職員と常に情報を共有すること」ということだった。朝夕を中心に毎日2~3回、課長に集まってもらい、状況を報告し合って情報を共有した。また、各部署への指示も情報として共有化した。

一方、建設課主任だった皆川繁雄は災害時のマニュアルについて、こう話している。

「行政は非常時の対応をマニュアル化しているが、大災害に遭遇すると必ずしも、その通りには動けない。マニュアルがあったとしても、気が動転している時にそれを見て、『これは、こうだ！』『あれは、ああだ！』とは、すぐにはいかない。しかも災害というのは、人間が考えている以上の大被害が起こりうる」

さらに災害対策本部に詰めていた佐々木美保子も、

「大災害が発生した場合、決められたマニュアルの枠に収まると思ったら大間違い。大災害が起きれば、マニュアルを見ている余裕はないし、実際に、見ない。状況が落ちついてから、『自分の担当は何か』とマニュアルを読んでみて、『ああ、こんな現実的ではない、形式的なマニュアルで、一体、どんな行動ができるというんだろう』と改めて思った」

反省を込めて、そう語る。

今回の震災を教訓とした見直し

町長の多田欣一は、自治体がつくる防災マニュアルについて、ある講演会で、こんな呼びかけを行っている。

「それぞれの自治体では防災マップというものをつくり、住民の皆さんにお配りしていると思います。しかし、自治体の首長がこんなことを言ってはいけないんですが、それだけをアテにしていてはだめです。

岩手県の北にある自治体が出した防災マニュアルを見て、その地域にあった保育園の先生が『これではだめだな』と思ったそうです。そこで、『津波や地震があった時は、農家の庭先を通って子どもたちを逃がすようにしたいので、その時は協力をお願いします』と事前に（農家へ）お願いしていたのです。

そこ（農家の庭先）を通って逃がしたために子どもたちは全員無事だった。自治体マニュアルでいけば何人かは犠牲になっていたのではないか。ですから、自治体がつくる防災マニュアルのほか、できれば自分たちでそういうものをつくっておいてほしいと思います」

行政がつくる最大公約数的なマニュアルだけでなく、それぞれの地域でその地域に合ったローカルマニュアルをつくることも必要といえそうだ。

ただ、大災害が起きた時に役に立つのは地域防災計画でも、マニュアルでもない。最後は「人間」に尽きる。マニュアルにないことでも、マニュアルがなくても、人間だからこそ、その時々に対応ができる。非常時に遭遇しても対応できる人間を行政や地域の中で養成・育成しておくことも大切だ。

町長の多田は招かれた別な講演会で、住田町の体験を踏まえ、被害の少なかった被災地近隣の市町村でも物資不足が深刻化してパニックを起こす、と警告している。

「『うちは大丈夫だよね』『直接、家が倒れなければ大丈夫だよね』って、皆さん、思っているでしょうけども、違いますよ。隣の市町村が被災し、被災した人たちがドッと買い出しに押し寄せると、そこもパニックになるんです。

陸前高田市ではガソリンスタンドが全部なくなってしまったため、住田町内のガソリンスタンドに2キロもの行列ができました。そんな状況だと、地元の人もガソリンをなかなか入れられないし、役場の車も、役場の職員も、ヘルパーさんの車も長時間、列に並んで待たなければならない。ようやく自分の番が来ても10リッターとか20リッターとかしか入れてもらえない。そういうことが起きます」

さらに多田は、

「災害の発生から1週間経つと、被災地にはいろいろな救援物資が届きます。しかし、被災していない我が町、住田町では物が買われるだけで、町民のための物資は入ってこないため、物資不足が起きました。こうした想定外の状況への対応を地域の人たちも常に想定しておくべきだと思います」

と語るのだった。

住田町では東日本大震災の体験を教訓として、２０１３（平成25）年に地域防災計画の修正を行った。

主な改正点をみると第一に、情報伝達手段が長期途絶した反省を踏まえ、町内各地区の防災拠点を地区公民館に置き、電話等の不通や停電に備えて衛星電話や発電機などを配備。地域からの連絡手段として防災行政無線の双方向通信設備などを活用していくことにした。

第二に災害発生に備え、必要な食料等の備蓄・確保の方法、供給方法も定めた。第三に大規模災害に備えて、遠隔地の自治体を含めた相互応援協定の締結や各自治体、各種団体・企業との相互連携の強化も追加した。

四つ目として、医療体制・個人疾患への対応体制等では、多数の傷病者に対応するため、被災地内外における災害拠点病院を中心とした後方医療体制の確保や人工透析、難病等の個人疾患への対応体制も加えた。

五つ目としては、新たな計画では応急仮設住宅の施工、供給及び維持管理を県から委任を受けて、町が行い得ることも明記した。さらに第六点として復興計画の作成に当たっては、女性や災害時要援護者等の意見を反映すること、地域のコミュニティの維持・回復や再構築に十分配慮することなどを追加している。

なお、住田町は震災後の2012(平成24)年7月に愛知県額田郡幸田町《ぬかたぐんこうたちょう》と、その翌年10月には山梨県北都留郡丹波山村《きたつるぐんたばやまむら》と災害時における相互応援協定を締結し、交流を深めている。

3 住田町だけが発行しなかった被災証明書

「停電だけでは発行できない」

東日本大震災の発生以降、行政のあり方をめぐってさまざまな問題が生じた。被災者を対象とした高速道路無料化に伴う被災証明書の発行も、その一つだった。

民主党の菅直人首相率いる時の政府は、被災者支援の一環として、東北自動車道はじめ東北6県の高速道路や有料道路などを2011（平成23）年6月20日から1年間、無料化した。「罹災《りさい》証明書」か「被災証明書」と本人確認ができる書類を一緒に料金所で提示すれば、対象の道路を無料で利用することができた。

罹災証明書と被災証明書は市町村が発行する。このうち罹災証明書は災害で住家に被害が出た場合、市町村が内閣府の基準に基づいて調査し、「全壊」「半壊」「一部損壊」などの損害状況を認定して発行する。一方、被災証明書は罹災証明書の対象にならない住家以外の建物や自動車、家財などの「動産」が対象で、その発行は市町村の裁量に委ねられている。

政府が高速道路などの無料化を決定すると、市町村には被災証明書の申請が相次ぐことになった。しかも、津波の被災を受けなかった内陸部の自治体が、「停電」を理由に申請した世帯への発行を決めると、それに追随する自治体が続出。茨城県内では全世帯に被災証明書を郵送する自治体まであったという。

岩手県内では当初、「停電では被災証明書を発行しない」とする自治体が少なからずあった。しかし県内外の自治体が停電を理由に被災証明書を発行する動きが相次ぐと、住民要望を無視することができなくなり、次々と当初の方針を変更していった。結果として岩手県でも33市町村のうち、32市町村が申請者全員に被災証明書を発行することになった。

そうした動きに岩手県内で唯一、追随しなかった町がある。住田町だ。

「停電だけでは被災証明書は発行できない」

それが住田町の一貫した方針だった。

住田町では6月23日から、高速道路などの無料化に伴う被災証明書の申請受付を開始した。受付は町役場一階窓口（町民生活課）で行われた。

住田町は受付開始を前に、「住田町の『被災者証明』の発行について」と題する文章を各世帯に配布した。

この文章には、「住家以外の建物、車両、家財などの有形資産に被害があった場合、『被災したこと』を証明します」と書かれていた。

また、「建物の『全壊』『半壊』『一部損壊』などの損害程度の認定が必要な場合は、申請いただいた後、職員が物件を調査します。（即日交付はできません）」とも書かれてあった。

その下には、次の一文が添えられていた。


停電被害のみの方には次の理由から証明書を発行していませんので、ご理解いただきますようお願いを致します

・停電は今回の震災に限らず、これからも起こりうるため

- 停電は二次被害であり、今回は震災による直接被害に対してのみ発行することとしたため
- 証明書を希望される目的の大半と考えられる「高速道路の無料化」は「復興支援」が目的であり、停電被害のみの方が対象だとは想定しない（停電被害のみの方が高速道路を無料で利用できるのは拡大解釈である）と判断したため

停電被害だけの町民に被災証明書を発行しない理由を三つ挙げ、そう説明していた。

本当に被災者支援につながるのか

住田町でも3月11日の震災発生直後から町内全域で停電が起きた。町内の一部地域を除き14日未明に電気が復旧。翌15日には町内全域に電気が通った。

自治体というのは突出することを避け、他の自治体との〝横並び〟を重視する傾向がある。高速道路などの無料化に伴う被災証明書の発行も、そうした流れの中にあった。しかし、住田町はその流れには乗らなかった。

「停電は被災ではない、という認識ではありません。ハウス栽培の農家などは停電で大きな物的被害が出ますから当然、被災したことになる。ただ、停電が物的な被害に直結するとは限りません。住田町では、物的な被害があった場合は被災証明や罹災証明を出しますが、それ以外は基本的には

証明書を発行しないという立場です」

住田町長の多田欣一は『朝日新聞』のオピニオン「異議あり」（2011年8月9日付）のインタビューで、そう答えている。

さらに続けて、こうも語っている。

「国が東北の高速道路無料化を制度化したのは、大きな被害を受けた人の復興支援という趣旨のはずです。津波ですべてを流された人と、半日停電しただけで物的被害もない人が、同じレベルで復興支援の恩恵を受けるのは、本当に正しいのかと考えました」

東北自動車道をはじめ、無料化された道路の大半が内陸部を走っている。内陸に暮らす人たちに比べると、東日本大震災の津波で大きな被害に遭った沿岸部の人たちにとって、それほど利用する機会の多い道路ではない。

「本当に被災して困っている人は、ほとんど利用せず、わずかな被害しかなかった内陸部の人たちが無料で頻繁に利用している。それはかえって不公平ではないのか。

本当に復興支援をしたいのであれば、通常通りの高速料金を全員からいただいて、全額を沿岸部の復興に振り向ければいい。その方が公平性があると思っています」

多田はインタビューで、そうも語っている。

内陸部の自治体が次々と、停電を理由とした申請者全員に被災証明書を発行したことについて、多田は「それはそれで、首長の一つの判断」という立場に立つ。しかし、多田自身は「物的被害のない停電や断水だけでは被災者とはいえない。被災証明書はやみくもには出さない」との考えだった。

もちろん、町民の一部からは反発があった。ある課長は町民から面と向かって、「なんで住田町では、みんなに証明書を出さないんだ。町長はいい格好したいのが！」と言われたという。

町長の多田も町民から、なぜ被災証明書を発行しないのか、と問われた。問われて、その理由を説明すれば町民も納得してくれたという。

結局、住田町民は住田町役場の判断、多田の決断を支持した。その結果、住田町役場が2011年7月末までに被災証明書を発行したのはわずか174人と、町内全人口の3％にも満たなかった。

国が打ち出した高速道路などの無料化は、本当に被災者支援につながったのか。無料化に伴う市町村の対応が、本当に無料化の趣旨に合致していたのか。無料化された高速道路などでは交通量が増加した。証明書を提示する料金所では渋滞が慢性化し、そのうえ交通事故も増えたと指摘されている。

高速道路などの無料化に伴って示した、住田町の揺らぎない一貫した対応が、自治体としてのあり方に一石を投じることになった。

4 残らなかった記録

薄れていく記憶

「次にどこかで震災が起きれば、住田町と同じように後方支援をすることになる市町村が必ず出てくる。その時の参考になる報告書をつくりたい」

住田町長の多田欣一は東日本大震災発生の2年後から、そう考えるようになった。しかし、限られた人数の中で、日々忙しく業務に従事する職員たちに報告書の作成を命じることは難しかった。

「行政がつくる報告書は〝無味乾燥〟になりがち。せっかくつくってもあまり読んではもらえず、書棚に収められてしまうものが多い。できれば多くの人たちに読んで、参考にしてもらえる記録集を残したい」

そんな思いも多田にはあった。町役場でつくれば、多田が恐れる〝無味乾燥〟な報告書になりかねない。そこで外部の人間にも協力を依頼してつくることにした。

しかし、実際に作成に入ると、いくつもの難問に直面することになった。

住田町役場には震災発生当日の3月11日と翌12日に行った町内被害調査の報告は克明に記録として残されている。ところが被害報告以外の、震災発生直後からの町役場の動きなどをまとめた町の公式な記録が残っていないのだ。

岩手県内では東日本大震災の後方支援拠点となった遠野市が『3・11東日本大震災　遠野市後方支援活動検証記録誌』を作成し、2013（平成25）年9月に発行した。遠野市の後方支援の体験と、そこから学んだ教訓を提言としてまとめた力作だ。この記録誌は当時書かれた膨大なメモを元にまとめられたと言われ、市内外から高い評価を受けている。

残念ながら、住田町にはそうしたメモ類も、それほどは残っていなかった。町長の多田は主として公用車で動いていたが、その移動記録も残されていない。

そうした中で、住田町役場のある幹部が私的にまとめたメモがある。しかし、このメモにもその時々の事柄が項目的に書かれているだけだ。町長や町役場、災害対策本部の動きを全て、網羅《もうら》しているわけではない。

一方、住田町災害対策本部は震災後、人員をやり繰りして、役場職員の配置表をつくった。しかし、その係に割り当てられた職員が、さまざまな理由で実際にはその役割に従事していないケースも少なからずあった。そうした意味では町役場に残された記録や資料には確認の必要なものも少なからずあった。

その確認のために職員たちの話を聞いて回ると、同じ事柄を聞いても人によって返ってくる答えがバラバラというケースが少なからずあった。

例えば、第一章で触れた住田町の災害対策本部の設置だ。同町は震災発生から8分後の午後2時54分に災害対策本部を設置した。しかし、その設置を決めた会議はどこで開かれ、誰が出席し、誰からどのような指示があったのか。そうしたことも、はっきりしなかった。

どこで会議が開かれたのか、出席したと思われる課長らから話を聞くと、

「庁舎が老朽化していて、耐震性に問題がある建物だったので、庁舎の外の駐車場で会議を開き、災害対策本部を設置した」

そうした答えが続けて数人から出てきた。

ある時、別の課長に、

「災害対策本部を設置した会議は庁舎の外、駐車場で開いたそうですね？」

と問いかけたところ、

「いえ、その会議は役場内の町長室で開いたはずです」

と言うのだ。

一体、どちらが本当なのか。

保健福祉課の課長補佐だった梶原ユカリが課長の代理として会議に出席したことを知り、話を聞

いた。すると梶原は「町長室で開かれたと思います」と言って、保健福祉課に関連する動きをまとめていたメモを見せてくれた。そこには『直後、町長室にて災害対策会議』と確かに書かれていた。

さらに、町づくり推進課内に事務所があった住田テレビが折々に撮影していたことを知り、震災当日から3日間撮影した映像を提供してもらうことができた。そこには確かに、災害対策会議が町長室で開かれている映像が残っていた。

町民生活課で陸前高田市に提供する死亡届用紙を大量に印刷したことがある。それはいつのことだったのか。そのことについても、職員たちの記憶はバラバラだった。それを解決してくれたのは当時、町民生活課主事だった紺野京美が毎日つけていた日記だった。

炊き出し開始から終了までの状況は保健福祉課主任栄養士の佐藤香織が、「後で役に立つのではないか」と考え、個人的な覚え書きのような形で記録を残していた。

震災から3年、4年と歳月が経るうちに職員たちの記憶も曖昧《あいまい》になり、薄れてきていた。記録だけでなく、記憶さえも定かではなくなっていたのだ。そうした記録や記憶の隙間を埋めたのは職員がまとめていた資料やメモだったり、職員がつけていた個人の日記。さらにはケーブルテレビが撮影していた映像だった。

専任の記録要員も必要

もちろん、住田町では災害対策本部を設置した時、記録係を置いた。記録係の元には、誰が、いつ来たか、が書かれた紙が回ってきた。その情報をパソコンに入力する。それが記録係の仕事だった。

記録係はそうした記録をまとめてパソコンからUSBメモリーに移し、上司に渡した。ところがその後、記録を保存したUSBメモリーも、パソコンのデータも所在不明となってしまった。これもまた、震災という混乱の中で起きた、予想もつかない出来事だった。

震災当時総務課長だった鈴木玲は、

「自分でメモをとっておかなかったことが最大の失敗。自分なりに整理しながら、自分でメモをとっておけば、次の参考にもできたはず。後になると、全然思い出せない」

と悔いていている。

その鈴木がメモすべき事項として挙げるのが、「その時に自分が行ったこと、思ったこと」「その時々に出した指示」「こうすべきだった、という反省」などだ。そして鈴木は、

「記録担当の職員が記録をとっていて、自分でも一言ずつでもいいから書いておけばよかった。日々の仕事について記録しておく習慣がなかった。だから、何かあった場合に書き残しておく、と

いうことができなかった」

と語っている。

住田町役場には震災発生以降に撮影された写真も、あまり残ってはいない。そのことについても鈴木は、

「写真を撮って記録する、という考えすらなかった。『なんでもいいから写真を撮っておけ！』と広報担当でもいいし、誰でもいいから、職員に最初から指示を出しておくべきだった」

と反省の言葉を口にする。

文字資料だけでなく、写真や映像の資料もあれば、自分たちが行った対応を克明に検証し、反省点や教訓を後の世代だけでなく、他の自治体などにも伝えることができる。記録が残っていないと、せっかくの貴重な体験や対応が伝えられることなく、埋もれてしまうことになりかねない。

大災害などが起きた時、自治体は限られた職員数で対応せざるを得ない。しかし、その中にあっても専門の記録要員を数人は配置し、記録のバックアップ体制を整え、文字資料だけでなく、写真・映像資料も記録して後世に残すべきだと考える。

5　愛知ネットが見せた新たな支援活動

気仙地域支援のため住田町へ

最後に、住田町を拠点に5年間にわたって活動を繰り広げたNPO法人愛知ネット（理事長・天野竹行、愛知県安城市）の支援活動について紹介しておきたい。「第二章　後方支援」でも若干触れたが、愛知ネットの活動は今後の災害支援のあり方に一石を投じるもの、と考えるからだ。

愛知ネットは東海地震や東南海地震が想定される東海地方の防災・災害救援のため、情報サービスや防災意識の啓発などを目的として1999（平成11）年に設立された。スタッフは理事長の天野ら72人を数える。

愛知県内の企業の協賛金と自治体からの受託事業（公共施設の指定管理など）収入を活動資金として、東海地方だけでなく、全国各地で災害救援や防災イベントの企画、訓練の参加などを活発に展開。その活動は国や地方自治体からも高く評価されている。

愛知ネットはさまざまな機関・団体と災害応援協定を結んでいた。国立研究開発法人宇宙航空研究開発機構（略称：ＪＡＸＡ、東京都）もその一つだ。ＪＡＸＡは文部科学省から、岩手県大船渡市に入り、超高速インターネット衛星「きずな」を活用して情報通信網を整えるように、との指示を受けた。

ＪＡＸＡでは愛知ネットに災害応援協定に基づき、応援を要請。これを受けて理事長の天野は自動車で一人、安城市を発ち、日本海側経由で24時間以上かけ、岩手県に入った。震災発生1週間後のことだった。

天野とＪＡＸＡの職員は一関市に宿泊しながら大船渡市へ通い、市役所の通信網を確保した。その後は避難所の通信設備の設置にも当たった。

ＪＡＸＡとの仕事が一段落した後、天野は安城市に戻り、これからの支援活動についてスタッフと話し合いを持った。その結果、愛知ネットとして気仙地域で支援活動を継続していくことが決まった。

愛知ネットは国立研究開発法人防災科学技術研究所（略称：防災科研、茨城県つくば市）とも災害時の応援協定を結んでいた。その防災科研が住田町を活動拠点として、東日本大震災で被災した岩手県沿岸部の支援に入ることにしていた。そのことも愛知ネットが支援地域を決める大きな要因となった。

支援を展開するには地元に活動拠点を置かなければならない。理事長の天野は防災科研の客員研究員、佐藤隆雄から助言を受けた。佐藤は大船渡市盛町の出身で、天野と面識があった。

「気仙地域で活動をするのであれば、大船渡の東海新報さんに行ってきなさい」

「議員さんであれば、この人に会っておきなさい」

などとさまざまアドバイスをしてくれた。

そんな佐藤が紹介した一人に住田町の町長、多田欣一がいた。佐藤の兄は多田と高校時代の親友で、多田もよく佐藤の家に遊びに来ていた。その後も佐藤兄弟と多田の親交は続いていた。

再び単独で気仙地域入りした天野は3月下旬、住田町を訪ねた。27日か28日だったのではないか、と天野は言う。住田町は愛知県名古屋市とほぼ同じ面積だった。その面積に名古屋市では約224万人が暮らし、住田町では約6000人が生活していた。しかも震災発生当時の住田町の高齢化率は38％を超えている。

天野は「若い人がいないんじゃないか」と思いながら、住田町にやって来た。しかし、「意外と住田町には若い人たちが元気でいて、一生懸命にやっている。安城市には若い人たちがたくさんいるけれど、一生懸命にやっている人たちの数は住田町とそんなに変わらないのではないか」。後に、そう考え方を変えることになる。

トレーラーハウスを活動拠点に

天野は住田町役場に、町長の多田を訪ねた。佐藤の紹介であることを話し、愛知ネットとして住田町に活動拠点を置いて大船渡市と陸前高田市の被災地支援を行いたい旨を説明、協力を要請した。多田は天野の申し出を快く受け入れた。

天野が住田町を活動拠点に選んだ理由は、まず、住田町が津波の直接被害を受けていなかったことだ。そして大船渡市と陸前高田市への支援拠点として住田町が最も近く、しかも住田町には電気や水道、電話などのライフラインが整っていた。

実は、これまでの被災地支援を見ると、被災した市町村の外に活動拠点を置くというのは〝画期的な発想〟だった。それについて天野は、こう語る。

「皆さん、被災地の中に活動拠点をつくりたがるんです。でも、それは被災地の人たちには迷惑なこと。ボランティア活動をする人たちも、それでは気が休まらない。被災地の外に一回出て、正常モードになって支援に行く。そういう切り替えができるような所に拠点をつくらなきゃいけない、と思っていました」

ただし、被災地の外に活動拠点を置くと、さまざまな問題が出てくる。一つは被災地への移動だ。ボランティアを被災地に運ぶ自動車とガソリンを確保しなければならない。宿泊や食事、休憩など、ある程度の広いスペースの確保も必要となる。

天野によると、東日本大震災の被災地支援で最も深刻だったのが宿泊場所の確保だった。天野は住田町に活動拠点を設置するため、岩手県の内陸部にある北上市内のホテルに宿泊した。ホテル側から「何泊ですか?」と聞かれ、「とりあえず1週間」と答えた。とりあえず、のつもりだったが、それ以降の延長はできなかった。

住田町には元々、宿泊施設が少ない。その少ない施設も、すでに先々まで予約で埋まっていた。とても入り込める余地はなかった。

「最初の1週間で、外から来るボランティアの人たちの分を含め、宿泊場所と活動拠点をつくらなければならなかった」

住田町での拠点づくりに一人で取り組んでいた天野は当時を、そう振り返る。

宿泊施設と活動拠点の問題を同時に解決することになったのは「トレーラーハウス」だった。日本RV輸入協会が愛知ネットに無償提供してくれたもので、3月31日に長野県から住田町へ届いた。

トレーラーハウスは町役場のすぐそばにある農林会館の前に置かれた。町役場ではトレーラーハウスに農林会館から電気を引っぱり、水道も直結してくれた。電気代、水道代は無償だった。地元の商店がプロパンガスを設置してくれたおかげで、お風呂にも入れるようになった。このトレーラーハウスには12人が泊まることができた。

愛知ネットが拠点を設置した当初は農林会館に大勢の避難者が身を寄せていたため、農林会館が全面開放されることはなかった。それでもロビーやトイレは使わせてもらうことができた。

力を入れた「こころのケア」

拠点が整うと愛知ネット事務局長の南里幸《なんりみゆき》が住田町に入り、天野と南里の2人体制となった。ほかに愛知県からボランティアが2人、やってきていた。

天野たちは最初の1カ月、大船渡市と陸前高田市の避難所を訪れ、炊き出しに努めた。支援団体の一つ、デリカフーズ（本社・東京都）が毎日200～300食分のカット野菜を送ってくれた。その野菜で豚汁やカレーうどんなどをつくり、被災者に配った。炊き出しボランティアはインターネットなどで参加を呼びかけ、トレーラーハウスに宿泊できる人数を受け入れた。

その後愛知ネットが拠点を構えたことで、愛知県から自治体職員や職員組合、民間団体・企業などの多彩なボランティアが住田町へ来るようになった。震災から半年で愛知県のボランティアだけで約1800人が住田町を拠点に、大船渡市や陸前高田市で瓦礫撤去などに従事した。

「災害の支援活動は変化が求められる。活動を行っている間に、次に何をしなきゃいけないか、先を見通して手を打っていかないと活動が難しくなり、続いていかない」

そう、理事長の天野は指摘する。

炊き出しの後、愛知ネットが力を入れたのは「こころのケア」活動だった。

「これまでの災害時の経験上、心のケアが必ず必要になってくる」

愛知ネットが開設した「こころの里」で被災者の心のケアに当たった臨床心理士ら
（大船渡市盛町・大船渡市民文化会館、2011年６月）
提供：東海新報社

住田町に拠点を置いた直後から、愛知県臨床心理士会の協力を得て臨床心理士による「こころのケア」活動をスタートさせていた。当初は臨床心理士らが避難所を巡回し、被災者の相談に応じるなどしていた。

天野は「周りを遮断するような空間でないと被災者も話がしにくい」という臨床心理士のアドバイスを受け、「こころのケア」の活動拠点を常設する決断をする。そして5月、避難所になっている大船渡市盛町の大船渡市民文化会館（リアスホール）の駐車場にトレーラーハウスを設置し、カウンセリングルーム「こころの里」を開設する。

トレーラーハウスには常時３人の臨床心理士を配置し、被災者からの相談に対応していく。社会労務士からの助言で、臨床心理士は現地に

3週間入ったら、1週間は一旦現地を離れる、という方式を採用した。

臨床心理士はインターネットを通じて全国から募集した。臨床心理士協会にも協力を要請した。無償ボランティアではなく、天野に言わせれば、「それが適正な額かどうか分からなかった」が、1日1万円の日当と交通費を支払い、住田町から大船渡市へ移動するための車も手配した。

愛知ネットもこれまでの災害地支援では、なかなか心のケアまで手が届かなかった。これも愛知ネットが始めた新たな支援の取り組みだった。

過去の事例から学んだ「地域連携」を生かす

緊急支援活動の次のステップとして求められるのは「人のつながり」だ。人のつながりだけでなく、「地域連携」も必要になる。この地域連携の必要性を天野は過去の体験から学んだ。ただ、愛知ネットはまだ、取り組んだことがなかった。

これまでの例を見ても、被災地には災害支援やボランティアなどの団体が入る。しかし、「団体」対「被災地」の場合、団体は一定の期間が過ぎると被災地から撤退し、つながりが切れてしまうケースが多かった。

天野は東日本大震災を契機に初めて、気仙地域に地域連携の取り組みを持ち込んだ。

「地域連携だと、その中に多くの人がいるので、つながりが一つ切れても、連携はどこかでつながっている。その意味で地域連携はとても大切。そのことを過去の事例から、僕らは学んだ。地域連携がさらに、全体的なエリア連携になっていく」

そう、天野は語る。

その一例が大船渡市盛町と愛知ネットの本拠がある愛知県安城市の七夕まつりを通じた「地域連携」だ。

盛町では毎年、「盛町灯《とう》ろう七夕まつり」が開かれてきた。商店街が七夕の竹飾りで華やかに彩られ、地域の七夕山車が繰り出して練り歩く。その伝統行事も開催が危ぶまれる事態に陥った。海から離れた盛町にまで東日本大震災の大津波が押し寄せ、町内に被害をもたらしていたのだ。

その盛町に支援の手を差し伸べたのが、安城市の「安城七夕まつり」の関係者だった。「安城七夕まつり」は「仙台七夕まつり」（宮城県仙台市）、「湘南ひらつか七夕まつり」（神奈川県平塚市）とともに、「日本三大七夕」と呼ばれている。

愛知ネットの仲介で安城市から七夕まつり関係者が来町。必要な物資も提供するなどして盛町民とともに準備に当たり、盛町の七夕まつりを成功させた。以来、盛町と安城市は七夕行事を通じて現在も地域連携が続いている。

企業の支援活動も地域連携の一つといえる。その好例がトヨタ自動車を中心としたトヨタグループ関連会社16社による被災地支援のボランティア活動だ。

同グループの社員たちは震災が起きた2011（平成23）年の6月、愛知ネットのコーディネートで住田町にやって来た。住田町役場では農林会館と保健福祉センターを宿泊・活動拠点として開放し、便宜を図る。

社員たちは何クールにも分かれて住田町へ入り、農林会館をベースに陸前高田市や大船渡市で瓦礫撤去などの活動を行っていく。住田町内に木造仮設住宅団地ができるとその環境整備などでも支援に入り、入居する被災者と交流を深め、心の支援活動も展開していく。トヨタグループの支援活動は2015（平成27）年までの5年間で通算43回を数える。

新たな「人のつながり」

愛知ネットは5年にわたる支援活動を終え、2016（平成28）年3月末で気仙地域から撤収した。しかし、トヨタグループは愛知ネットが撤収後も住田町内を中心に陸前高田市や大船渡市で引き続きさまざまな支援活動を展開しており、6年目の2016年も8回にわたる活動を計画している。

住田町を拠点としたトヨタグループの支援活動は愛知ネットの手を離れ、同グループと住田町、住田町民との交流も生み出している。訪れた社員たちは産業まつりや夏まつりの道中踊りにも参加するなどしているほか、トヨタ自動車の豊田章男社長も住田町に足を運んでいる。

「住田町とトヨタがつながるなんて、普通はあり得ない話。トヨタが一番嬉しかったのは住田町や住田町民のもてなしだったと思います。各クールの支援活動の最終日には町と町民が農林会館で鍋パーティーを開いて慰労してくれ、みんなで肩を組んで写真撮影もした。そうしたもてなしが社員たちには嬉しかったのではないでしょうか」

愛知ネットの天野はそう語り、さらに続ける。

「愛知ネットが住田町に拠点を置くことで、たくさんのボランティアが愛知県からやって来た。住田町の人たちが受け入れてくれたおかげで、『岩手に来て、岩手で、いろいろな人たちとつながって支援活動ができた。これからもまた行こう！』とボランティアの人たちが気仙ファンになった。つなぐまでは僕らがやってもいいんですが、実際につながるのは岩手の人と愛知の人。両者がつながる直前に僕らが手を引かなければ、両者はつながらない。それが今回はうまくいきました。そのポイントが分かる団体と分からない団体があるかと思います」

住田町は２０１６年2月、「森林・林業日本一のまちづくり」の象徴ともいえる木造総二階建ての新庁舎で町制施行60周年記念式典を開いた。その席上、多田欣一町長は愛知ネットとトヨタグループ関係会社16社に特別功労者として気仙スギでつくった感謝状を贈呈し、これまでの貢献に感謝した。

なお、トヨタグループ関係会社はトヨタ自動車、豊田自動織機、愛知製鋼、ジェイテクト、トヨタ車体、豊田通商、アイシン精機、デンソー、トヨタ紡織、豊田中央研究所、豊田合成、日野自動車、東海理化、愛三工業、大豊工業、トヨタ自動車東日本の16社だ。

町制施行60周年記念式典ではこのほか、▽一般社団法人モア・トゥリーズ（東京都：住田町の木造仮設住宅の建設に賛同して建設資金などを支援）▽豊田通商、同社労働組合（愛知県：巡回型支援員配置のために多額の寄付を行い、児童生徒の健全育成に貢献）▽つながり・ぬくもりプロジェクト東北（宮城県仙台市：木造仮設住宅に太陽熱温水器などを無償設置）▽一般社団法人こどものエンパワメントいわて（岩手県盛岡市：小・中学校の児童生徒に対する放課後の学習支援）▽一般社団法人邑サポート（住田町：仮設住宅団地の自治会設立や入居者との交流・支援コーディネート活動）――にも特別功労者として感謝状が贈られた。

住田町は東日本大震災の後方支援を通じて、全国のボランティアやＮＰＯ団体、企業とつながり、交流が生まれた。そうした関わりのあるボランティア、団体などに呼びかけて２０１４（平成26）年４月、住田町は東京都内で交流会を開いている。

その交流会で町長の多田はこう言った、という。

「みなさんと、こうしたつながりができたことは、住田町にとっては大きな宝です」

《参考文献等》

朝日新聞オピニオン編集部『3・11後　ニッポンの論点』（朝日新聞出版、2011年9月）
『明日への選択（2011年7月号）』（日本政策研究センター）
岩下繁昭「プレハブ応急仮設住宅の現状と抱える問題」（monotsukuri.net、2011年4月20日）
岩本浩史「長の専決処分」『総合政策論叢　第21号』（島根県立大学総合政策学会、2011年3月）
「EOLコラム」『エコロジーオンライン』（特定非営利活動法人エコロジーオンライン）
釜石市『釜石市東日本大震災検証報告書【災害対策本部編】』（釜石市、2014年版）
環境エネルギー政策研究所「プレスリリース　東日本大震災支援『つながり・ぬくもりプロジェクト』～太陽光・太陽熱・バイオマスなどによる被災地支援～」（環境エネルギー政策研究所、2011年4月1日）
『季刊地域No.6　2011年夏号』（農山漁村文化協会、2011年6月）
『季刊地域No.7　2011年秋号』（農山漁村文化協会、2011年9月）
木下繁喜『東日本大震災　被災と復興と―岩手県気仙地域からの報告―』（はる書房、2015年3月）
「木を活かした応急仮設住宅等事例集」（一般社団法人木を活かす建築推進協議会、2012年3月）
計画「森林・林業日本一のまちづくり」（住田町・住田町林業振興協議会、2004年10月策定）
『月刊　現代林業（2011年7月号）』（一般社団法人全国林業普及協会）

「SAMURAI.JP 日本版（issue02）」（一般社団法人 SAMURAI.JP、２０１２年）
「３・11 教訓№88 支援者自ら拠点開設 住田町基地」『岩手日報』（岩手日報社、２０１３年11月15日付）
Ｊレスキュー編『ドキュメント 東日本大震災 救助の最前線で』（イカロス出版、２０１１年９月）
渋井哲也、Business Media 誠「東日本大震災ルポ・被災地を歩く：寒さをどうしのぐか？ 被災地に再び冬が来る」『ITmedia ビジネスオンライン』（アイティメディア株式会社、２０１１年10月31日）
「シリーズ東日本大震災と私―有限会社気仙広域清掃―」『岩手県中小企業家同友会ニュース』（岩手県中小企業家同友会、２０１２年２月24日付）
「震災ボランティアの受入れ体制等について（岩手県、宮城県、福島県を中心に）」（内閣官房震災ボランティア連携室、２０１１年４月８日）
住田住宅産業株式会社報告書「仮設住宅から復興住宅へ…」（住田住宅産業株式会社）
「住田町総合発展計画前期基本計画」（住田町、２００６～16年度）
「住田町総合発展計画後期基本計画」（住田町、２０１２～16年度）
高橋真樹『自然エネルギー革命をはじめよう：地域でつくるみんなの電力』（大月書店、２０１２年11月）
高見真二「東日本大震災における応急仮設住宅の建設について」『建設マネジメント技術（２０１１年11月号）』（建設マネジメント技術編集委員会）
東海新報企画「住田町農協盛衰録 生きるに値しないか 第２部」（東海新報社、２００２年５～８月）
東海新報社『平成三陸大津波：東海新報特別縮刷版２０１１・３・12→２０１１・５・１：２０１１・３・11

東日本大震災』（東海新報社、２０１１年10月）
遠野市総務部沿岸被災地後方支援室編『遠野市後方支援活動検証記録誌：3・11東日本大震災：縁が結ぶ復興への絆』（遠野市、２０１３年９月）
「鳩山由紀夫内閣」「菅直人内閣」『日本大百科全書（ニッポニカ）』（小学館）
「東日本大震災津波対応の活動記録〜岩手県における被災者の住宅確保等のための5か月間の取組み〜（永久保存版）」（岩手県県土整備部建築住宅課、２０１１年11月30日更新）
「復興から日本の災害支援をアピールする　住田町長・多田欣一×飯田泰之」『SYNODOS』（２０１２年12月20日）
「復興支援活動４年半　気仙に根を下ろして　ＮＰＯ法人・愛知ネット」『三陸復興気仙新聞（第18号）』（岩手県沿岸広域振興局大船渡地域センター、２０１５年９月10日発行）
前川聡編集『暮らしと自然の復興プロジェクト実施報告書』（ＷＷＦジャパン、２０１３年７月）
宮原真美子「連載／震災復興ブレイクスルー⑤　木造仮設住宅―東日本大震災における木造仮設住宅の現状」『建築雑誌（Vol.129 No.1658）』（２０１４年５月）
矢守克也「中国・四川大地震」『災害年報』（京都大学防災研究所）
陸前高田市『陸前高田市東日本大震災検証報告書：資料編』（陸前高田市、２０１４年７月）
林野庁林政部企画課年次報告班『平成23年度　森林・林業白書』（林野庁、２０１２年４月27日公表）
講演会「地域資源を活用したマチづくり〜東日本大震災の復興支援への取組　講師・多田欣一（住田町長）」（日

本農業研究所主催、２０１５年5月18日）

第２４８回毎日メトロポリタンアカデミー 講演「大震災は我々に何を伝えたのか（講師：住田町町長多田欣一）」（２０１２年12月）

公益財団法人世界自然保護基金ジャパン（ＷＷＦジャパン）
ホームページ　http://www.wwf.or.jp/activities/resource/cat1305/wwf_4/「暮らしと自然の復興プロジェクト」

公益財団法人世界自然保護基金ジャパン（ＷＷＦジャパン）
ホームページ　http://www.wwf.or.jp/activities/2013/04/1129712.html「持続可能な復興へ向けた支援　岩手県住田町の取り組み」

公益財団法人日本障害者リハビリテーション協会情報センター
ホームページ　http://www.dinf.ne.jp/doc/japanese/JDF/rikuzentakada.html「陸前高田市　戸羽太市長会見記録」

国境なき技師団ホームページ
http://www.msf.or.jp/landing/201503_syria/?page=81&code=web1602&utm_medium=cpc&utm_source=google_adwords&utm_campaign=syria_mar15&utm_term=a

全商連ホームページ　http://www.zenshoren.or.jp/chiiki/HigashiNihon/110530-01/110530.html『全国商工新聞（第2976号 5月30日付）』

新潟県ホームページ　http://www.pref.niigata.lg.jp/HTML_Article/618/735/omonadekigoto,0.pdf「主な出来事（平成22年1月から23年3月まで）」
日本赤十字社ホームページ　http://www.jrc.or.jp/activity/international/results/100101_001016.html「ハイチ大地震緊急救援・復興支援」
日本政策研究センターホームページ　http://www.seisaku-center.net/node/546「被災者を支える住田町の木造仮設住宅」（２０１３年5月17日）

《参考1》住田町役場と住田町社会福祉協議会の職員体制（震災発生当時）

【住田町役場の体制】

町長事務部局

町長＝多田欣一　副町長＝小泉きく子

〈総務課〉

課長＝鈴木玲　課長補佐兼庶務防災係長＝伊藤豊彦　庶務防災係主事＝泉田敦　行政係長＝横澤広幸　同係主任＝紺野美穂　同係主任運転手＝村上洋悦　管理係長＝遠藤貞行　同係主事＝泉田英城　同係主任電話交換手＝紺野宏美　同係主任用務員＝高橋和恵

同課付＝佐藤修（岩手沿岸南部広域環境組合派遣）　同課付＝水野和人（気仙広域連合派遣）　同課付＝水野英気（岩手県派遣）

〈町づくり推進課〉

課長＝高橋俊一　課長補佐＝熊谷公男　企画調査係長＝千葉英彦　同係主任＝佐藤和美　同係主事＝高木宏徳　財政係長＝佐々木淳一　同係主事＝中里円　自立推進担当主査＝佐々木暁文　同担当主事＝高萩政之

※津付ダム対策室は省略

〈町民生活課〉

課長＝中里学　課長補佐＝佐々木美保子　住民環境係長＝千葉清之　同係主任＝佐々木圭一　同係主事＝紺野京美、松田綾子　国保医療係長＝菅野享一　同係主事＝佐藤真由美

〈税務課〉

課長＝横澤孝　課長補佐＝佐藤淳史　税務係長＝鈴木絹子　同係主任＝佐々木隆児　同係主事＝泉俊明、吉田香奈

〈保健福祉課〉

課長＝千葉忠行　課長補佐（福祉担当）＝梶原ユカリ　同（保健担当）兼保健師長兼健康推進係長＝紺野栄子　健康推進係主任＝紺野知文　同係主任栄養士＝佐藤香織　同係保健師＝石崎由起子、小田中菜穂　福祉係長＝佐々木真　同係主事＝菅野甲設　介護保険係長＝千葉透　同係主事＝高木宏二

〈地域包括支援センター〉

所長（兼任）＝千葉忠行　次長（同）＝紺野栄子　地域包括支援係長＝菅野英子　同係保健師＝鈴木一美

〈産業振興課〉

課長＝菅野浩　主幹（林業担当）＝千葉純也　課長補佐（農業商工観光担当）＝横澤則子　課長補佐（林業担当）＝水野豊　副主幹＝水野梓（林野庁割愛）　農政係長＝佐藤拓光　同係主事＝紺野憲　安全農業推進係長＝紺野勝利　同係主事＝堀尾昌史　同係技師＝小野和絵　商工観光係長＝菊田賢一　同係主事＝藤井剛　林政係長＝佐々木伸也　森林・林業日本一の町推進係長＝多田裕一　同係主事＝高橋大将

〈建設課〉
課長＝佐々木邦夫　課長補佐＝菅野直人　主査＝金野孝、皆川繁雄、山内孝司　技師＝佐藤渉　主任運転手＝大和田長見
〈会計室〉
会計管理者兼会計室長（兼任）＝横澤孝　室長補佐＝佐々木弘子　主事＝荻野映理

議会事務局
事務局長＝佐藤英司　係長＝菊池克洋（併任書記は省略）
農業委員会事務局
事務局長（併任）＝菅野浩　課長補佐＝千葉隆弘
※選挙管理委員会事務局、監査委員は省略
教育委員会
教育長＝佐賀篤
〈事務局〉
教育次長＝吉田光也　次長補佐兼総務係長＝松田英明　総務係主任＝村上初男　学校教育係長＝佐々木光彦　同係主事＝佐々木倫子　生涯学習係長＝山田研　同主任＝松田金光　同社会教育主事＝水野紀子　同主事＝佐々木喜之

〈教育研究所〉
指導主事（県派遣）＝齊藤雅彦　国際教育教員＝美野マーク
〈世田米保育園〉
園長＝千葉和三　同主査＝佐々木紀子　主任保育士＝紺野留実子　保育士＝佐藤ゆかり、佐藤友美、泉田香、泉田蘭子　主任調理師＝佐々木ノブ、木村眞由美　主任用務員＝藤井まゆみ
〈有住保育園〉
園長＝松田栄吉　主査＝吉家聖子　主任保育士＝岩渕真理　保育士＝熊谷百合香　主任調理師＝菊池利彦　主任用務員＝菅野るみ
〈学校給食センター〉
所長（兼任）＝吉田光也　所長補佐（嘱託）＝横澤一郎　主任（兼任）＝佐々木光彦、村上初男　栄養教諭（県職員）＝佐々木亜喜子
〈小・中学校〉
世田米小学校主任用務員＝菅沼千恵子　有住小学校同＝高橋吉史　世田米中学校同＝村上淳　有住中学校同＝佐々木賢一
※中高一貫教育校設置推進室、民俗資料館、中央公民館、社会体育館、生涯スポーツセンターは省略

【住田町社会福祉協議会の職員体制】

会長＝紺野朋夫　副会長＝佐々木松久

〈事務局〉

事務局長＝今野和雄　事務局次長＝吉田浩　主任＝吉田秀昭　事務局員＝千田幹、金野秋子、紺野久美

〈ケアマネージャー〉

管理者＝佐藤浩美　主任＝佐々木益枝　ケアマネージャー＝小野ちか子、金野千恵美、佐藤千寿、佐々木ゆかり

〈訪問入浴〉

管理者＝野呂昌代　主任＝黒澤康子　介護員＝高橋時子、水野審

〈訪問介護〉

管理者＝横澤玲子　主任＝佐藤京子　ヘルパー＝横澤和子、菅戸みどり、紺野定子、村上信子、佐藤スミ子、紺野竜子、菊池徳子、菊池光子、今清子、紺野夕子、水野郁江、岩城美香、村上千佳子、熊谷ミキ子、児玉絵里子、菅戸一子、佐々木聡子、皆川由佳、平ヤエ子、佐藤サイ子、河村なみ子、菊田節子、佐藤直枝

〈「アンルス」通所介護事業所〉

管理者＝柘植孝子　主任＝熊谷和也　主任看護師＝水野直子　介護員＝渋佐敏恵、紺野利佳子、松田よし子、遠藤ひろ、深野順子、皆川慎也、鈴木とき子、吉田智巳

〈デイサービスセンター「とだて」〉
管理者＝松田久義　主任＝佐々木明美　介護員＝菊池和子、紺野チヤ、水野美和、松田悦子、木村史也、水野由佳里、佐々木真紀子、佐藤宏子
〈グループホーム「かっこう」〉
管理者＝日野美佐子　主任＝中里昭彦　介護員＝千葉春三、紺野アツ子、大和田ちえみ、深野甲子、佐藤麻由美、菅野和枝、佐藤美津子、水野幸恵

《参考2》時系列　東日本大震災と住田町の主な動き

【3月】

11日（金）

14：46　東日本大震災（東北地方太平洋沖地震）発生　M9・0
・住田町：震度5強　岩手県内最大：震度6弱
・全国最大：震度7（宮城県栗原市）

14：54　災害対策本部の設置を決定
・庁舎倒壊の恐れがあったため、庁舎前駐車場にテントを張って対策本部を設営

15：25　各課職員が町内施設等の被害状況調査を開始
保健福祉課と地域包括支援センターが高齢者世帯、住田町社会福祉協議会が介護保険利用者の安否確認を開始

15：50　「岩手県内全域停電」とのラジオ情報あり

時刻不明　対策本部が役場職員の泊まり込みに備えて食料や水などの調達を指示

16：50　防災行政無線放送（対策本部）
「先ほど非常に大きな地震がありました。今後も余震が予想されますので、あわてないで行動するとともに、火の元に十分注意してください」

17：50　防災行政無線放送（教育委員会）
「地震により学校に待機している児童生徒がおります。安全に帰宅させたいと思いますので、保護者の方は学校まで迎えにおいでいただきますようお願いいたします」
夕　方　陸前高田市より相互応援協定に基づく支援要請あり
・「陸前高田市は壊滅状態」との情報
同　上　災害対策本部が職員に解散を指示
・女性職員のほとんどは19～20時に帰宅
・男性職員や一部女性職員は被害調査等の終了後に帰宅
・多田欣一町長、小泉きく子副町長、各課長、総務課職員ら泊まり込み
18：25　防災行政無線放送（建設課）
「水不足が心配されますので、節水にご協力ください」
20：00　災害対策本部に避難希望者から避難所の問い合わせが入る
20：15　地震後出動していた住田町消防団が解散
・解散時、明朝8時30分の集合を指示
20：25　保健福祉課と地域包括支援センターが高齢者世帯の安否確認終了
・住田町社協は夕方、介護保険利用者の安否確認終了
21：00　中沢公民館の避難者へ毛布20枚と食料を届ける

・中沢地区民７名、陸前高田市民３名、大船渡市民１名が避難中

21：43　大船渡市より住田町消防団２個分団の出動要請届く

21：45　朴の木山の無線中継所に非常用発電機用のガソリン１缶届ける

21：50　災害対策本部に「町内の子ども３名が気仙沼市へ行ったまま連絡取れず」との情報が寄せられる

22：30　岩手県警から横澤スタンド、吉田石油に協力要請入る

22：30　11日の町内施設等の被害調査終了

22：40　全町民の安否確認を行うため、総務課長が行政連絡員宛の文書作成を指示

23：09　陸前高田市から水、食料などの支援要請届く

・「陸前高田市役所職員約１００名が屋上で避難中。水が引かず、動きが取れない」との情報

12日（土）

00：49　陸前高田市より消防団員１００人の派遣要請届く

・多田町長、気仙両市への消防団員派遣を決定

・「高田一中に８００人程度避難」との情報

01：14　町役場の給水車を高田一中に向けて派遣

03：06　陸前高田市より軽油、灯油、ガソリンの提供要請あり

・町役場のタンクからポリタンク10個分の灯油を提供

03：15 災害対策本部に大船渡消防署住田分署が「山形の緊急援助隊が気仙方面に向かっている」との情報を伝え、緊急援助隊に運動公園のトイレなどの開放を要請

・災害対策本部は県外からの緊急援助隊の受け入れを協議

04：05 県外緊急援助隊の第一陣として山形県警が運動公園に到着

04：30 災害対策本部が住田分署、大船渡警察署世田米駐在所と協議し、県外緊急援助隊の受け入れ先（駐車場、宿泊場所）を決定

05：00 町消防団員の緊急呼集を防災行政無線で放送

住田分署より防災行政無線の放送が流れていないとの連絡あり

・防災行政無線が機能停止していることが判明

05：13 町役場職員が2人ずつ、2台の車に分乗して消防団員緊急呼集の町内広報開始

・広報しながら役場近くの女性職員宅を回り、午前6時からの炊き出し開始を伝える

05：20 住田分署も役場と分担して消防団員の緊急呼集を広報

06：00 山形県消防隊が住田町に到着

住田町消防団が気仙地方森林組合西側広場に集合

山内米屋から米8袋（1袋10キロ）を購入

役場女性職員と婦人消防協力隊隊員が保健福祉センター調理室で炊き出し開始

06:08　山形県消防隊が県立大船渡東高校へ出発
・その後大船渡市、陸前高田市に分かれて救助活動
06:13　町消防団員85人が陸前高田市へ、55人が大船渡市へ出発
06:15　町交通指導隊、川口交差点の配置につく
06:50　県立住田高校から食料と水の提供要請が届き、対策本部で手配
・教員16名と生徒7名が帰宅できず、校内で一夜を明かす
07:15　保健福祉課が世田米地区の学童保育中止を決定
07:45　建設課職員が水道の状況を確認
07:55　スーパー・八兆屋に役場の食料・飲料等の確保について協力を要請
07:56　炊き出しの第一陣として陸前高田市へおにぎり112個を送る
09:00　教育委員会が町内の保育園を停電中は休園とすることを決定
災害対策本部は町内5地区に被害報告や相談を受け付ける窓口を開設
行政連絡員に全町民の安否確認依頼書を配布
・午後3時に報告書を回収
09:10　佐藤商店から米45キロを調達
09:30　多田町長と鈴木玲総務課長が気仙2市の見舞いに出発
・陸前高田市では避難所の高田一中体育館を訪問

09:50　八兆屋で米80キロを調達
10:07　八兆屋でパン、カップ麺、胡麻塩、ラップなどを調達
10:20　住田高校へ教員16名、生徒1人分の炊き出し届ける
10:25　保健師長ら遠野市内の民間透析施設へ
10:40　大船渡市・猪川小学校へ炊き出しを届ける
10:45　町内全地区に炊き出し配布
　　　陸前高田市・横田中学校に炊き出しを届ける
12:45　大船渡市から炊き出し1000個の追加要請あり
　　　・300個を追加して提供
17:25　行政連絡員の報告書を集計した結果、安否確認が取れない町民が約100人いることが判明
17:30　大阪府警など関西の警察緊急援助隊が到着
17:43　陸前高田市より13日も消防団員の派遣を求める要請あり
　　　・手動式給油ポンプ2本とスコップ1本の提供要請も
◉各課職員が町内の本格的な被害調査を実施
◉保健福祉課と地域包括支援センターが町内の人工透析者、在宅酸素療法者の安否確認と支援を開始

◉住田町社協が介護サービス利用者の状況再確認と支援に動く
◉陸前高田市から支援要請があった粉ミルクなどの物資を購入するため職員2人を遠野市に派遣
◉消防団員の若手、中堅役場職員を気仙両市の救助・捜索活動に派遣
◉林野庁東北森林管理局職員2人が来庁

13日（日）
06：00　町消防団大船渡方面隊が集合
06：30　職員（総務、建設全員）集合
07：00　町消防団陸前高田方面隊が集合
07：00　松田久さんが米100キロを提供
09：11　多田町長と水野覚消防団長が派遣団員を激励するために大船渡市と陸前高田市へ出発
10：20　東北電力大船渡営業所所長が来庁し、「電気復旧の見通しつかず」と説明
11：05　小泉副町長が来庁した岩手県広域沿岸振興局の水野尚光副局長に衛星携帯電話の貸与を要望
11：15　奥州市境にある道の駅「種山ヶ原ぽらん」まで電気復旧
11：23　東北森林管理局が手配した衛星携帯電話が岩手南部森林管理署遠野支署から届く
14：30　陸前高田市におにぎり2000個を届ける（2500個とする資料もあり）
15：10　内閣府の平野達夫副大臣が各省庁、岩手県関係者らと来町

15：30　横澤スタンドが災害対策本部の衛星携帯電話を借り、石油元売り企業にガソリンなどの補給を要請
15：50　町消防団から団員の乗り合わせ車両のガソリンについて相談あり
17：31　保健師が災害対策本部に対し、消防団員が釘を踏んだ際に発症する破傷風の対応について説明
18：15　女性職員は解散
◉陸前高田市役所市民生活環境課の女性職員2人が同日朝来庁し、事務用品などの支援を要請
◉産業振興課が災害対策本部から米を確保するように指示を受け、両向ピア・ファームに協力を要請

〔13日に置かれた係〕
総括、消防団連絡・調整、物資調達、安否等連絡、ＰＣ入力、窓口対応、物資支援、情報収集援助（以上、対策本部）、炊き出し、不在者等確認、福祉支援、運動公園等支援

14日（月）
00：14　電気復旧（一部地域除き）
・関係職員を招集して町内各地広報及び公共施設等の見回り、簡易水道、下水道の状況を確認

03：20　町内通電状況を確認
・田ノ上〜田畑が停電のまま
06：00　町消防団集合し気仙両市へ
08：30　横澤スタンド、一般車両は10リットルのみの給油に
08：30　多田町長が被害状況などを住田テレビ（生放送）で説明
08：45　東北電力へ町内電気復旧の報告
・陸前高田市側の一部地域で不通
09：00　交通指導隊長より対策本部に「ガソリン等不足のため隊員を待機とした」との連絡あり
09：10　岩手県防災室へ、し尿処理とゴミ焼却の対応を要望
10：50　米５００キロの精米終了
13：00　大船渡市役所より「し尿処理について協議したい」との連絡あり
14：20　横澤スタンドよりガソリン不足が深刻と連絡あり
14：45　町民の行方不明31名
15：00　保育園、小中学校の予定について校長会議の報告あり
16：48　世田米小、有住小の避難者へ毛布16枚
18：00　職員解散
18：17　県立大船渡病院附属住田地域診療センターより住田テレビに依頼あり

◉災害対策本部を庁舎前テントから保健福祉センターへ移す
◉被災者相談窓口を設置
　安否確認情報、空き家情報等に対応
◉町議会3月定例会最終日の本会議を議決なしで延期

〔14日の体制〕
総括、マスコミ対応、消防団連絡・調整、安否受付、車両鍵管理、住田テレビ、職員体制・スケジュール調整、記録等庶務担当、三役運転手、発電機燃料補給、車両点検、物資提供管理、物資支援受付、物資支援、本部連絡調整など（以上、対策本部）
届け出処理の窓口対応、横澤スタンド交通整理、炊き出し、精米、死亡届用紙コピー、不在者等確認、福祉支援、物資買い出し、物資搬送、運動公園等支援、農林会館避難所担当

15日（火）
06：00　町消防団集合、気仙両市へ
07：00　横澤スタンド、緊急車両に限り12時から19時まで給油
07：00　行政連絡員・班長へ調査依頼（し尿、水道、避難者）
12：10　東北電力大船渡営業所関係者が来庁し、「下在地区、本日中に電力供給予定」と説明

12：50　小泉副町長と高橋俊一町づくり推進課長がＮＴＴ東日本岩手支店訪問し、臨時電話の設置を要望
13：20　小泉副町長と高橋課長がａｕ岩手支店（ＫＤＤＩ）訪問し、携帯電話９台と充電器20台借りる
14：10　小泉副町長と高橋課長がＮＴＴドコモ訪問し、携帯電話１台借りる
15：20　行方不明20名
15：30　小泉副町長と高橋課長、内陸部市町村と県との会議（岩手県議会棟１階大会議室）に出席
夕　方　ＮＴＴ東日本岩手支店が農林会館ロビーに臨時電話４台設置
・使用期間：16日正午〜３月30日（利用時間は９時〜19時）
◉町内全域で電気復旧
◉多田町長、住田住宅産業と建設課に木造仮設住宅の建設準備に入るよう指示
◉県外自治体の給水支援隊の第一陣として福井県福井市の給水車が来町

16日（水）
06：00　町消防団員１００人集合、陸前高田市へ
◉県から衛星携帯電話１台貸与される
◉防災行政無線が復旧

●陸前高田市より灯油の支援要請あり
●町外からの避難者425名（17：00現在）
17日（木）
09：30　町議会全員協議会開催
・多田町長、近隣自治体の津波被災者のための木造仮設住宅を「専決処分」で建設したい旨を説明
10：00　町議会定例会最終日
12：00　徳島県美馬市より市民有志が集めた支援物資がトラックで届く
●遠野市から灯油の提供を受け、陸前高田市へ届ける
●町外からの避難者482名（17：30現在）
18日（金）
●多田町長、木造仮設住宅「火石団地」（13戸）建設予算を専決処分
●気仙管内各避難所に避難している町内居住者の確認調査実施
●県立大船渡病院附属住田地域診療センターまでコミュニティバス運行（31日まで1日4往復）
●死亡3名／不明13名（11：00現在）
●町外からの避難者498名（12：00現在）
19日（土）

◉住田町生涯スポーツセンターに遺体安置（5月18日まで）

20日（日）

◉ＮＴＴドコモ復旧

◉死亡９名／不明６名（17：00現在）

21日（月）

◉死亡９名／不明５名（14：00現在）

22日（火）

◉災害対策本部、役場本庁舎へ移動

◉木造仮設住宅「火石団地」13戸が建設着工

・住田住宅産業が請け負う　４月７日完成　５月２日入居へ

◉死亡10名／不明３名（14：30現在）

23日（水）

12：00　一般電話仮復旧（ひかり電話のみ）

インターネット仮復旧（ひかり電話のみ）

16：45　県医療局来庁（仮設住宅の件）

◉徳島県美馬市の有志より支援物資（２回目）が届く

28日（月）
08：50　人事異動内示
◉遊林ランド無料お風呂サービスへ役場中型バスを運行（4月8日まで陸前高田市内避難所から）
29日（火）
◉陸前高田市に職員3人ずつ派遣し、支援物資の整理などに当たらせる（～4月30日まで）
◉防災科学技術研究所の災害支援チーム受け入れを決定
30日（水）
◉NTT　ポータブル衛星車を配備（役場電話仮復旧）
31日（木）
◉NPO法人愛知ネットが住田町を拠点に被災地支援活動を開始
◉退職職員辞令交付
3月末　一般社団法人more trees（東京都）の水谷伸吉事務局長らが来町、木造仮設住宅の建設費全額を寄付を募って支援する旨、申し出る

【4月】
1日（金）
◉多田町長、仮設住宅「本町団地」（17戸）と「中上団地」（63戸）の建設を専決処分

◉新採用職員、他自治体派遣職員の辞令交付
◉町消防団長の辞令交付
◉一般電話アナログ回線仮復旧
◉陸前高田市高田町・鳴石団地内の十八ストアまでコミュニティバスを運行（～23日まで1日2往復）

2日（土）
◉死亡11名　不明2名（15：30現在）
13：00　達増拓也岩手県知事ほか来庁
◉大槌町に職員を派遣し、役場窓口業務を支援（～7月28日まで延べ派遣人数は48人）

4日（月）
◉木造仮設住宅「本町団地」「中上団地」の建設着工
・吉田工務店、山一建設、斉藤工業、坂井建設、菊池組が請け負う

5日（火）
13：30　議会全員協議会
・東北地方太平洋沖地震への対応

6日（水）
◉町内小学校入学式・始業式

◉木造仮設住宅の入居者募集（～12日まで）

7日（木）

◉町内中学校入学式・始業式

◉JR釜石線全線通常ダイヤで運行開始

23：32　宮城県沖地震

・住田町震度5強　町内停電

23：45　庁舎等点検　異常なし

23：50　非常用発電の作動操作

8日（金）

00：05　多田町長、道路状況調査と上下水道施設点検を指示

・朝になって住宅・水道・下水道・農道・林道・観光施設等被災確認調査も実施

16：18　停電復旧

13日（水）

16：00　内閣府の平野副大臣が来庁

14日（木）

◉防災科学技術研究所災害情報支援チームがトレーラーハウス1基設置（議場裏駐車場）

◉国際森林年国内委員会開催

・多田町長出席　・議題：東日本大震災の復旧・復興について

15日（金）
◉第二回気仙管内各避難所に避難している町内居住者の確認調査実施
◉行政連絡員・班長に町外からの避難者数の調査を依頼

19日（火）
◉死亡12名／不明１名（13：00現在）

20日（水）
◉火石仮設住宅団地の入居者を決める公開抽選会を開催
・募集13戸に対して71世帯が抽選に臨む

22日（金）
◉岩手県交通が運行開始

25日（月）
◉住田町社協が大股地区公民館に「災害ボランティアセンター住田町基地」を開設

27日（水）
◉仮設住宅「火石団地」（13戸）完成

28日（木）
◉職員退職辞令交付

◉住田町生涯スポーツセンターで地元有志が四十九日法要

30日（土）

◉内閣府の阿久津幸彦政務官が被災地視察に来町

・町内の木造仮設住宅団地も視察

◉災害対策本部が解散

【5月】

2日（月）

◉定期人事異動の職員辞令交付（5月1日付）

◉仮設住宅「火石団地」入居開始

10日（火）

◉仮設住宅「本町団地」（17戸）完成

11日（水）

◉ISDN回線一般電話復旧

◉ADSL回線一般電話復旧

13日（金）

◉仮設住宅「本町団地」入居開始

27日（金）
◉仮設住宅「中上団地」（63戸）完成

31日（火）
◉仮設住宅「中上団地」入居開始

※5月から陸前高田市の親子を対象に「種山ツアー」を実施

【6月】

23日（木）
◉被災証明の受付開始（高速道路無料化に伴い）
・住田町は被災者のみ（停電は除外）
・住田町を除く県内32市町村は申請者全員に被災証明発行

あとがき

未曾有といわれた、あの東日本大震災から5年が経ちました。被災地においてはいまだに復興の途上にあり、被災された方々のこれまでの心と物との苦痛にお見舞いを申し上げます。

ただ救いは、あれだけの震災の中でも、被災者同士の支え合い、全国の方々からの支援、そして、力強く立ち上がる人たちを見るたび、人間の強さ、日本人の素晴らしさに感動する日々でした。

この間、同じ気仙という生活圏の中で住田町は、町を挙げて沿岸地域の後方支援をしてきました。本来、行政の長であれば、これまでのわが町・住田町の後方支援について、しっかりとした記録を残すべきところですが、あの大震災の最中、小さい町では記録に人員を振り向ける余裕もなく、全職員が支援活動に奔走し、記録誌をつくるデータもそろいませんでした。

そのため、住田町の後方支援の活動を後世に伝え、また、被災地支援の参考になればと、あえて「記憶誌」として本書はまとめたものであります。記憶誌でありますので、5年が過ぎて記憶も忘れがちになりますが、役所の報告書と違い、その時々の臨場感や切羽詰まった状況を、私を含め職員や町民の方々の記憶をたどりながらまとめました。

この記憶誌をまとめながら、今日までの5年間の後方支援に賛同し、重要な決断の後押しをいただいた住田町議会、初動支援に毎日活動いただいた消防団、女性団体など町民各位、そして被災地の状況を理解し、愚痴《ぐち》もこぼさずに全力で支援に当たった町職員、町社会福祉協議会職員、それぞれの立場での行動に感謝する念が、再びよみがえる思いであります。

わが町の後方支援を、遠方から「後方支援の後方支援」をしていただいた方々もたくさんおりました。その中でも「ふるさと住田会」からは大変なご支援をいただきました。

「私たちは都会にいて住田町出身を周囲に伝えることがなかった。しかし、今は木造仮設住宅で被災者を救援している町、あれが私たちの町です、と自信をもって言っています。故郷を出てから数十年、ふるさと住田を誇りに思います」

この言葉を多くの出身者から聞いた時、「あー、やってよかったんだ」と感動する思いでした。

この大震災で、私たちが学んだことがたくさんありました。

① 地域の見守りが被害の確認を短時間でできたこと。それには、小さい町の小さいコミュニティが活かされたこと

② 自分たちの地域は自分たちで守るため、自主防災組織や消防団の役割が重要であること

③ 災害対策本部機能の維持確保のため、防災拠点の整備が重要であること

④ 大規模災害時には、広域市町村との連携に加えて、遠隔地市町村との連携も必要であること

また、民間やボランティアの団体との連携も大切であること

⑤　後方支援の初期は、特にも近接性と継続性が大切なこと
⑥　近隣の大災害は、被災しない地域でも生活全般に影響が及ぶこと
⑦　情報、ライフラインの複線化が必要なこと
⑧　想定外とは言いながら、個別の災害準備が不足していたこと
⑨　停電の長期化を想定していなかったこと
⑩　防災行政無線を過信していたこと
⑪　食料、日用品の備蓄が必要なこと

これからも、災害に強いまちづくりに向けて、さらに取り組んでいかなければなりません。

私がいろいろなところで講演をする折、お話していることがあります。それは、未曾有であればあるほど、私たちの対応も未曾有でなければならない。国、県市町村の対策は一定の災害を想定していますが、それをはるかに超える場合はその現地の状況に沿った対応が必要になります。私たち住田町の対応は常に、被災地はどうだろう、という思いで支援し、時には行政のルールから外れても被災地にとって必要なことは必要なこととして進めてきました。

また、行政が決めたルールはまさにスタンダードルールです。その中で、ローカルルールがあってもいいのではないか。例えば、わが町にも防災マップ、防災計画があります。しかし、それぞれ

の集落で話し合い、それぞれの集落での災害への対策があってもいいと考えます。行政にすべてを任せるのではなく、自分の命と生活は自分たちで守ることがあっても良いのだと。

そしてもう一つ、本書では触れておりませんが、震災に備え、緊急時の生き方を子どもたちに教えておくということです。「火をおこせますか」「きれいな水をつくれますか」「トイレはどうしますか」など、日頃、既製品の中で育っている子どもたちに、非日常時の対処策を伝授してください。

住田町と私たちが体験し感じたことで、伝えたいことはまだまだありますが、そのような中を過日、天皇皇后両陛下が被災地お見舞いの際、本町にお立ち寄りくださいました。両陛下に住田町が行った後方支援についてお聞きいただけたのは、大変光栄なことであったと感動いたしております。

東日本大震災の後も、日本では毎年災害が各地で起きております。本書が被災地後方支援の方法について多くの皆様に参考とされることを願っております。そしてわが町の歴史の一部として確実に継承されることを願っております。

おわりに、この記憶誌の編集に当たり、忘れかけた記憶をたどり取材に協力くださった住田町民や町職員をはじめ町内外の関係者の皆様に感謝申し上げます。また、写真を快く提供してくださった東海新報社に御礼を申し上げます。さらに本書は私が企画して編集並びに監修を行いましたが、編集に協力してくれた長年の友人である元東海新報社記者の木下繁喜さんにも御礼を申し上げます。

２０１６年12月

多田欣一

【著者略歴】

多田欣一（ただ・きんいち）

1945年（昭和20）年5月岩手県気仙郡住田町世田米に生まれる。東京農業大学農学部卒。68年4月岩手畜産公社に入社。70年6月住田町農業協同組合臨時職員、同年10月住田町農業総合指導協議会職員。72年1月住田町役場入職。建設課長、税務財政課長、総務課長を最後に2001（平成13）年5月退職。同年7月の住田町町長選挙に出馬して当選。2017年1月現在、4期目。

木下繁喜（きのした・しげき）

1953（昭和28）年7月岩手県大船渡市に生まれる。青山学院大学法学部卒。80年4月株式会社東海新報社（本社・大船渡市）に入社。取締役編集担当、取締役事業局長を経て2013年7月定年退職。
著書に『モスバーガーを創った男の物語　羅針盤の針は夢に向け』（東海新報社、2011年）、『東日本大震災　被災と復興と―岩手県気仙地域からの報告―』（はる書房、2015年）。

東日本大震災　住田町の後方支援
――小さな町の大きな挑戦・木造仮設住宅を造った町――

二〇一七年一月三〇日　初版第一刷発行
著　者　多田欣一／木下繁喜
発行所　株式会社はる書房
〒一〇一-〇〇五一　東京都千代田区神田神保町一-四四駿河台ビル
電話・〇三-三二九三-八五四九　FAX・〇三-三二九三-八五五八
http://www.harushobo.jp/
写　真　東海新報社／住田町役場
図　版　住田町役場／放牧舎（樋口潤一）
装　幀　ジオングラフィック（森岡寛貴）
組　版　有限会社シナプス
印刷・製本　中央精版印刷

ISBN978-4-89984-160-9